管理信息系统

——SAP R/3 4.7 & ECC 6.0 系统原理及操作

阎虎勤　葛志春　编著

中国财经出版传媒集团

中国财政经济出版社

图书在版编目（CIP）数据

管理信息系统：SAP R/3 4.7 & ECC 6.0 系统原理及操作／阎虎勤，葛志春编著．—北京：中国财政经济出版社，2016.12
ISBN 978-7-5095-7126-2

Ⅰ．①管…　Ⅱ．①阎…②葛…　Ⅲ．①管理信息系统-高等学校-教材　Ⅳ．①C931.6

中国版本图书馆 CIP 数据核字（2016）第 297096 号

责任编辑：周桂元　　　　　责任校对：刘　靖
封面设计：邹海东　　　　　版式设计：董生萍

中国财政经济出版社 出版
URL：http://www.cfeph.cn
E-mail：cfeph@cfeph.cn
（版权所有　翻印必究）
社址：北京市海淀区阜成路甲 28 号　邮政编码：100142
营销中心电话：88190406　北京财经书店电话：64033436　84041336
北京富生印刷厂印刷　各地新华书店经销
787×1092 毫米　16 开　21.5 印张　524 000 字
2017 年 1 月第 1 版　2017 年 1 月北京第 1 次印刷
定价：54.00 元
ISBN 978-7-5095-7126-2/C·0072
（图书出现印装问题，本社负责调换）
本社质量投诉电话：010-88190744
打击盗版举报热线：010-88190492，QQ：634579818

前　言

这本《管理信息系统》是专门为厦门国家会计学院专业会计硕士（MPAcc）研究生《管理信息系统》课程的教学而编写的教材。全书共分为十二章。其中，第一章至第六章主要介绍了 SAP R/3 4.7 和 ECC6.0 两个版本下 SAP ERP 系统的后台配置路径及配置要领，第七章至第十二章主要介绍了 SAP R/3 4.7 和 ECC6.0 两个版本下 SAP ERP 系统的前台操作步骤及相关练习。

从后台配置到前台练习，本书各个章节相互对应，紧密联系。由于本书中所有配置与练习均可上机完成，所以，学生只要按照教材顺序先进行后台配置，后进行前台练习，就完全可以明白 SAP ERP 系统的基本原理及重点内容。本书的侧重点在于 SAP 的财务管理（FI）模块和成本控制（CO）模块，其他如总账（GL）模块、资产（AA）模块、物料（MM）模块、采购（PU）模块、销售（SD）模块等，围绕财务凭证生成和成本中心记账，都有较为详细的后台配置原理和前台操作练习介绍。

第一章从后台配置出发，主要介绍了 SAP ERP 系统的基本组织架构、总账会计科目表、科目建立、过账码及相关变量的设置和环境配置。与之对应，第七章从前台操作出发，介绍了 SAP ERP 系统操作路径、总账科目记账、统驭科目记账、会计凭证信息查询等内容。

第二章重点从后台配置银行、供应商、客户系统相关信息，主要介绍了后台配置中建立银行、开户银行、币种账号，建立供应商、客户及其相关环境，配置容错值、建立授权（Grant）、许可（Approval）、承诺（Commitment）等方面的知识。与之对应，第八章从前台操作角度介绍了应收记账、应付记账、总账过账、销账、未清项清账等操作。

第三章围绕采购管理，从后台配置的角度，介绍了如何进行工厂、采购机构、仓库、批次、库存策略、定价等环境配置。与之对应，第九章主要从前台角度介绍了创建供应商、开展采购业务的五个主要操作步骤。

第四章围绕成本控制，从后台配置的角度，介绍建立成本控制范围、成本中心、利润中心、初级成本要素、次级成本要素、成本计划环境等。与之对应，第十章从前台角度介绍了如何进行成本中心记账和查账，以及货物出库、入库操作练习。

第五章围绕销售管理，从后台角度介绍了销售机构、销售渠道、销售范围、销售凭证等销售环境的建立。与之对应，第十一章从前台角度，介绍了顾客主文件、销售过程的六个主要步骤等操作。

第六章围绕固资管理，从后台角度介绍了如何配置固定资产折旧范围、资产类别、折旧码、折旧方法、折旧期、残值评估等。与之对应，第十二章从前台角度介绍了如何建立固定资产台账、固定资产采购、过账、折旧、退出等操作。

本书特别注重对有关税收问题配置原理和操作的讲解，包括进项税和销项税税率代码设置、缺省税率代码选择、采购业务计税过程、销售业务计税过程、应收和应付记账中的计税业务操作，具有一定的综合性。

本书对于 SAP ERP 配置中的一些难点问题，例如采购业务会计科目自动决定系统、销售业务会计科目自动决定系统、容错值参数配置、会计科目屏幕字段属性配置、货物移动类型屏幕字段属性配置、作业类别屏幕字段属性配置，以及固定资产折旧等，都给出了详细解释。

为了便于老师们参考，本书后面还附录了作者本人给厦门国家会计学院 2014 级学生学习本课程之后所作的课程总结。为了便于不同学校的同学们之间进行比较交流，本书选录了厦门国家会计学院 2014 级专业会计硕士全日制班级的曾蓉、魏茁、黄菁、马晓颉、于欣宁、张婉彬、饶诗曼等同学学习本课程之后所写的心得体会。相信这些材料会使读者获得有用信息。

本书适合作为管理类各个专业研究生和本科生《管理信息系统》课程教材，也适合企业 SAP ERP 相关业务操作和管理人员作为操作手册和工具书，对于从事各类 ERP 系统管理和培训的人员来说，也是一本很好的参考书。

作者

2016 年 9 月

目 录

第一章 总账管理（GL 模块） (1)
 第一节 建立公司组织架构 (1)
 第二节 建立会计科目表 (11)
 第三节 建立屏幕字段状态组 (27)
 第四节 建立税收代码 (34)
 第五节 建立容错组 (43)
 第六节 建立特殊目的总账 (61)
 第七节 建立成本控制范围 (64)

第二章 财务管理（FI 模块） (68)
 第一节 建立清算银行 (68)
 第二节 建立供应商环境 (75)
 第三节 建立客户环境 (81)
 第四节 建立支付手段 (85)
 第五节 建立承诺与授权 (91)
 第六节 建立预制凭证环境 (100)

第三章 物料管理（MM 模块） (104)
 第一节 建立工厂 (104)
 第二节 建立采购组织 (109)
 第三节 建立仓储环境 (118)
 第四节 建立物料类型 (125)
 第五节 建立采购自动过账环境 (131)
 第六节 创建采购环境 (138)

第四章 成本管理（CO 模块） (154)
 第一节 建立控制范围 (154)
 第二节 建立利润中心 (155)
 第三节 建立成本中心 (157)
 第四节 建立成本要素 (160)

第五节　建立自动关联科目 ···（162）

第五章　销售管理（SD 模块）··（168）
　　第一节　建立销售组织 ···（168）
　　第二节　建立销售凭证 ···（174）
　　第三节　建立销售会计凭证决定科目 ···（178）
　　第四节　完善客户记录 ···（182）

第六章　资产管理（AM 模块）··（185）
　　第一节　建立资产折旧表 ···（185）
　　第二节　建立折旧类别 ···（191）
　　第三节　建立折旧科目 ···（194）
　　第四节　建立折旧凭证 ···（200）
　　第五节　建立折旧码 ···（208）

第七章　总账记账（GL 模块）··（215）
　　第一节　单行与多行输入记账 ··（215）
　　第二节　冲销记账 ···（222）
　　第三节　含税凭证记账 ···（224）

第八章　应收应付（AR/AP 模块）··（227）
　　第一节　应收记账 ···（227）
　　第二节　应收清账 ···（231）
　　第三节　预付账款 ···（235）
　　第四节　应付记账 ···（242）
　　第五节　应付清账 ···（244）

第九章　物料采购（PU 模块）··（254）
　　第一节　按流程采购 ···（254）
　　第二节　采购请求与审批处理 ··（260）

第十章　成本中心记账（CO 模块）··（264）
　　第一节　成本中心记账 ···（264）
　　第二节　货物出入库记账 ···（266）

第十一章　物料销售（SD 模块）··（272）
　　第一节　按流程销售货物 ···（272）
　　第二节　销项税讨论 ···（284）

第十二章　资产记账（AM 模块） ···（288）
　　第一节　建立资产台账 ···（288）
　　第二节　资产采购 ··（291）
　　第三节　资产出售 ··（302）
　　第四节　资产折旧 ··（304）

附录一　采购订单决定科目参考配置 ··（313）
附录二　公司代码 2439 与 1000 之间部分总账科目参考对照表 ···················（321）
附录三　《管理信息系统》课程教学安排 ··（323）
附录四　《管理信息系统》课程学生成绩考核 ·····································（324）
附录五　SAP 实习报告评分表 ···（325）
附录六　《管理信息系统》课程总结报告 ··（327）
附录七　学习《管理信息系统》课程心得体会（1） ·······························（331）
附录八　学习《管理信息系统》课程心得体会（2） ·······························（332）
附录九　学习《管理信息系统》课程心得体会（3） ·······························（333）
附录十　学习《管理信息系统》课程心得体会（4） ·······························（334）

后记 ···（335）

第一章
总账管理（GL 模块）

第一节 建立公司组织架构

在进入正文之前，首先要提醒大家：在 SAP 系统的配置和调试过程中，可能会遇到各种各样不同类型的问题，不论教材解释得多么充分，但总有一些问题教材无法给出完备的解决办法，在遇到这种情况时，大家不必惊慌，因为我们今天遇到的所有问题，前人也几乎都遇到过，我们可以通过互联网去寻找答案，百度和雅虎等都是重要的搜索引擎。常见的问题，只要输入关键词或者你在 SAP 实习过程中遇到的机器所给出的错误提示信息，从中都可以找到相应的解决方案，希望通过这门课程的学习，大家能够习惯使用这种方法去解决常见的疑难问题。

先来介绍一些 SAP 的基本概念。

一般来说，一个企业中解决财务会计问题的软件系统最流行的就是企业资源计划管理系统（ERP，enterprise resource planning system）。通常，企业通过 ERP 系统与其他运营系统进行有效集成，来确保其会计数据的完整性和精确性。

SAP ERP 系统，主要针对的是 SAP R/3 软件系统，它有多种版本，其中，R/3 4.7 和 ECC6.0 是目前较为流行的两种典型的 SAP ERP 软件版本。因为财务系统在 SAP 系统中相对比较稳定，所以，不管是哪个版本的 SAP 软件，其财务系统在新旧版本中变化极小，这一点，同学们在使用 R/3 4.7 和 ECC6.0 两个版本时，就可以清楚地看到它们在财务系统管理方面几乎完全一致。

SAP R/3 系统具有一个客户/服务器（client/server）结构，它具有表述层（presentation）、应用层（application）、数据库层（database）三层结构，特别适合企业结构不断壮大（scalability）时对于系统调整的需要，省时省力。

早期的 C/S 结构，现在也逐渐地向 WEB 方向发展。

SAP R/3 是一个面向企业的业务对象（business object）的系统。例如，一个员工（employee）、一个订单（order）等，都可以被看成对象。每个对象的描述，则被表述为数据库的属性。SAP R/3 通过应用一系列方法（method）来实现对这些属性的操作。

业务应用程序界面（BAPI，business application programming interface）是 SAP R/3 系统使用的一个典型的接入界面，具有开放性，与 WINDOWS、WEB 之间实现接口操作，用户的一些特殊需求往往可以在 BAPI 接口基础上进行开发。在本课程中，一般不涉及业务接口开发内容，而仅仅使用现有系统，发挥标准化软件的基本功能。

SAP R/3 系统具有与企业的 Internet/Intranet 架构相对应的系统架构。SAP 系统之间的通信，一般通过 ALE（application link enabling）进行，例如，采购（procurement）与支付（payment）之间的通信。通常，客户与供应商之间一般会通过 EDI 进行通信，但是，ALE 是通过两个系统来实现的，即一个系统用于采购，一个系统用于支付，各个环节之间的联系通过一个专有通信去实现。

SAP 系统的服务与技术支持，是通过硬件、网络、软件、咨询服务等隶属于不同环节的业务伙伴（partner）来实现的，有本地支持（local）、地区支持（reginal）、远程中心支持（center）等。咨询服务很多由本地伙伴来支持。

SAP 系统的实施有一个相对固定的路径，例如，项目准备（project preparation）、系统蓝图（business blueprint）、实现过程（realization）、最后准备（final preparation）、实现与支持（go live and support）、持续提高（continuously improvement）。这个方法论，给出了一个实施系统的路径。系统蓝图是最重要的，需要进行概念推介和流程优化。最终准备往往需要对用户进行培训、做数据准备。上线之后，系统支持也很重要。

SAP 系统的应用配置（IMG，implementation guide），并不需要非常强的技术背景，很多来自业务实践一线的人员也可以胜任。对于每项配置，在线文档都会保留线索，用户可以看到与业务结构类似的文档信息。这里，特别要指出的是：我们所说的 SAP 系统的后台配置是一个与会计科目、成本中心、供应商、客户、银行、采购、销售、清账、税率等业务相关的业务后台，而不是计算机硬件和软件、数据库方面的技术后台。虽然后台配置也包含了较高的技术性，但大多数情况下都与业务处理有关，而不是对于数据库和软件的直接修改如 SQL 等。这也正是我们在本课程中重视后台配置的原因所在。

SAP 系统配置的重点是要将一个企业的组织架构模块化，使企业实际的组织架构能够与 SAP 系统中的组织单元互相匹配起来。企业组织架构模块化的目的，就是使其与所有 SAP 组件（components）的基本架构之间建立起对应关系，以便使 SAP 的基本组件能够代表企业架构，实现资源计划管理的任务。为了实现这一任务，要考虑诸多因素，如科目的业务处理策略、信息流、分销渠道以及企业经营的目的等。

在 SAP 系统中，企业的组织架构控制着企业经营的业务流程和数据走向。业务流程提供数据给 SAP 的组织单元，数据可能在不同的组织单元中进行汇总。例如，运营中心（operating concern）、经营范围（business area）、利润中心（profit center）等，以便形成不同类型的结构化信息。又如余额表（balance sheets）、利润分析表（profitability analyses）等。不同公司对不同部门有不同的称呼，如处、科、室、课、组等，五花八门，这些在 SAP 系统中都必须有统一的称呼。

SAP 系统通过 client 把一个集团公司及其子公司统一起来。例如，西门子公司就是一个 client，其下属子公司就是一个 company code，子公司之下的工厂就是一个 factory，工厂下属的存货仓库就是一个 warehouse；而公司下属的销售机构就是一个 sales organization，更下属的销售部门就是一个 division，销售渠道就是一个 channel。SAP 的术语将把这些称谓统一起来，在配置过程中与实际企业组织架构建立起相对应关系。

在企业的组织架构与 SAP 的组织单元之间建立起相匹配的对应关系非常重要。用户需要将他们的业务流程和工作要求，与 SAP 技术系统的要求有机地结合起来，并使二者一致起来。

一个 client（对应 enterprise）下面可以有多个 company code（对应 financial accounting，sales organization）；一个 company code 下面可以有多个 factory（对应 production，distribution）；一个 factory 下面可以有多个 storage location（对应 inventory management）。一个成本控制范围（controlling area，对应 cost accounting）可能介于公司与工厂之间。这些对应关系，在学习中一般有相对固定的结构，要学会加以区别。

SAP 应用系统包含了三个重要因素：业务流程（business processes）、组织单元（organizational units）、信息（information）。这三个因素在不同的业务领域中是不同的。例如，在会计业务中，重点是获得内部和外部财务报告所需要的信息。

一个企业中，销售、生产、采购是最重要的三个部分。SAP 系统的财务模块与这三个部分紧密相关。财务核心在于流动性风险以及产品的获利情况。SAP 根据企业运行的三个部分，进行模板化配置，搭建企业的 SAP 运行环境。

SAP 的主数据（master data），一般会包括与跨公司代码（cross companies）有关的一般通用数据（general data）和仅仅与该公司有关（only relevant for company code）的特殊数据，例如，客户主数据（master data for customer）除了一般数据之外，还有与某个公司有关的销售数据（sales data）和财务会计数据（financial accounting data）。在客户记录中，通用信息和特殊信息都可以查询，但是，由于层次不同，在系统中可能需要到不同的业务模块去维护。

SAP 的物料主数据（material master data）非常重要，不论是销售、采购、成本、生产模块，都会用到。与每个模块相关的物料数据，在 MM 主数据中，也被分成了不同的视图来反映，这也从另外一个方面反映了 SAP 的模块化操作特点。

SAP 具有一个强大的凭证（document）系统，许多数据伴随着业务操作就会自动地进入相关凭证，这样，就可以进入不同的信息系统，用于数据查询、分析以及进行报告。

SAP 系统主要分为两大模块：一是财务模块，如 FI、CO、TR 模块；二是后勤模块，如 MM、SD 模块。在本课程中财务模块是重点，但是，后勤模块与财务模块相关联的业务也将受到重视。

SAP 系统的层次化结构非常明显，特别是经营范围（business area）、控制范围（controlling area）等概念的使用具有与其他 ERP 软件不同的特点。SAP 适合大公司、集团化公司，而中小企业受益于 SAP 的集成性高的特点，数量、金额的匹配处理都较好。财务报表性强，并且从报表数据到凭证的追溯能力很强。凭证管理、文档管理能力，对于企业管理非常重要。

SAP 具有友好的图形化用户界面，多版本报表、多币种货币，都是 SAP 的显著特点。可配置的数据具有校验与替代功能。校验可以帮助财务人员检验输入凭证数据项的正确与否。替代功能指记账时本来可以记到一个成本中心的费用，但是当需要转到其他相应成本中心科目时，就可以使用替代功能。未清项管理，如短期借款的还款，也可以采用未清项管理。SAP 具有灵活的编码结构。SAP 的标准报表需要与中国的会计制度结合，需要进行开发。在本课程教学中，我们要求学生建立自己的会计科目表系统。

SAP 系统财务管理的整体架构包含以下两个维度：

从横向维度看，财务管理包含了三个基本模块，即财务会计模块 FI（financial accounting modules）、成本控制模块 CO（cost controlling modules）、现金管理模块 TR（treasury management modules），它们共同构成了 SAP 的企业财务控制系统。本课程将重点介绍这三个模块的功能。

从纵向维度看，财务管理包含了三个层次，即企业控制层（enterprise controlling）、业务处理层（FI, CO, TR）、投资理财层（investment and financing）。本课程将把学习的重点放在业务处理层。

FI 模块包含了总账管理（GL, G/L accounts）、应收管理（AR, accounts receivables）、应付管理（AP, accounts payables）、资产管理（AA, asset accounting）、特殊总账管理（SL, special purpose ledger）等模块。SAP FI 模块在 SAP 的 ERP 系统中是一个基本模块，也是最重要的一个模块。SAP FI 模块既可以自成体系独立运行，也可以接受来自 SAP 系统的其他模块的财务过账（posting）。

CO 模块包含了总成本控制（overhead cost controlling）、生产成本控制（product cost controlling）、利润分析（profitability analysis）、成本中心损益要素分析（cost and revenue element accounting）等模块，它们共同构成了 CO 模块的组件。通过降低成本，实现利润最大化，是成本控制的主要目的。各个与 CO 有关的环节都会共同关注成本和利润问题。

总成本管理（OM, overhead management）包括了成本中心会计（cost center accounting）、内部订单（internal orders）、基于作业的会计管理（ABC, activity based accounting）等。ABC 成本分析需要对公司内部作业的分析非常仔细，所以，经常难于实现。

内部订单（internal order）管理，与成本中心非常相似，内部订单与成本中心的不同之处在于内部订单更偏重于项目管理（project management），而成本中心则偏重于部门管理。内部订单管理有利于分析不同项目、发生在不同部门之间的成本变化，灵活性更高。

生产成本控制（PC, product cost controlling），是 SAP 成本控制的重要一环，它包括生产成本计划（PCP, product cost planning）、成本对象控制（OBJ, cost object controlling）、实际成本管理（ACT, actual cost/material ledger）等模块。

产品成本计划 PCP 模块中，其产品计划（PP, product planning）主数据具有一个数量结构（quantity structure），或者价值结构（value structure），它由物料单（BOM, bill of material）和工艺路径（routing）共同组成。一个产成品由多少物料组成，通过了什么作业，如果能够设定标准数量结构，就可以通过计划价格估计出产成品的总成本。计划与实际的比较将可以计算二者之间的差异。

产品实际成本 ACT 模块中，根据成品数量结构安排的实际物料的移动（MV, material movement）是考察的重点。任何一笔物料的出库、入库，都会记录价格及其差异，由此得出实际成本。

产品成本对象的控制 OBJ 模块中，主要是根据预先设定的标准成本（preliminary costing）来确定模拟成本（simultaneous costing），然后发出内部订单，到期末按照材料成本、劳动力成本、其他间接成本等模式进行汇总计算，通过实际与计划的差异来控制成本的发生。

TR 模块包含了现金（CM，cash management）、融资（TR，treasury management）、基金（FM，funds management）等模块。

SAP 系统积累了很多企业的最佳实践成果。SAP 的实施业务专员在业务实现过程中，往往会把一个企业积累的经验移植或者推广到另外一个企业，使企业流程更趋优化。

企业财务模块 FI、CO 是很稳定的，流程改造较少，虽然版本经常变化。

SAP 系统中，来自不同模块的财务数据，都可以通过信息传递的方式，被传递到 FI 模块。例如，产生于物料管理模块（MM，materials management module）、销售与分销模块（SD，sales and distribution module）的财务数据，SAP 系统都可以通过数据传递方式，将不同模块之间涉及财务会计的业务数据加以集成，全部表现在 FI 模块的相关会计科目中，即所有来自 MM、SD、AM 模块的交易，都被实时地过账到 FI 模块，实现 FI 模块对企业财务数据的统驭作用。SAP 系统 FI 模块现在更强调实时、过程管理。

财务模块一般为底层模块，实现数据汇集。

FI 模块在接受来自于其他模块的财务数据的同时，也会将数据反馈（feed）到相应的管理模块。SAP 系统中，最为典型的管理模块有成本控制模块（CO，cost controlling module），相关的业务模块有成本中心会计（CCA，cost center accounting）、利润中心会计（PCA，profit center accounting）、利润分析模块（PA，profitability analysis module）等。

现代企业管理中，CO 成本控制已经成为企业财务管理的重点，因为它是企业决策的财务信息基础。企业领导层所关心的信息、预算、分析等，都与 CO 相关。FI 对外财务报表信息更多的来自 CO 系统，提供外部报表是公司的一种法定要求。SAP FI 模块实现为外部财务报告（external reporting）服务的任务，例如，法定报告、纳税报告以及外部审计等。

对于 FI 模块来说，其他的一些组织结构，如工厂（plants）、采购组织（purchasing organizations）、销售组织（sales organizations）、顾客（customers）、供应商（vendors）等，都是非常重要的关联因素。在配置过程中，缺少配置都会影响相关模块的操作。

总账管理是 FI 模块的一个重要组成部分，FI 最终报表都出自总账模块。总账管理是 SAP 财务系统管理的基础，将各种财务信息汇总到会计报表，是总账管理的重点。

1. 创建公司（T-CODE：OX15）

创建公司，是一切工作的前提。本书将以公司 2439 为例，进入 SAP 系统。如何在 SAP 系统下定义一个公司，需要先进入后台配置系统功能模块（IMG），然后再在财务会计子功能下进行定义。同学们在实习中，可以在 SAP 系统中定义自己的公司代码。

IMG = SAPMenue → Tools → Customizing → IMG → Edit Project → SAP Reference IMG。（T-CODE：SPRO）

其他具体操作路径由主路径（Menu Path）来指出。

Menu Path：IMG → Enterprise Structure → Definition → Financial Accounting → Define

Company。(T-CODE:OX15)

进入主路径,用鼠标点击 New Entries 功能键,来创建一个新公司。这里,我们定义公司为2439,公司名称为YHQ LTD。其他相关数据项参看屏幕画面拷贝。

```
Change View "Internal trading partners": Details
New Entries
Company              2439
Company name         YHQ LTD
Name of company 2    YHQ LTD
Detailed information
Street               大学路
PO Box               100-1
Postal code          361009
City                 厦门市
Country              CN
Language Key         EN
Currency             CNY
```

这里,邮编(postal code)是重要的数据项,当系统中公司代码太多时,该项目就是重要的查询条件,特别是实习系统同学们都创建自己的公司的时候。

语言键(language key)采用 ZH 表示汉语,EN 表示英语,英语为缺省选择。如果选择 ZH,则某些配置在 EN 和 ZH 下都要重复配置,因为 SAP 的汉化版本仍然不能代替西文版本成为指定或者缺省功能配置,所以,推荐使用英文版 EN 选项。

不同版本的 SAP 系统中采用了 RMB/CNY 来代表人民币。一般讲,每个币种都有一个 ISO 号码,且在赋值给货币时不能重复,例如,CNY/RMB,只要将 CNY 赋值给了 RMB,则不能赋值给任何其他的一种货币。T-CODE OY03 用于货币转换(currency transaction)。

当完成以上数据输入之后,通过保存,就可以创建一个新的公司 2439。

输入完成后,按下保存键。这时,系统会要求用户为自己创建一个具有个性化的用户请求。点击 为用户配置创建一个请求,该请求的其他参数是系统根据用户注册信息,自动分配给用户的。

```
Create Request
Request                          Customizing request
Short description   YHQ LTD IN CODE 2439
Project
Owner               XNAI              Source client    800
Status              New               Target
Last changed        06.12.2012  15:06:21
Tasks               User
                    XNAI
```

这里用户名为 XNAI。学生用户名为老师分配的用户名。SAP 会通过多个配置程序去不断地完善与公司代码相关的属性，而不会一次完成。输入完成后，保存 📀。

系统已经自动地为用户 XNAI 创建了一个请求 C11K900002。点击确认键 ✓。

当创建一个公司的请求得到系统的受理，并受理成功，则提示 ⊘ Data was saved 。

至此，我们已经在系统中建立了一个公司 2439。当再一次通过主路径进入系统时，可以看到所创建的公司 2439 已经出现在公司列表中了。

公司创建之后，就可以开展其他工作了。尽管在 SAP 系统中，创建公司和创建公司代码是分开做的，但是，我们仍然可以认为它们是一回事。公司代码是最小的记账单位，账务之间的影响都局限在公司代码下。在 SAP 系统中，与公司代码相关的数据库表（table）有 300 多个。绝大多数数字和字符都可以作为公司代码。公司代码与国家、货币、语言、地址、会计科目表、财务年度等有关。

2. 修改、拷贝、删除、检查公司代码

SAP 提供了许多公司模板。IDES（Internet Demonstration and Evaluation System）是 SAP 系统中的一个模型化企业，它是一个虚构企业（fictitious company），在 SAP 系统培训中起着重要的参考作用。IDES 包括欧洲总部（IDES Europe）、亚洲总部（IDES Asia）以及北美总部（IDES North America）。

公司代码可以由 4 位数字或者字母组成。SAP 一般用四位数字来表示企业代码。对于 IDES 模型企业，例如 1000 代表一家德国公司，3000 代表一家美国公司，而 5000 代表一家日本公司。一个公司代码就代表了一个独立的会计实体（accounting entity）。对于一个完备的、自包含的科目集合的形成而言，一个公司代码就是一个最小的组织要素。

一个公司代码具有一个本地货币（local currency）。IDES 企业的本地货币一般采用欧元（EUR），它是 SAP 培训系统中的代表性货币，可以帮助用户来理解 SAP 的货币单元是如何工作的。

在本书中，为了方便学生理解和创建自己的公司，老师在 SAP 系统中定义了一个公司代码 2439，表示公司 YHQ Ltd。公司代码 2439 代表一家中国企业，其地方货币采用人民币。在 SAP R/3 4.7 系统中，人民币用 RMB 表示；而在 SAP ECC 6.0 系统中，人民币用 CNY 表示。二者的意义是一致的。

在 SAP 系统下，因为财务会计的合并（consolidation）功能一般是基于公司的，所以，一个公司代码下面还可以包含一个或者多个公司代码。创建一个公司，既可以采用前面的方法，选择首次创建（new entry），也可以采用拷贝的方式，拷贝其他已经存在的公司的属性到新公司中。拷贝之后，由于某些属性不适合新建公司，就需要修改公司属性。当然，除了拷贝之外，还可以修改、删除、检查。在 SAP 系统配置操作中会经常使用拷贝功能，但必须注意拷贝完成之后，要将相关属性改为与自己所定义的属性相一致，例如，所拷贝的公司与原公司应该具有相同的会计科目表。

Menu Path：IMG→Enterprise Structure→Definition→Financial Accounting→Edit, copy, delete, check company code。

点击 Edit Company Code Data。双击公司代码 2439，就可以看到之前的信息。

用户可以选择点击光标 来修改或者输入有关公司的地址信息。

第一章 总账管理（GL 模块）

本书要求学生只能采用新建公司的方式，来建立公司代码。例如对于公司代码 2439，可以输入与地址、电话、邮箱等相关的信息。

PO Box Address	
PO Box	111-1
Postal Code	361009
Company postal code	361009

Communication			
Language	English	Other communication	
Telephone	0086-592-2560000	Extension	
Mobile Phone	0086-0-18905929601		
Fax	0086-592-2560000	Extension	
E-Mail	yhuqin@yahoo.com.au		
Standard Comm.Method	E-Mail		
Comments	2439 YHQ LTD		

修改完成之后，点击确认键 ✔，保存输入信息 💾。至此，公司代码信息修改完成。

3. 增加地区代码

在公司地址信息修改过程中，地区代码 150 表示福建省。如果想增加厦门市，可以定义新的地区代码，如 151，厦门市。有些操作不止一条路径可以实现，例如下面的路径：

Menu Path：IMG → SAP NetWeaver → General Settings → Set Countries →Insert Regions/
Menu Path：IMG → Sales and Distribution → Basic Functions →Taxes→Define City Codes。

凡是有新的地区被用到，都应该追加进来。同学们在试验中，既可以给自己的公司自定义适当地区代码，也可以引用已有的地区代码。

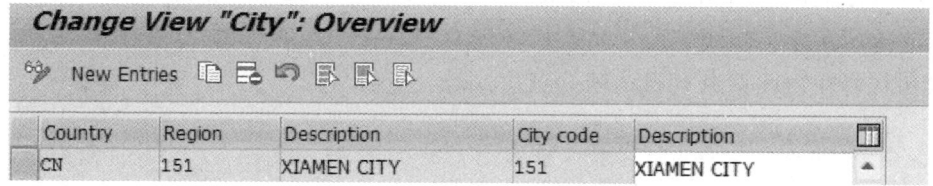

点击新建功能键 New Entries。定义 151 地区代码，代表厦门市。保存 💾。

4. 定义运输连结点

Menu Path：IMG → Logistics Execution → Transportation →Basic Transportation Functions→ Shipping Deadlines →Define Transportation Connection Points。

点击 New Entries。增加厦门市作为运输节点。

保存 ![]。运输节点往往是货单所需要的收货点、发货点等地点。如果自己不定义而采用已有的运输点，也是可以的。

5. 定义运输区域

Menu Path：IMG → Logistics Execution → Transportation →Basic Transportation Functions→ Routes→ Route Determination →Define Transportation Zones。

点击 New Entries。定义运输区域，代码为 XM00000001，表示厦门。保存 ![]。

运输区域与运输节点紧密相关，它是运输路由（route），代码可以自己编制，一般与邮政编码一致较好；当然，也可以自行定义代码。运输点与运输区域的概念，对物流企业是非常重要的，它是跟踪物料运输途中流动的动态节点。

6. 创建卸货点

Menu Path：IMG → Enterprise Structure → Definition →Logistics Execution→ Define，Copy，Delete，Check Shipping Point。

用公司代码作为卸货点，表示卸货点为公司。一般与地区设置、运输点设置一致。

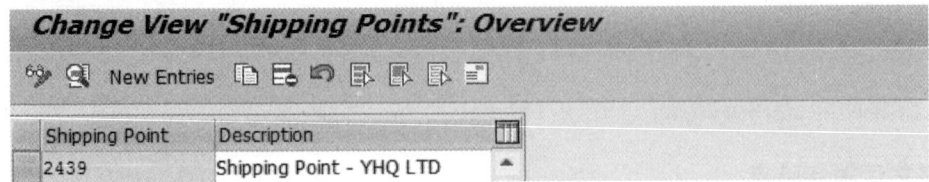

双击 Define shipping point。点击 New Entries。创建卸货点2439。保存 ![]。

7. 维护城市运输点、卸货点

Menu Path：IMG → Logistics Execution → Transportation →Basic Transportation Functions→ Routes→ Route Determination →Maintain Country and Transportation Zone for Shipping Point。

用公司代码作为卸货点，表示卸货点为公司，卸货区域、运输点设置一致。

双击 Define shipping point。点击 New Entries。创建卸货点2439。保存 💾。

8. 分配公司代码给公司

在创建了一个公司代码2439之后，还要将这个公司代码分配给公司，实现公司代码与公司之间的具体联系和一一对应。

Menu Path：IMG → Enterprise Structure → Assignment → Financial Accounting → Assign Company code to company。（T - CODE：OX16）

将公司代码2439分配给公司2439。输入无误后，保存 💾。一般来讲，公司与公司代码之间有可能并不一致。但是，无论是否一致，这里都是将公司与公司代码之间建立起一一对应的关系。

第二节 建立会计科目表

1. 建立会计科目表

一个会计科目表（chart of accounts），就是以一种定制的形式，来定义财务会计的所有总账科目或者总账账户（G/L accounts）。每一种总账的建立，都必须根据会计科目表来建立。

会计科目表包含了科目号（account number）、科目名（account name）以及总账科目类型（type of G/L account）。科目类型包括损益类型（profit - and - loss - type）和余额表类型（balance - sheet - type）。

在SAP系统中，用户可以定义一个或者多个会计科目表，数量不受限制，以用户需要为准。例如，IDES企业就定义了多个会计科目表，有INT、CAUS、CAFR、CAJP等。许多国家的会计科目表都有标准形式，但是，SAP系统中用户可以自己定义自己的会计科目表。一个会计科目表可以被多个公司代码所使用。如果多个公司代码使用同一个会计科目表，那么，这些公司的总账将具有相同的结构。

Menu Path：IMG → Financial Accounting → General Ledger Accounting → G/L Accounts → Master Records/Master Data → Preparations → Edit Chart of Accounts List。

SAP 用户必须为每个公司创建并分配一个会计科目表。本课程中，我们定义了一个会计科目表 YCQC，它将被公司 2439 使用；直接用代码 2439 代表会计科目表也行。

新建时，选择 New Entries 键，直接创建一个新的会计科目表。由于拷贝后某些属性完全不同，则需要修改，这里建议采用新建模式。

对于维护语言（Maintain Language）的选择，一般优先选择以英语（EN）为主。但是，如果选择汉语，则在低版本软件 SAP/R3 4.7 下，会出现部分程序在遇到汉字时无法立即识别的现象，不过，这对于程序的运行并不会产生任何影响。由于 SAP 的英文界面与中文界面不完全是一回事，所以，许多以中文界面运行的系统，往往需要在英文界面下先配置，之后再在中文界面下去做重复配置，这样才能够保证字符及其界面意义的一致性。这里，我们直接选用英文模式，并不会影响今后使用中文字符。

以上定义会计科目表 YCQC 中的最长科目号长度（Length of G/L account number）为 6，即可以是 6 位数字或字母。可以根据需要定义科目号长度，例如，有些公司可能需要 10 位或者更长数字长度的科目号。

控制综合信息（controlling integration）中，要求对于成本要素（cost elements）的建立说明是在损/益科目建立后自动建立成本要素、还是手工建立成本要素，这里选择了手工创建（manual creation）。这里成本要素一般为初级成本要素。

对于集团公司而言，合并（CONS，consolidation）科目要求在建立一般科目时，指定合并科目。如果这里指定，则在创建科目时就成为必须输入的项目。公司财务报表的合并，有不同方式。科目合并，在 SAP 系统中是一个非常重要的概念，但是，本书仅仅解释合并的一般操作方法，而不涉及更复杂的合并事项。这里，由于多个科目可能指定了一个合并科目，所以，合并仅仅指具有指定关系的科目向合并科目的合并。

注意，不能勾选 ☐Blocked 项目，否则，FS00 下无法创建会计科目。

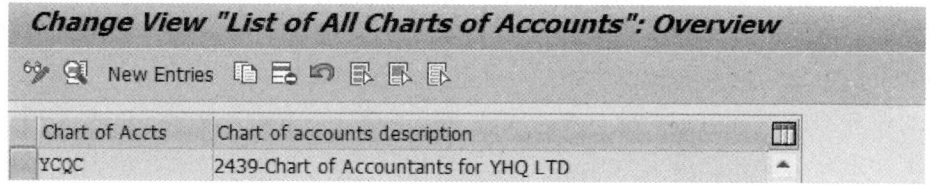

输入完成后，点击确认键 ✓，并点击保存 💾。

一旦创建，在重新进入主路径之后，我们就可以看到会计科目表 YCQC 在列表中。

2. 分配公司代码给会计科目表

Menu Path：IMG → Financial Accounting → General Ledger Accounting → G/L Accounts → Master Records → Preparations → Assign Company Code to Chart of Accounts。

分配会计科目表 YCQC 给公司代码 2439。值得注意的是，代表公司层次的会计科目表（Chrt/accts）与代表国家层次的会计科目表（Cty ch/act）两者是不同的概念。如果在这里定义了不同的会计科目表给 Cty ch/act，那么，在创建科目时，替代科目（alternative）就必须与这个代表国家层次的会计科目表相一致，不然，开设会计科目表就会遇到麻烦。

在本课程中，我们采用了同一个会计科目表 YCQC。代表公司和国家两个层次的会计科目表都是 YCQC。数据输入完成，保存 💾。

会计科目表在还原成损益表等报表时，SAP 报表的表现形式各有不同，需要根据实际需要来创建和分析。一个会计科目表可以被分配给多个公司代码。

组会计科目表（group chart of accounts）表示一个集团公司的不同子公司可能会采用完全不同的会计科目表，这些不同的会计科目表可以被组成一个组，并与总部所采用的会计科目表相对应。一般来说，虽然会计科目表不同，但是，其所辖的会计科目号及其意义可以完全一致，这样更便于管理；如果各自不同，则需要找到对应关系。

指定国家会计科目表（country specific charts of accounts）有可能不同，位于不同国家的子公司会计科目表必须选择与国家会计科目表之间的对应关系，以及与总公司汇总会计科目表之间的对应关系，这些关系在建立会计科目时需要特别注意。

会计科目表一旦赋予公司代码，修改就不容易了。如果确实要修改，就会出现错误提示"Resset company code data before changing the chart of accounts"。修改步骤：T-CODE OBR3，取消 productive；T-CODE OBR2，重新删除相关配置，主要是 G/L accounts；重新创建 G/L

13

accounts；重新将会计科目表赋予公司代码。

3. 定义经营范围

经营范围是 SAP 不同于其他 ERP 系统软件的一个显著特征，一般软件中没有经营范围这一概念。为了方便，我们把经营范围（business area）或者业务范围，有些系统认为与事业部是一回事，定义为财务会计模块中的一个组织单元（organizational unit）。经营范围是一个被定义的业务部门（business segment）或者责任区域（area of responsibility），通过它，我们可以分配和追踪记录在财务会计系统中的货币价值的运动轨迹。经营范围有自己的表结构，资产负债的统计都在这个层次。

经营范围一旦被定义，在完全特征化的系统中，包括财务系统和后勤（Logistics）系统，就可以自动获得。采用自动获得的经营范围决定系统，经营范围就可以被链接到其他的组织单元，例如，一个工厂（plant）、销售部门（division）、分销渠道（distribution channel）、成本中心（cost center）。经营范围的定义直接影响着这些组织单元的定义。

在一个公司代码下，用户可以将交易行为分配给一个或者多个经营范围。用户也可以将一个经营范围分配给多个公司代码。但是，一个成本中心只能分配给一个经营范围。在这种情况下，一个经营范围，其实就是一个具有独立核算性质的经营业务部，具有独立的成本中心，这有些像管理中较为流行的事业部制现象。

经营范围一般是独立于公司代码的，为了组织和管理不同的销售部门，或者为了组织和管理在地理上或者产品上不同的组织单元，在 SAP 系统中，这些部门或组织单元都可以被作为经营范围来定义和维护，以便使内部报告如同外部报告一样，以经营范围为单位就会极为方便地生成或产生。

Menu Path：IMG → Enterprise Structure → Definition → Financial Accounting → Define Business Area。

选择参考经营范围 1000，点击拷贝键 ，产生复制一个经营范围，修改其代码为 2439，以便与公司 2439 代码一致，为公司 2439 服务。

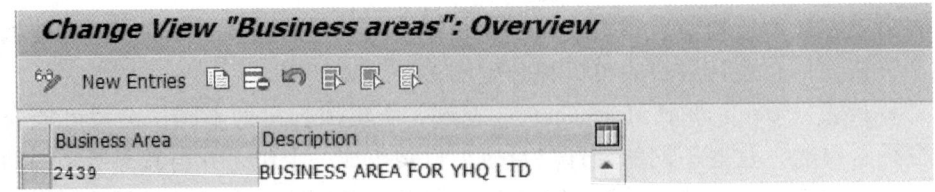

生成经营范围 2439。点击确认键 ，保存 ，并且修改输入。

4. 定义合并经营范围

Menu Path：IMG → Enterprise Structure → Definition → Financial Accounting → Maintain Consolidation Business Area。

第一章 总账管理（GL 模块）

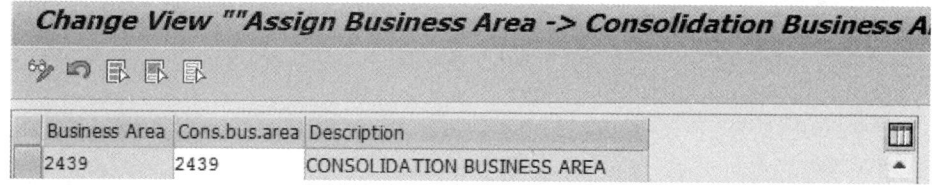

由于本课程主要介绍单个公司财务会计，所以，经营范围统一采用代码 2439，在今后的使用中则不加区别，如果不做说明，一般指经营范围也可以指代合并经营范围。

如果集团公司内部不同公司之间存在科目合并，则需要定义合并经营范围。点击 New Entries，为科目合并创建具有相同业务范围的经营范围 2439。保存 💾。

5. 分配合并经营范围给经营范围

Menu Path：IMG → Enterprise Structure → Assignment → Financial Accounting → Assign Business Area to Consolidation Business Area。

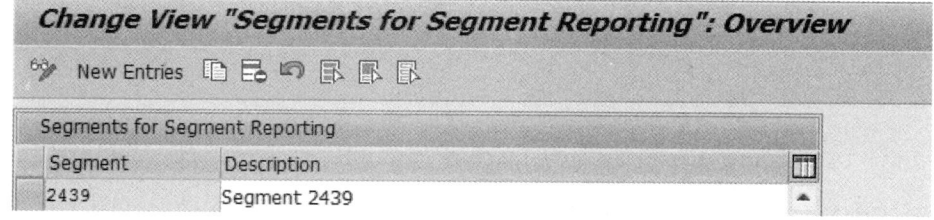

点击 New Entries，分配合并经营范围 2439 给公司代码 2439。保存 💾。

6. 定义报告部门

一个报告部门（segment）的功能就是一个公司通过这个部门，可以为外部报告创建财务报表（financial statements）。例如，美国通用可接受会计准则（GAAP，General Accepted Accounting Principle）就要求在报告部门这个层次上完成一个虚拟余额表，以便为持股人权益提供部门报告（segment reporting）。

Menu Path：IMG → Enterprise Structure → Definition → Financial Accounting → Define Segment。

SAP 系统根据一般经验，定义了批发、零售、服务、制造产品等不同的报告部门。一个报告部门被定义为一个公司的子经营范围，具有产生费用和收益的活动，具有运营结果，它通常被管理者用来进行利润评估、资源分配。SAP 系统设置了 IDEA、IDEB 等报告部门，由于报告部门的配置与其他一些配置相关，因此，可以直接引用 SAP 系统的既有配置 IDEA。

15

国际财务报告准则（IFRS，International Financial Reporting Standards）也要求采用部门报告（segment reporting），用户可以使用部门维度（Segment dimension）来表现部门水平（segment levels）。

7. 定义信用控制额度

Menu Path：IMG → Enterprise Structure → Definition → Financial Accounting → Define Credit Control Areas。

点击输入键 New Entries ，创建信用控制额度代码2439。

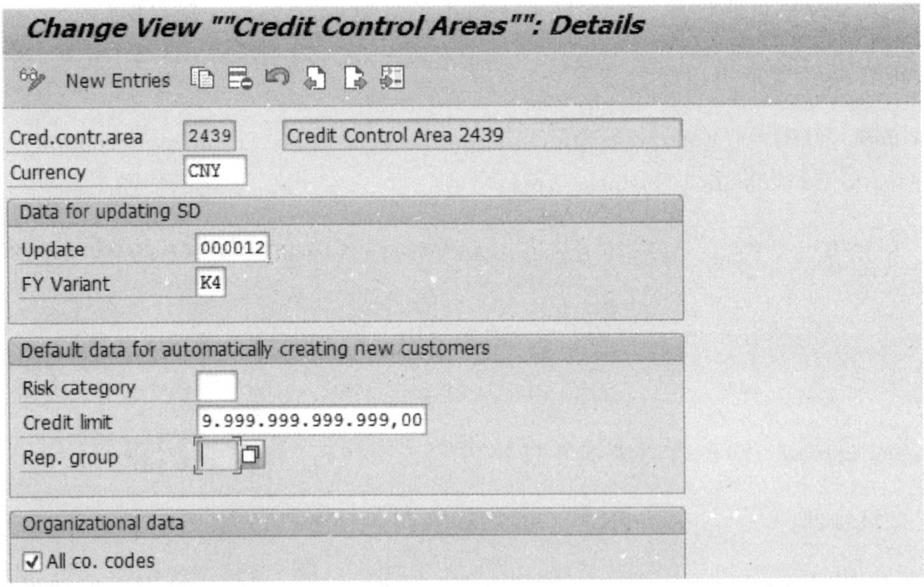

一个信用控制额度（credit control area），可以被分配给一个独立的公司代码，如果这个公司是一个非集团化公司；也可以被分配给集团公司中的各个子公司，如果这个公司是一个集团化公司的子公司。用作信用控制的组织单元就是信用控制额度。

这里，000012表示按照时间轴，以未清项的订单价值或者凭证价值为准则来判断信用额度。输入完成后，保存。

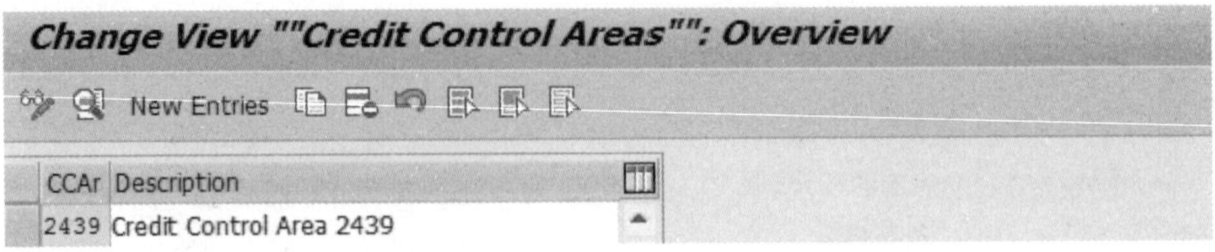

创建好了之后，我们就可以在列表中看到。

8. 分配信用控制额度给公司代码

Menu Path：IMG → Enterprise Structure → Assignment → Financial Accounting → Assign Company Code to Credit Control Area。

```
Change View "Assign company code -> credit control area": Overv
         
CoCd  Company Name   City    CCAr   Overwrite CC area
2439  YHQ LTD        厦门市   2439
```

点击 New Entries，分配信用控制额度 2439 给公司代码 2439。保存 。

信用控制额度表现了一个公司给客户的授信额度，一旦支付金额超过授信额度，在信用销售业务中应收款金额过大就会出现公司的支付受到限制的提示。

9. 定义总账会计科目组（T – CODE OBD4）

Menu Path：IMG → Financial Accounting → General Ledger Accounting → G/L Accounts → Master Records → Preparations → Define Account Group。（T – CODE OBD4）

可以为会计科目表定义科目组，一个科目组类似于一大类科目的科目号分配范围。科目组的定义，既可以拷贝自其他科目表的科目组，也可以初次由用户自行定义。这里，我们优先采用自己定义的方式。

```
Change View "G/L Account Groups": Overview
  Field status   New entries   ...   Print field status

Chrt/Accts  Acct Group  Name                          From acct  To account
YCQC        AS          FIXED ASSET ACCOUNTS          0          99999
YCQC        CASH        LIQUID ACCOUNTS               100000     199999
YCQC        GL          G/L ACCOUNTS                  200000     299999
YCQC        MAT         MATERIAL MANAGEMENT ACCOUNTS  300000     399999
YCQC        PL          P/L ACCOUNTS                  400000     499999
YCQC        RECN        RECONCILIATION ACCOUNTS       500000     599999
```

选择会计科目表 YCQC，定义相应的会计科目组。选择确定键 。保存 。

在本课程中，对于已经定义好的会计科目表 YCQC，之前已经定义了 6 位长度的科目号。这里，建立 6 个科目组，当然，也可以建立更多的科目组。用字母 AS 代表固定资产科目组，科目号范围为 0 – 99999。用字母 CASH 代表现金科目组，科目号范围为 100000 – 199999。用字母 GL 代表总账科目组，科目号范围为 200000 – 299999。用字母 MAT 代表物料科目组，科目号范围为 300000 – 399999。用字母 PL 代表损益科目组，科目号范围为 400000 – 499999。用字母 RECN 表示统驭科目（reconciliation accounts），科目号范围为 500000 – 599999。

统驭科目也可以被称为对账科目，主要用于公司与客户（customer）、公司与供应商（vendor）等之间的对账。有些公司也把一些与特殊业务有关的内部科目，放在统驭科目下，便于对账使用。

由于一个会计科目表包含有许多科目类型，所有这些科目类型都可以被分组集束后，放在不同的科目组中。在同一科目组中，具有相似的业务交易种类的科目，将被集中放在一起。例如，所有的现金科目就可以被放在同一个科目组中，还有代表费用或代表收益的科目组，等等。科目组中科目号的范围可以得到控制，比如安排在一定的数值范围之内。对科目组要根据企业的实际需要进行定义。

会计科目组一般被用来组织和管理大量的会计总账科目。在 SAP 系统中，每创建一个新科目，就必须给该科目分配一个适配的会计科目组。用户可以根据需要设定自己的会计科目组。但是，一旦配置完成，且科目号已经参与记账，则不宜再改变。所以，在一开始，就要进行合理的科目组、科目号设计。

在 SAP 系统中，统驭科目（reconciliation account）还有另外一个意思，就是业务的调整，例如资产负债表重新调整，将部分 FI 科目账务调整到 CO 科目，也需要通过业务设计和记账、调账来实现。SAP 的资产负债表余额应该始终是平衡的。

10. 定义留存收益科目（T – CODE OB53）

Menu Path：IMG → Financial Accounting → General Ledger Accounting → G/L Accounts → Master Records → Preparations → Define Retained Earnings Account。（T – CODE OB53）

留存收益科目（retained earning account），是在余额表中为损益科目类别定义的一种权益科目（equity account），它记录了公司所留存的、从上一年到下一年的累计净收益/损失（net income/loss）。在年度财务报告结账过程中，损益表科目的余额被结转（carried forward）到一个留存收益科目，而损益表科目的余额被结清为零。

输入会计科目表代码 YCQC。可以定义总账科目 299990 作为留存收益科目。当然，用户也可以按照需要来定义一个或者多个留存收益科目。在这里需要注意的是：当第一次输入时，因为所用科目 299990、299989 等尚未创建，因此，需要在创建科目之前，首先创建这里用到的科目，不然，无法正常创建 P/L 类损益科目，影响记账。

这里，不论如何，至少要定义一个留存收益科目。在 SAP 系统中，在创建科目时，按照会计科目表的定义，已经被定义为损益表科目类型的科目，都必须分配一个留存收益科目。为了简便起见，SAP 系统允许用户在一开始就定义好留存收益科目。这个科目起到转账中过渡的作用。由于 SAP 系统在结转时利润余额与科目之间并不对应，所以只是系统自动计算出的一个数字被放在了结转科目中，年度利润在年末结转时过账，只有在下年度 1 月 1 日才能够看到。

按确定键。保存。这里，如果按下过账码功能键 Posting Key ，则是要定义过账码规则。一般来说，定义 debit 过账码为 40，定义 credit 过账码为 50。

因为到目前为止，会计科目表 YCQC 下还没有定义任何一个会计科目，所以在保存时，系统会提示该科目尚未建立，如果遇到这样的提示，则不必在意，而应继续保存，系统也会先保存下这个科目号。但是，必须尽快在科目创建画面创建这个科目号。

在配置过程中所遇到的所有科目号，都必须先建科目，再配置。关于如何创建会计科目，本书会详细介绍。

假如留存科目定义出现问题，会在今后使用科目时出现"Message–Type–X"出错提示，这主要是因为在留存科目定义中没有定义与 X 相对应的科目 299990，所以，在 T–CODE FS00 中，不会出现"P&L Statement Acct Type"标志，这样定义的科目，无法正常实现损益类科目的过账。还有一点必须注意，这里至少要定义 X，Y 两个选项才行。由于留存科目定义在最初进行，所以，一旦未定义，今后出现错误则不易纠正，所以，一定要在初次配置时就定义正确。

11. 维护财务年度变量

一个会计系统，一定是遵守一个财务年度规则的。财务年度变量（fiscal year variant）包含了在一个财务年度中的过账期间/区间（posting periods）代码。

Menu Path：IMG → Financial Accounting → Financial Accounting Global Settings → Fiscal Year → Maintain Fiscal Year Variant（Maintain Shortened Fiscal Year）。

SAP 系统定义了多种财务年度变量，例如，K1、K2、K3、K4 等。财务年度的定义，使我们能够很简单地将业务交易划分到不同的业务区间中去。在 SAP 系统控制组件中，用户可以定义最多 16 个过账区间。财务年度变量 K4 是用户常用的一种变量，它是以年度为度量单位的一个变量,包含了 4 个季度,12 个月,大体上与通常意义上的财务年度一致;后面的 4 个区间,用于特殊目的调账等用途。

12. 给公司代码分配一个财务年度变量

Menu Path:IMG → Financial Accounting → Financial Accounting Global Settings → Fiscal Year → Assign Company Code to a Fiscal Year Variant。

财务年度变量,在系统中适合所有的公司,所以,对于一个指定的公司代码,就必须选择一个适当的财务年度变量。由于中国企业大都是以每年的 12 月底作为全年账务结转的月份,所以 K4 比较适合。

```
Change View "Assign Comp.Code -> Fiscal Year Variant": Overview

 CoCd  Company Name   Fiscal Year Variant  Description
 2439  YHQ LTD        K4                   Calendar year, 4 spec. periods
```

本课程中,对于我们之前定义的公司代码 2439 来说,由于是中国企业,所以选择与日历周期一致的财务年度变量是合适的,这里,选择 K4 作为财务年度变量。

选择 K4 作为财务年度变量。确定 ✓。保存 💾。SAP 系统有自己的财务日历,但是一旦用户选定之后,SAP 一般会按照用户选择的财务日历进行日历周期计算。对于像英国这样的国家,每个企业都有自己不同的会计年度,例如,英国税务总局(HMRC)规定一般企业的财务年度应该以每年的 3 月底为止,英国的税务年度 2015 指 2015 年 4 月 6 日至 2016 年 4 月 5 日这个时间段,在英国,新办企业的税务年度和会计年度可能不一致,有时候一个财务年度可能会超过 12 个月例如达到 15 个月,这时,企业会计区间的定义就会更加复杂。

13. 定义功能区(T-CODE:FM_ FUNCTION)

一个公司要考虑如何使用资金(funds)时,往往会根据会计作业的特征,按照其运营成本(operating expenses)进行分类,比如根据业务的功能区域(Functional area),又称功能区、或者功能范围,可以分为生产、行政、销售、研发、收入等功能区域。如果我们要采用销售成本会计,系统就会要求采用功能区域来分类运营成本。功能区域匹配功能架构(functional structure),特别是在从财务管理范围(FM area,financial management area)的角度来进行一个组织的成本划分时。

Menu Path:SAP Menu → Accounting → Public Sector Management → Funds Management → Master Data → Account Assignment Elements → Functional Area → FM_ Function – Process Functional Area。(T-CODE:FM_ FUNCTION)

```
Change View "Functional areas": Overview

 New Entries
 Functional areas
 Functional Area   Name
 2439              Functional Area for YHQ
```

为了简单起见，我们创建一个功能区域 2439。点击初始创建键 New Entries 。

完成输入后，保存 。系统提示： Functional area 2439 has been saved 。

当对间接管理成本（overhead）进行分摊时，功能区域的变化是借贷形式变化必须考虑的一个因素。所以，功能区域在间接成本分摊管理方面起着控制作用。

14. 定义功能区域组

功能区域往往被划分成功能区域组，一个功能区域可以被分配给一个功能区域组。

Menu Path：SAP Menu → Accounting → Public Sector Management → Funds Management → Master Data → Functional Area → Functional Area Group → Create。

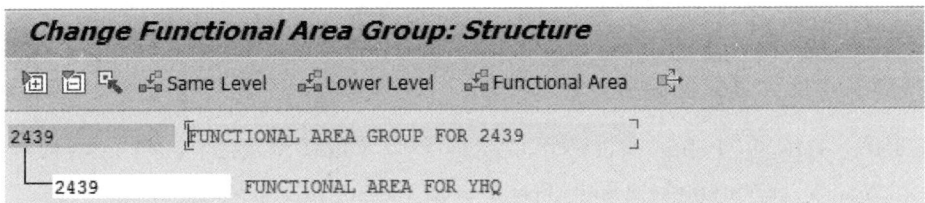

创建功能区域组 2439，并分配功能区域 2439 给该功能区域组。也可以创建类似于 2439 的功能区代码，创建之后，统一纳入功能区域组 2439 中。

15. 定义财务管理范围

Menu Path：IMG → Enterprise Structure → Definition → Financial Accounting → Maintain FM Area。

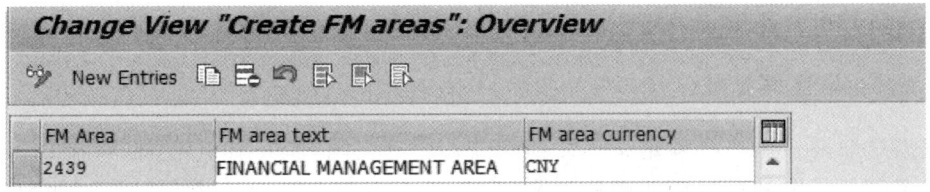

为了方便起见，创建财务管理范围 2439。点击 New Entries ，输入数据，保存 。

在 SAP 系统中，以相关的应用领域为区分。站在一个特殊的角度，用户可以为自己的企业定义不同的组织单元（organizational units）。例如，在 FI 应用中，用户可以从会计的角度定义自己的组织单元。

在 FI 模块中，公司代码作为组织单元来使用；而在现金预算管理（Cash Budget Management）模块中，财务管理范围（financial management area）将作为组织单元被使用。在现金预算管理应用中，用户也可以从会计角度定义自己的组织单元。在与 SAP 系统集成时，用户必须将这些组织单元与应用结合起来，分配这些组织单元给不同的应用。比如我们必须将财务会计中的组织单元分配给现金预算管理中的组织单元，这样，在财务会计中所发生的过账业务才会记录在现金预算管理系统。

16. 将财务管理范围分配给公司代码

由于在现金管理时，在多数情况下，财务管理范围将代替公司代码出现，所以，定义财务管理范围、并分配其给公司代码就非常重要。

Menu Path：IMG → Enterprise Structure → Assignment → Financial Accounting → Assign Company Code to Financial Management Area。

分配财务管理范围 2439 给公司代码 2439。保存 。

17. 将财务年度变量分配给财务管理范围

Menu Path：IMG → Public Sector Management → Funds Management Government → Basic Settings → Fiscal Year Variant→ Assign Fiscal Year Variant to FM Variant.

在现金管理条件下，财务管理范围起到与公司代码同等的效力，所以，也要定义财务年度变量。分配财务年度变量 K4 给财务功能区域 2439。保存 。

18. 定义过账区间变量

在数据过账前，用户必须定义过账期间或称会计区间（accounting periods）。会计区间的定义决定了财务年度和过账期间或称过账区间（posting periods），决定了为过账数据打开哪个过账区间。当用户定义了财务年度日历之后，系统就会按照一个唯一的过账区间来识别数据是否属于现在的过账区间。

一般来说，系统采用业务交易日期（business transaction date）或者过账日期（posting date），来计算哪一个财务区间应该作为交易数据的过账区间。

Menu Path：IMG → Financial Accounting → Financial Accounting Global Settings → Document → Posting Periods → Define Variants for Open Posting Periods。

点击输入键 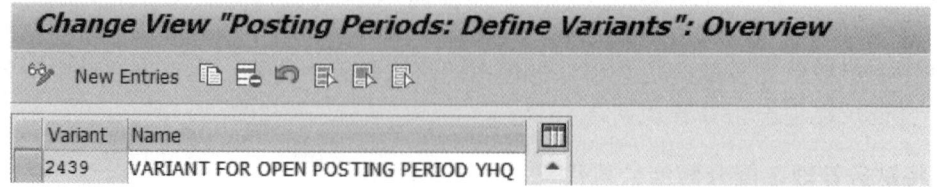。创建一个新的过账区间变量 2439。确定 。保存 。

过账区间变量,仅仅是过账区间的代码,其实际所代表的过账区间还需要在 T – CODE OB52 下定义。

19. 打开与关闭过账区间（T – CODE OB52）

虽然我们已经定义了过账区间变量 2439,但是,具体的过账区间分布在哪个区间上,仍然需要详细定义。过账区间包括开账区间和关账区间。

Menu Path：IMG → Financial Accounting → Financial Accounting Global Settings → Document → Posting Periods → Open and Close Posting Periods。（T – CODE OB52）

Var.	A	From acct	To account	From per.1	Year	To period	Year	From per.2	Year	To period	Year
2439	+			1	2015	12	2015	13	2014	16	2014
2439	A		ZZZZZZZZZZ	1	2015	12	2015	13	2014	16	2014
2439	D		ZZZZZZZZZZ	1	2015	12	2015	13	2014	16	2014
2439	K		ZZZZZZZZZZ	1	2015	12	2015	13	2014	16	2014
2439	M		ZZZZZZZZZZ	1	2015	12	2015	13	2014	16	2014
2439	S		ZZZZZZZZZZ	1	2015	12	2015	13	2014	16	2014

过账区间,也称为有效记账区间或会计区间。过账区间与我们的会计区间基本一致。周期性活动,例如周期性催款、预制凭证周期性过账、周期性报表、周期性结账等,都是 SAP 的周期性活动,例如每一周、每两周、每月执行的活动。特别是预制凭证,因为不是正式凭证,都必须在期末进行处理。定期分录,例如,房租每月都一样,可以定制成定期分录,每月执行一个程序,每月过账一次。

过账区间变量,经常也被称作记账的区间变式。由于同一个区间变式具有同一个开账区间和关账区间,所以,当一个集团公司具有很多子公司时,采用相同区间变式的公司将被视同执行同样的会计记账区间,开账、关账区间都相同；而不同的区间变式,则代表了不同的记账区间。

开账区间（open posting periods）,定义了业务交易开始过账的财务区间。关账区间（close posting periods）,定义了业务交易结束过账的财务区间。

这里,我们需要为每个过账区间变量定义开账和关账的区间范围,一般以两个不同的时间间隔来定义,例如,区间 1 和 2（period 1 and period 2）,在每个区间,最小区间为开始,最大区间为结束。

对于过账区间变量 2439,假如现在的时间是 2015 年 1 月 1 日,则正常过账区间为 2015 年 1 月至 12 月。也可以把记账区间范围缩小到 1 – 12 之间的任意区间。

区间 13 至 16 为辅助区间,或者称为特别记账区间,用于进入 2015 年之后,对于 2014 年账务在不同的 4 个季度的调账处理。例如,汇率评估,其评估结果也可以记到 13 – 16 区间,调表不调账,纳税业务也可以记到 13 – 16 区间,即为了不影响之前的月度报表,调账可以在 13 – 16 区间内进行。这样,就保证全年正确,为资产负债表日后事项的调整提供了方便。

这样定义的记账区间都与年度有关（year dependent）；当然,也可以定义与年度无关（year independent）的区间。

在 SAP 系统中，标准作业类型不止一种，一般依会计作业的科目类型而定。

＋ － 适合所有科目类型（all account types）；

A － 适合固定资产科目类型（assets）；

D － 适合销售客户科目类型（debtors or customers）；

K － 适合供应商科目类型（creditors or vendors）；

M － 适合物料类科目类型（material）；

S － 适合总账科目类型（general ledger）。

对于过账区间变量，选择以上作业类型。

确认输入 ✓ 。保存输入 💾 。

开账区间、关账区间，都是以开账区间为准，如果选定了开账区间，则其他记账区间都是关账区间。这里要注意，区间变式 2439 与公司代码 2439 是不同的。

在跨年度后，如果要补充处理之前年度的账务，必须将过账周期（period）改为之前年度才能够运行，否则，就无法运行，例如，补记固定资产折旧就是这样。

20. 给公司代码分配过账区间变量

过账区间变量 2439 在创建之后，还要赋值给公司代码，以便公司代码携带有过账区间特性。有些时候，由于过账区间与周期性操作密切相关，所以，过账区间也被称为过账周期、或者过账期间。

Menu Path：IMG → Financial Accounting → Financial Accounting Global Settings → Document → Posting Periods → Assign Variants to Company Code.

CoCd	Company Name	City	Variant
2439	YHQ LTD	厦门市	2439

将过账区间代码或称为区间变式 2439 赋值给公司代码 2439。保存 💾 。

21. 定义凭证号码段（T－CODE FBN1）

凭证是 SAP 系统中非常重要的概念。在定义凭证号码段之前，可以先查看各类凭证。

Menu Path：IMG → Financial Accounting → Financial Accounting Global Settings → Document → Document Header → Define Document Type。

SAP 系统已经定义了各种各样的凭证，虽然一般不需要再增加新的凭证类型，但是，就既有凭证而言，需要了解凭证类型。这里，也可以查阅凭证代码分配情况，为之后的凭证代码创建做好准备。在 SAP 系统中，一般我们所说的凭证不仅限于会计凭证，在记账操作中，一种操作可能会产生四、五种凭证。例如，涉及成本的记账，不仅会产生记账凭证，而且会产生会计凭证、成本中心凭证、利润中心凭证等。SAP 正是依靠这些不同种类的凭证来进行各种分析的。在本课程中，不论是 FI、CO 模块，还是 MM、SD、PU、AA 模块，除了需要定义与各个模块直接相关的凭证之外，也需要定义与其他模块之间的关联凭证，特别是凡是与 FI 相关的凭证，基本都要重视。

Menu Path：IMG → Financial Accounting → Financial Accounting Global Settings → Document → Document Number Ranges → Define Document Number Ranges。（T – CODE FBN1）

输入公司代码，按下区间定义键 Intervals，点击定义键 Interval，就可以为不同年度定义不同类别的凭证号码段。

在练习中，必须合理分配号码段，号码段区间不宜过大，便于分配为宜。因为凭证号码段一般不能重复，所以在定义号码段时，要提前合理规划。例如

01	2016	10000	19999；	19	2016	60000	69999
02	2016	20000	29999；	49	2016	70000	79999
03	2016	30000	39999；	50	2016	80000	89999
06	2016	40000	49999；	51	2016	90000	99999
14	2016	50000	59999				

用户可以根据自己的设计来定义凭证号码段及区间。表中，起止区间段，数字非常清楚。如果该号码段已经有使用，则现在代码（current number）不为空，具体指向到目前为止所用到的最大代码。外部标志（Ext, external）勾选时，表示代码不会自动产生，而需要人工输入才能够产生。内部给号，在 SAP 号码段定义中较为普遍。

输入完成后，保存 。

SAP 系统使用了种类非常多的凭证，每一类凭证都需要定义一个号码段区间。如果没有定义凭证号码段，凭证将无法正确产生。由于在系统中进行配置练习时，关于凭证的采用，系统会根据需要自动弹出凭证，所以，许多凭证的代码段事先并未定义好。遇到这种情况，系统会提示要求修改号码段。这种情况，都可以在这里追加相应凭证的号码段。很显然，对于许多号码与年度相关的凭证而言，年度变化会带来凭证号码段的变化，这一点要引起注意。

22. 从现有公司代码中拷贝号码段

如果上一步已经定义了号码段，则这一步可以不做。由于新用户往往不知道有多少凭证号码段需要定义，所以，也可以把现有的已经定义好号码段的公司的号码段通过拷贝的方式复制过来。

Menu Path：IMG → Financial Accounting → Financial Accounting Global Settings → Document → Document Number Ranges → Copy to Company Code。

凭证号码段与凭证之间关系密切，一般都要进行长远设计，所以，这里的功能仅供参考使用。

23. 定义凭证类型并分配号码段

Menu Path：IMG → Financial Accounting → Financial Accounting Global Settings → Document → Document Header → Define Document Types。

SAP 系统定义了标准的凭证类型。我们也可以为销售客户、采购供应商以及一般的总账科目交易定义不同的凭证。凭证类型将业务交易凭证、控制凭证等不同特征的凭证区别开来。

Change View "Document Types": Overview

Type	Description
KA	Asset posting
KR	Vendor invoice
SA	G/L account document

SAP 的录入画面很多，不同画面对应不同业务，而不同业务对应不同的凭证类型。业务和会计凭证类型在系统中都非常重要。在 SAP 系统中，用户既可以沿用系统已经定义好的凭证类型，也可以自定义新的凭证类型。每一种凭证类型在定义时，可以分配合适的号码段代码，以赋予相应的号码段。一般来说，DR、KR、SB 都是最常见的标准凭证类型。每个凭证类型可以定义不同业务种类，以区别不同凭证类型所产生的号码段。

Change View "Document Types": Details

Document Type: KR Vendor invoice

Properties:
- Number range: 19
- Reverse DocumentType: KA
- Authorization Group:

Account types allowed:
- ☑ Assets
- ☐ Customer
- ☑ Vendor
- ☑ Material
- ☑ G/L account

Special usage:
- ☐ Btch input only

凭证类型 KR 表示供应商发票，SAP 凭证类型适合所有供应商。这里，我们不再定义任何新的凭证。双击 KR Vendor invoice 键，就可以看到供应商凭证的类别为 KR，其凭证号码范围代码为 19 号。如果号码段 19 在前面的号码段中没有定义，那么，还需要返回去使用 T-CODE FBN1 补充定义。如果不补充定义，就必须把号码段 19 改成其他已经定义的号码才行。通过事先定义凭证类型和号码段可以有效管理凭证。凭证类型是会计查账搜索不同凭证的限制条件。在记账时，系统会自动带出相应的凭证类型，表现在凭证头位置，当然，也可以修改凭证类型。显然，一个凭证类型至少决定了两个事项：一是凭证代码段（number range），一是科目类型（account types）。所以，输入凭证画面对应的凭证类型与这两方面密切相关。SAP 为不少业务分配了与科目类型一致的默认凭证类型。凭证类型 AF 表示 Asset Posting 类凭证，其凭证代码在过账时自动弹出，所以，必须是 internal 类型，而非 external 类型。

24. 激活财务年度缺省值

Menu Path：IMG → Financial Accounting → Financial Accounting Global Settings → Document → Default Values for Document Processing → Enable Fiscal Year Default。

Change View "Default Fiscal Year": Overview

CoCd	Company Name	City	Propose fiscal year
2439	YHQ LTD	厦门市	✓

勾选财务年度☑，保存💾。在激活财务年度缺省值后，系统将以用户自定义的财务年度作为默认的财务年度缺省值而自动启用，自动定义各类凭证的财务年度日期。很多情况下，凭证的代码段所指定的年度将作为缺省值。

25. 激活缺省评估日期

Menu Path：IMG → Financial Accounting → Financial Accounting Global Settings → Document → Default Values for Document Processing → Default Value Date。

Change View "Company Code: Default Value Date": Overview

CoCd	Company Name	City	Propose value date
2439	YHQ LTD	厦门市	✓

勾选评估日期☑，保存💾。许多情况下，评估日期可以以输入日期为准。对于依赖于年度凭证代码段（year – dependent document number ranges）的公司代码，在进行业务交易过账时，系统会判断是否要直接取 CPU 的系统日期作为货币（本币、外币）评估的日期。

第三节 建立屏幕字段状态组

1. 定义屏幕字段状态组变量（T – CODE OBC4）

SAP 系统中，每个科目都有一个字段状态组变量，这是学习 SAP 时的主要难点之一，可以说，掌握了字段状态组的定义，也就掌握了过账的关键。字段，就是数据库表中的一个栏目，输入数据记录在插入数据库表中时，字段是一一对应的。在创建输入画面时，如何组织输入画面，完全由屏幕字段状态变量组的定义来决定。

Menu Path：IMG → Financial Accounting → Financial Accounting Global Settings → Document → Line Item → Controls → Define Field Status Variants。（T – CODE OBC4）

Change View "Field status variants": Overview

Dialog Structure
▽ 📁 Field status variants
   📁 Field status groups

FStV	Field status name
2439	YHQ LTD

为了给公司代码 2439 创建字段状态变量（field status variant），可以先选择公司代码 0001 的字段状态变量 0001，点击拷贝键，复制其所有的字段状态组（field status groups）给字段状态变量 2439。复制完成后确认，保存。这样，就可以在列表中看到屏幕字段状态变量 2439 了。

```
Change View "Field status groups": Overview

Field status    New entries    Print field status

Dialog Structure              Field status variant   2439   Field status for 2439
▼ Field status variants       Field status group    Text
    • Field status groups     G001                  General (with text, allocation)
                              G003                  Material consumption accounts
                              G004                  Cost accounts
                              G005                  Bank accounts (obligatory value date)
                              G006                  Material accounts
```

同学们在练习中，可以直接拷贝公司 2439 的配置给自己所创建的公司，这样较为简单。选择字段状态变量 2439，并且双击字段状态组键 Field status groups，那么，就会看到适合各类交易的字段状态组的列表。

这里，每一个字段状态组都对应着一类交易模式，或者对应着一类总账科目。例如，假设要采购一批库存货物，清算科目号为 399999，代表材料类科目，与之相对应，需要选择材料消费类科目对应的变量名 G003 作为屏幕字段状态组变量，来保证采购交易在出现账户 399999 时，所有必要字段项都将出现在屏幕上并且提示必须输入的项目。

简单地说，假如要进行两个总账科目之间的转账业务，那么，转账业务画面在屏幕上显示哪些字段，以及是否属于必须输入项，都要事先定义好。对于绝大多数交易而言，并不需要把所有的业务项目都显示在屏幕上进行操作。例如，数量字段，只有在与数量有关的交易发生时才需要数量字段；当与数量无关的交易发生时，则不需要在屏幕上显示数量字段，或者即使显示但不需要输入数量数据，对于这种情况的取舍定义，就由定义屏幕字段状态的状态变量来进行定义。

在进行创建科目的操作时，因为一个科目往往对应着一类交易，所以就要选择字段状态变量。SAP 系统将所有交易可能遇到的属性项目以字段状态的形式一起罗列出来，供用户选择，使用户能够很方便地以自己的需要选择合适的字段及其状态。

由于 SAP 的每个屏幕字段状态组变量，其所对应的主数据记录都包含了一定数量的不同字段项，所以，为了简单起见，这些字段被划分到了不同的小的类别中去，例如：

通用数据（general data）；
附加科目作业数据（additional accounting assignments）；
材料管理（materials management）；
支付交易（payment transactions）；
资产会计（asset accounting）；
税收管理（taxes）。

每个小的类别都包含了紧密相关的字段项。在配置过程中，一般每个字段都有4种状态，分别表示必须输入、选择输入、隐藏而不输入、仅仅显示在屏幕上。正确的选择字段状态，是配置的关键。

可以按照如下规则来控制每个屏幕字段状态组变量下的字段状态。

S – 隐藏（Suppress），字段不显示，无法对该字段进行任何操作。

D – 显示（Display），显示字段，但不必输入任何值。

R – 输入（Required），显示字段，数值输入具有强制性，不输入则有出错提示。

O – 可选（Optional），显示字段，数值可以选择输入，也可以选择不输入。

在练习中，同学们将被要求创建许多会计科目，这些科目的创建都需要相应地选择字段状态组变量。为了方便起见，这里以G003为例，列出所有相关项目的相应配置在教材附录中。这些配置虽然不是标准配置，但作为参考配置，对于同学们完成练习可以起到举一反三、事半功倍的效果。

类似的屏幕状态组定义，今后还会在科目组订单类型（例如F类型）、物料移动类型（例如501货物移动类型）等其他业务中遇到。

当两个具有不同的屏幕字段状态组值的科目类型、订单类型、物料移动类型等交易类型相遇时，按照如下的原则进行屏幕字段输入状态的选择：

状 态	Suppress	Display	Required	Optional	优先级别
Suppress	Suppress	Suppress	Suppress	Suppress	第一优先
Display	Suppress	Display	Display	Display	第二优先
Required	Suppress	Display	Required	Required	第三优先
Optional	Suppress	Display	Required	Optional	第四优先

显然，隐藏（Suppress）的优先级最高，其次是显示（Display），再次是输入（Required），最后是可选（Optional）。在以后的学习中，我们会发现屏幕字段组状态不仅对科目类型很重要，而且对订单类型、物料移动类型应用也都很重要，当一项业务遇到需要同时既定义科目类型、又定义订单或者物料移动类型时，两者的相关配置在优先级上一定要一致，不一致则无法进行业务操作。

2. 分配屏幕字段状态变量给公司代码

Menu Path：IMG → Financial Accounting → Financial Accounting Global Settings → Document → Line Item → Controls → Assign Company Code to Field Status Variants。

CoCd	Company Name	City	Fld stat.var.
2439	YHQ LTD	厦门市	2439

如果要在会计科目表下为自己的公司开设相关科目，那么就要选择字段状态变量组，并

将其属性赋值给要开设的这个会计科目,这时,必须事先分配字段状态变量给相应的公司代码才行。我们已经在前面定义了一个字段状态变量 2439,又有一个公司代码 2439,为了给公司 2439 开设会计科目,必须分配字段状态变量 2439 给公司代码 2439。

确认输入无误后,保存 🖫。

3. 为凭证的行项目输入选择屏幕模式变量

对于任何交易,在进行凭证输入时,其屏幕画面的选择与相关科目所依赖的字段状态变量有关。但是,实际上,在字段状态变量发生作用之前,还需要配置凭证行项目输入的屏幕模式变量。

Menu Path:IMG → Financial Accounting → Financial Accounting Global Settings → Document → Line Item → Controls →Screen Variants for Document Entry。

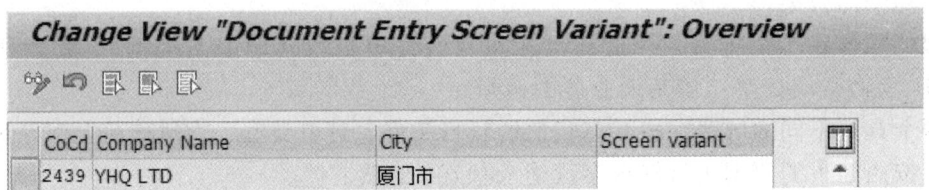

SAP 系统定义了 4 种凭证输入屏幕模式变量,其中空格表示标准版本的凭证输入屏幕模式变量。保存 🖫。

4. 定义最大汇率差异

Menu Path:IMG → Financial Accounting → Financial Accounting Global Settings → Document → Document Header → Maximum Exchange Rate Difference → Define Maximum Exchange Rate Difference per Company Code。

定义汇率差异(exchange rate difference),主要是为外币金额在不同汇率之间转化时所产生的差异准备的。汇率差异可以为每个公司定义。最大汇率差异为过账时所允许的最大汇率差异值范围。在凭证输入时,手工输入的汇率与 SAP 配置中存储的汇率之间会进行比较,二者之间的最大差异由这里定义的最大差异值来决定,如果超过最大差异值,系统会产生警报予以提示。

这里,定义 10% 为公司 2439 的最大汇率差异值。保存 🖫。

5. 检查全局变量(T – CODE OBY6)

到目前为止,我们已经为 SAP 系统配置了一些变量,有些变量属于全局变量。

Menu Path：IMG → Financial Accounting → Financial Accounting Global Settings → Company Code → Enter Global Parameters。（T – CODE OBY6）

CoCd	Company Name	City	Country	Crcy	Language
2439	YHQ LTD	厦门市	CN	CNY	EN

显然，对于公司代码 2439，其国家代码为 CN，货币代码为 CNY/RMB，语言代码为 EN/ZH。为了查看其他已经定义的变量，双击公司代码 2439。

注意，过账区间变量（posting period variant）控制了公司代码的财务过账区间。对于不同的公司，可以使用同一个过账区间变量，这样，对于有多个子公司的情况，一次配置就可以解决很多不同步的问题。

在配置中，如果由于 CO 模块部分功能尚未配置而使销售会计成本选项不能激活，则可以暂时不输入代码值 2，待以后再补充。

在配置中，如果勾选"company code is productive"，则在成本、利润操作中，有些配置不易修改，所以，必须与 profitability 配置一致，这里，可以暂时设置为空，即不勾选。T – CODE OBR3 专门用于配置该项参数，如果配置，则是同于勾选该项目，关于这一点，之后的配置会遇到。因为还没有定义成本控制范围（controlling area），所以，"Co Area"项暂时无法勾选，同学们可以先空出这项。

如果勾选"Tax base is net value",则在记账时以税基数据为准来计算税收。由于进项税和销项税的计算都是在记账时直接输入或者直接计算,税基往往不确定,因此,这里不勾选;如果勾选,则 FB70 应收记账时,计算税收会出现"Net tax base and gross tax base is not defined",所以,以不勾选为好。

因为以上变量在前面的配置中已经介绍过,这里不再改变。保存 🖫。

6. 设置公司代码为生产状态(T – CODE OBR3)

Menu Path:IMG → Financial Accounting → Financial Accounting Global Settings → Company Code → Parallel Currencies/Multiple Currencies → Set Company Code to Productive。(T – CODE OBR3)

设置公司代码为生产状态,由于 productive 选项对于有些业务配置影响较大,一旦勾选,有些配置就无法继续,例如与利润分析有关的配置以及与货币有关的配置等,如果已经选择了生产状态,则无法继续配置,所以,这里选择不勾选。直接保存 🖫。

7. 激活公司应收账款抵押程序

Menu Path:IMG → Financial Accounting → Financial Accounting Global Settings → Company Code → Multiple/Parallel Currencies → Activate Accounts Receivable Pledging Procedure Per Company Code。

选择公司代码,勾选激活键 ☑,保存 🖫。适合承诺抵押的短期信贷。

8. 定义货币的币种(T – CODE OB22)

Menu Path:IMG → Financial Accounting → Financial Accounting Global Settings → Company Code → Parallel Currencies/Multiple Currencies → Define Additional Local Currencies。(T – CODE OB22)

点击输入键 New Entries,为公司代码 2439 定义至少 2 – 3 种货币:CNY、EUR、USD。

公司货币(local currency),第一本币,代码为 10,一般凭证录入结算货币。

集团货币(group currency),第二本币,代码为 30,用于用户级别。

硬通货币（hard currency），第三本币，代码为40，用于国家级别。

货币种类的定义，在 SAP 系统中非常重要，特别是本币（local currency）的定义。在 SAP 系统中，通常我们可以为一个公司代码定义至少 2-3 种货币类别。

货币类型（currency type）通常分别用代码 10、30、40 表示，分别表示人民币、欧元、美元。货币汇率类型（exchange rate type）采用 M、P，也可以全部用一种汇率类型 M。事实上，用户可以定义自己的汇率类型，比如可以定义汇率类型 2439。

```
Change View "Additional Local Currencies For Company Code": D
   New Entries
Company Code    2439    YHQ LTD
1st local currency
Crcy type       10    Company code currency              Currency   CNY
Valuation       0     Legal Valuation
ExRateType      M     Standard translation at average rate
Srce curr.      1     Translation taking transaction currency as a basis
TrsDte typ      3     Translation date
2nd local currency
Crcy type       30    Group currency                     Currency   EUR
Valuation             Legal Valuation
ExRateType      P     Standard translation for cost planning
Srce curr.      2     Translation taking first local currency as a basis
TrsDte typ      3     Translation date
3rd local currency
Crcy type       40    Hard currency                      Currency   USD
Valuation             Legal Valuation
ExRateType      P     Standard translation for cost planning
Srce curr.      2     Translation taking first local currency as a basis
TrsDte typ      3     Translation date
```

用户可以选择使用合适的货币类别。本课程选择以上 3 种货币。保存 🖫。

也可以为总账定义币种。一般来说，对于不同会计总账，第一本币总是默认首选值。第二、第三货币，都可以另行定义。我们也可以继续采用系统原有配置。

9. 为输入行项目定义标准排序键

对于任何一个会计科目，在进行记账时，与该科目对应的行项目在保存后将被存储在数据库记录表中以便查询，具体以什么关键字段作为查询的标准指标，要通过排序键来进行定义。科目排序键在创建科目时进行选择，如果没有选择排序键，则记录无法在查询操作中查询科目余额。行项目的排序在各种报表和显示中都很有用。

标准排序键的定义，其实质，就是让用户自己为相关记录行项目数据的数据库定义数据库表的关键字段，用于索引排序，相关操作包括插入、删除、更新、显示数据时的索引操作。

Menu Path：IMG → Financial Accounting → General Ledger Accounting → G/L Accounts → Line Items → Display Line Items/Line Item Display → Determine Standard Sorting for Line Items。

Sort key	Description
000	Assignment number
001	Posting date
002	Doc.no., fiscal year
003	Document date
004	Branch account
005	Local currency amt
006	Doc.currency amount
007	Bill/exch.due date
008	Cost center
009	External document no
010	Purchase order no.

以上，都是常见的科目排序键值。例如，001 作为排序键值时，就是以过账日期进行排序，便于今后对余额表进行查询时顺序索引。在采用 T - CODE FS00 创建科目时，行项目排序（line item）就要采用这里定义的排序值；如果没有该排序键值时，交易信息将无法按照科目号查询。

第四节 建立税收代码

1. 分配税率计算过程给指定国家（T - CODE OBBG）

税率计算过程是独立的，可以被分配给不同的国家来使用。TAXCN 将被赋值给中国。
Menu Path：IMG → Financial Accounting → Financial Accounting Global Settings → Tax on Sales/Purchases → Basic Settings → Assign Country to Calculation Procedure。（T - CODE OBBG）

Cty	Name	Proc.
CN	China	TAXCN

许多情况下，系统已经配置好，则不需要重新配置。

2. 检查税率计算过程

Menu Path：IMG → Financial Accounting → Financial Accounting Global Settings → Tax on Sales/Purchases → Basic Settings → Check Calculation Procedure。

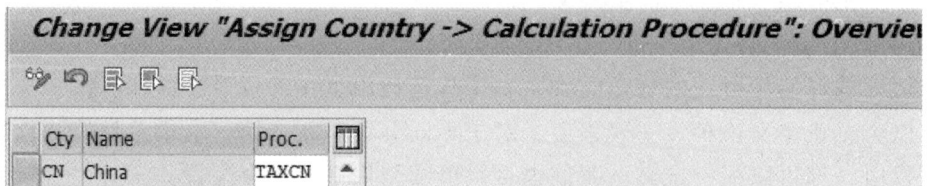

双击定义税率计算过程键 Define Procedures 。

如果 TAXCN 已经定义好，则继续按"Control Data"，双击 TAXCN 。

一般来说，进项税、销项税都是重要的税种，这里都必须定义。如果有其他税种，也都需要添加到这里。因为进项税和销项税两种情况系统一般已经定义好，则不需要重新定义。如果用户要定义自己的销项税和进项税计算过程，也是可以的。

MWAS 被定义为销项税（output tax），关键字段为 MWS。

MWVS 被定义为进项税（input tax），关键字段为 VST。

税率计算过程（calculation procedure），是 SAP 系统中如何为采购或销售计算税值，所定义的一个计算规则。税收计算过程在 SAP 系统中，适合绝大多数国家。在本书中，假设采用代码 TAXCN 表示专为中国用户定义的税率计算过程。

3. 定义销项税和进项税税率代码（T – CODE FTXP）

对于销售业务和采购业务来说，增值税的税率为 17.5%。但是，有些销售、采购业务也可能采用不同的税率，这就要求事先必须为系统配置好适当的税率代码。为了简单起见，可以为销项税配置 3 种税率：0%、10%、20%；同时，也可以为进项税配置 3 种税率：0%、10%、20%。当然，也可以增加 17%，或者 17.5% 作为税率。

Menu Path：IMG → Financial Accounting → Financial Accounting Global Settings → Tax on Sales/Purchases → Calculation → Define Tax Codes for Sales and Purchases。（T – CODE FTXP）

第一，为进项税创建 1 个税率代码。例如，创建以 0% 为税率的进项税税率代码 Q0。

```
Maintain Tax Code: Initial Screen
Copy
Country Key      CN   China
Tax Code         Q0   Input Tax With    0% tax Rate
```

在进行税收代码配置之前,必须明白税率计算过程关键值:VST 和 MWS。变量 VST 代表进项税;而变量 MWS 代表销项税。

```
Maintain Tax Code: Tax Rates
Properties   Tax accounts   Deactivate line

Country Key      CN       China
Tax Code         Q0       Input Tax With    0% tax Rate
Procedure        TAXCN    Sales Tax China
Tax type         V        Input tax

Percentage rates
Tax Type              Acct Key  Tax Percent. Rate   Level   From Lvl   Cond. Type
Base Amount                                         100     0          BASB
Output Tax            MWS                           110     100        MWAS
Input Tax             VST       0,000               120     100        MWVS
Non-deduct.Input Tax  NAV                           130     100        MWVN
Non-deduct.Input Tax  NVV                           140     100        MWVZ
Consumption tax Cre.  COC                           200     100        CONC
Consumption tax Deb.  COD                           210     200        COND
*                     YYC                           300     100        YYSC
*                     YYD                           310     300        YYSD
Flat-rate Tax China   VST                           320     100        MWCN
```

进入国家代码 CN,确认 ✓。输入税率代码 Q0,确认 ✓。选择税收类型 V,表示进项税,确认 ✓。输入表示进项税税率为 0% 的标识短语,确认 ✓。输入数值 0.000 作为税率。这里系统用逗号表示小数点。输入完成后,保存 💾。

进项税零税率代码 Q0 已经创建完成,税率为 0%。

第二,为销项税创建 1 个税率代码。创建销项税税率代码 H2,税率为 20%。

```
Maintain Tax Code: Tax Rates
Properties   Tax accounts   Deactivate line

Country Key      CN       China
Tax Code         H2       Output Tax with 20% Tax Rate
Procedure        TAXCN    Sales Tax China
Tax type         A        Output tax

Percentage rates
Tax Type         Acct Key  Tax Percent. Rate   Level   From Lvl   Cond. Type
Base Amount                                    100     0          BASB
Output Tax       MWS       20,000              110     100        MWAS
Input Tax        VST                           120     100        MWVS
```

这里，逗号表示小数点。注意，输入行除了有数字之外，其余位置不能输入任何字符或数字。

类似地，创建进项税税率代码 Q1，税率为 10%；创建进项税税率代码 Q2，税率为 20%。还可以创建销项税税率代码 H1，税率为 10%；以及，为销项税创建税率代码 H0，税率为 0%。以上税率代码，将在今后的计算中被引用。

当然，同学们也可以定义任意税率代码。

4. 确定计税日期

Menu Path：IMG → Financial Accounting → Financial Accounting Global Settings → Tax on Sales/Purchases → Calculation → Assign Company Code to Document Date for Tax Determination。

在 SAP 系统中，不论是进项税、还是销项税，都是在采购凭证或者销售凭证输入过程中进行计算的，这样，就要求确定有效的计税日期。一般来说，开票日期就是计税日期，而 SAP 系统的开票日期往往就是过账日期。

勾选之后，一般来说，凭证产生的日期，就被确定为计税日期。保存。

5. 定义税基金额

一般来说，税基的选择比较简单，都是以原始值作为基准值来计算的。SAP 系统允许用户对此进行确认，以便形成缺省设定。

Menu Path：IMG → Financial Accounting → Financial Accounting Global Settings → Tax on Sales/Purchases → Calculation → Specify Base Amount。

因为用户一般在记账时是以当时输入的采购金额为税基值直接计算进项税，或者直接输入含税销售金额而以倒推的形式计算出销项税的应税金额，所以这里不必勾选。如果勾选，记账时则必须明确输入计税的税基金额，不然会有出错提示。

6. 定义缺省计税科目（T-CODE OB40）

Menu Path：IMG → Financial Accounting → Financial Accounting Global Settings → Tax on Sales/Purchases → Posting → Define Tax Accounts。（T-CODE OB40）

第一，为进项税分配一个计税科目。

找到进项税提示键 Input tax，双击，并输入会计科目表代码 YCQC。

输入总账科目 275000 作为进项税交易中的增值税指定科目。含税科目 275000 在创建科目（T－CODE FS00）属性中税收类别选择时，这里选择"﹡"比较好，因为进项税也可能取负值，现金销售 FBCJ 遇到收款业务时也会遇到此科目。这里，我们假设进项税与销项税的税金科目采用了同样的会计科目。

第二，为销项税分配一个计税科目。

返回开始画面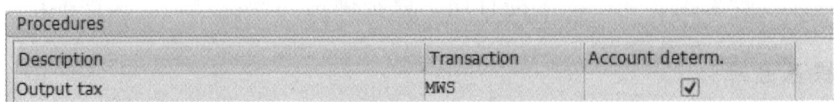，找到销项税交易关键代码 MWS。

双击销项税指示键 Output tax。为了简单起见，我们假设进项税与销项税的税金科目采用同样的会计科目 275000，以便易于操作。当然，也可以分别定义不同的会计科目。这里必须注意，在创建总账科目时（T－CODE FS00），进项税税收类别（tax category）标志为"<"，销项税税收类别为">"。在这种情况下，进项税、销项税只能在借、贷方记账中表现为单边记账，即税收金额无法同时表现在借、贷两边。因为有些时候，增值税也可能表现在与其性质正好相反的一边，为了解决这个矛盾，可以定义代表进项税和销项税的科目的税收类别标志为"﹡"，即增值税既可以表现在借方，也可以表现在贷方，完全依照实际情况反映，而不受进项税、销项税的业务性质限制。由于这个原因，这里，也可以定义销项税科目为同一科目 275000，其税收类别为"﹡"。

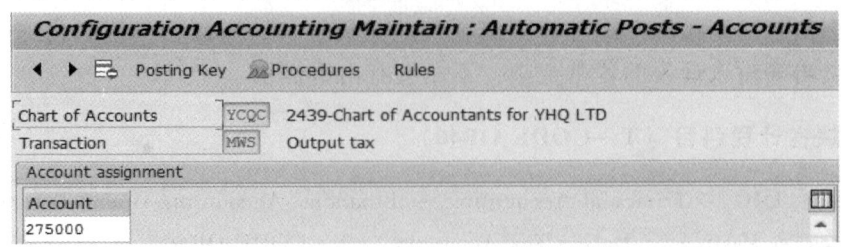

输入总账科目 275000 作为销项税交易中的增值税指定账户。这里，如果没有定义销项

税或者进项税科目,那么,在应收和应付记账过程中,就可能出现"Transaction key MWS/VST chart of accounts not defined in Table To30R"提示。

T – Code:FBKP → Autpmatic Postings → Down Payments → Input Tax Clearing on Down Payments – VVA。

输入会计科目表代码YCQC。

这里,进项税清账科目选择275000,其中:标志A表示预付款清账,属于特殊总账标志,因为预付款属于特殊操作。

T – Code:FBKP → Autpmatic Postings → Down Payments → Output Tax Clearing on Down Payments – MVA。

输入会计科目表代码YCQC。类似地,销项税清账科目选择275000,其中:标志A表示预付款清账,属于特殊总账标志,因为预付款属于特殊操作。

在这里提前进行了预付款的税收配置。不论是采购,还是销售,只要涉及增值税,都需要有相应的科目来存放税金。SAP系统的配置过程,就是把在业务过程中所需要用到的公共科目一次配好,一旦配置好,在前台业务操作的过程中,系统就会自动地带出已经配置好的会计科目,形成符合会计规则的会计凭证。

7. 为非应税交易分配税率代码(T – CODE OBCL)

有时候,不论是采购业务,还是销售业务,交易凭证的输入并不要求计税,这时候,可以认为税率为0%,即销项税税率为零,进项税税率为零,作为缺省值,使问题简单化。

Menu Path:IMG → Financial Accounting → Financial Accounting Global Settings → Tax on Sales/Purchases → Posting → Assign Tax Codes for Non – Taxable Transactions。(T – CODE OBCL)

分配进项税率为0%的税率代码Q0和销项税率为0%的税率代码H0给公司代码2439。记账过程中，如果不特别指定税率，则系统会自动采用零税率。进项税或者销项税以业务特征为依据进行选择。

8. 创建总账会计科目（T – CODE FS00）

Menu Path：SAP menu → Accounting → Financial Accounting → General Ledger → Master Records → G/L Accounts → Individual Processing。（T – CODE FS00）

总账会计科目主数据一般有两个层次：一个是公司代码层（company code，T – CODE FSS0），另外一个是会计科目层（chart of accounts，T – CODE FSP0）。一般选择集中创建（T – CODE FS00），这样，会计科目会包含两个层次的信息。

这里，以集中创建（T – CODE FS00）科目为例来创建一个会计科目476000。

以成本科目476000的创建为例来说明如何创建科目。单击 ，创建新科目。输入要创建的科目号476000。输入公司代码2439。

单击 Type/description 。

选择科目组（account group），科目组在定义会计科目表的分组科目号码段时已经定义，这里是损益科目（P&L statement account），其科目组科目号段范围为400000 – 499999。

创建任何科目，都需要在损益科目（P&L statement account）和余额表科目（balance sheet account）中作出选择。

科目名称描述（description）输入，以用户自定义为主。

组科目号（Group account number），就是集团科目账号，这里的科目号312500，为集团合并数据而设。

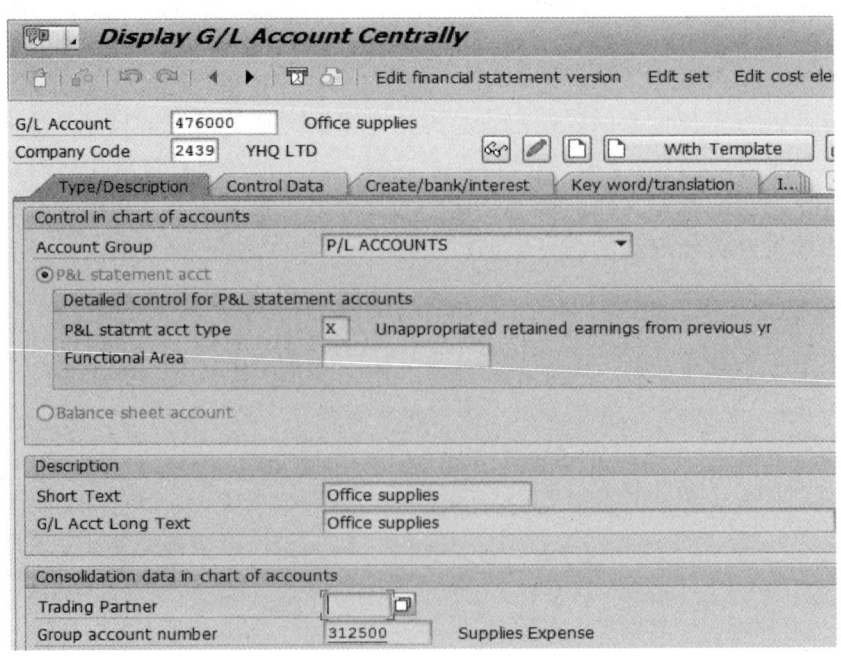

单击 Control Data。输入控制数据，属于公司代码层次。

选择 RMB/CNY 作为科目指定货币类别，如果选择其他货币类别，如 EUR、USD 等也可以，但要根据科目的实际用途性质进行定义。

这里还有一个参考科目代码（alternative account no.），是与国家代码相适应的公司科目代码，一般与科目代码一致，当公司的本地会计科目表与国家的会计科目表不一致时，分布在不同国家的子公司可能采用同一国家科目。

勾选行项目显示（line item display），输入排序键（sort key）值，表示以何种标志来记录会计凭证，并作为显示行项目的排序键。如果不输入任何值，则查询记账记录时，有可能无法查到，这里008表示成本中心，即该科目关联着成本中心，会以成本中心为基础进行排序操作。

税收类别（tax category）"-"表示该账户仅仅适合进项税关联输入。其他如销项税、或其他税类，都可以定义。一般来说，如果定义了税收类别，且勾选了 ☑ Posting without tax allowed，则在凭证输入如 T – CODE FB50 时需要输入税收代码。如果输入凭证时不考虑税收问题，则这里不必输入和勾选与税收有关的属性。这种情况下，科目号 476000 仅仅记录不含税金额，而税额被直接计入税收科目 275000，如同之前已经定义的税收科目号。

| Type/Description | Control Data | Create/bank/interest | Key word/translation | I... |

Account control in company code

| Account currency | CNY | Chinese Renminbi Yuan |
| ☐ Only balances in local crcy |
Exchange rate difference key	
Valuation group	
Tax category	-	Only input tax allowed
☑ Posting without tax allowed
Recon. account for acct type	
Alternative account no.	
☐ Acct managed in ext. system
Inflation key	
Tolerance group	

Account Management in Company Code

| ☐ Open item management |
| ☑ Line item display |
Sort key	008	Cost center
Authorization Group	
Accounting clerk	

单击 Create/bank/interest。

```
Type/Description  Control Data  Create/bank/interest  Key word/translation  I...

Control of document creation in company code
Field status group           G004    Cost accounts
  ☐ Post automatically only
  ☐ Supplement auto. postings
  ☐ Recon. acct ready for input
```

输入字段状态组数据（field status group）。这里，选择字段状态组 G004 作为该科目的字段状态组，它将影响该科目在屏幕输入过程中行项目值的输入选择，例如行项目信息必须输入隐藏、可选等状态。

自动过账科目（post automatically only）标志的勾选，主要用于某些物料类科目，现金类科目一般不用勾选。输入完成后，保存 💾。

在绝大多数情况下，建立会计科目可以参考模板"with template"形式，通过拷贝其他科目（也可能属于其他公司代码）来创建自己公司的新科目，这样，只需少量改动就可以建立合适的科目。这样做的主要原因是：SAP 会计科目包含了许多属性，初学者因为不熟悉如何正确填写这些属性，而可能创建错误的科目属性，所以，拷贝创建会计科目是一个事半功倍的方法。

9. 准备自动清账

Menu Path：IMG → Financial Accounting → General Ledger Accounting → Business Transactions → Open Item Clearing → Prepare Automatic Clearing。

```
Change View "Additional Rules For Automatic Clearing": Overview
New Entries ...
```

ChtAcct	AccTy	From acct	To account	Criterion 1	Criterion 2	Criterion 3	Criterion 4	Criterion
YCQC	D	1	999999	ZUONR	GSBER	VBUND		
YCQC	K	1	999999	ZUONR	GSBER	VBUND		
YCQC	S	1	999999	ZUONR	GSBER	VBUND		

该项功能旨在对未清项（the open items）实现清账处理，如果以本币（或者外币）表示的未清项，其借、贷双方合并在一起的总余额等于零，就可以实现清账。

我们可以输入判断标准（criterion），对一组总账科目未清项，实现合并以便自动清账。这些标准可以依据公司需求类型选择。

标准类型：ZUONR，代表会计作业类别（assignment）；GSBER，代表业务范围（business area）；VBUND，代表业务伙伴（partner）。

清账科目凭证类型有总账科目（S）、供应商（K）、客户（D）等。

科目号范围 1-999999 表示所有 6 位科目账号。输入完成后，保存 💾。

第五节 建立容错组

1. 为用户定义容错组（T – CODE OBA4）

Menu Path：IMG → Financial Accounting → Financial Accounting Global Settings → Document → Line Item → Define Tolerance Groups for Employees。（T – CODE OBA4）

这里，我们需要定义 2 个容错组：一个容错组空，公司代码是 2439；另一个容错组 2439，公司代码 2439。

空名容错组（blank tolerance group），即容错组的名称为空格，但是公司代码仍然为 2439，其他内容与容错组 2439 一致，它适合没有定义容错组的情形。

容错组 2439，公司代码 2439，它适合专门定义了容错组的情形。

容错组（tolerance groups），是一个被预先定义并限定金额或者比例值的一个限定值，它规定了相关业务操作容许输入的最大值以及数值浮动的范围。例如，在指定容错值之后，应收账款交易的屏幕输入金额可以不必与实际应收账款值完全相等，而可以在限定值额度内上下浮动，这里，容错值的大小决定了浮动值的上限或者下限。

在SAP系统中，可以事先为操作人员定义不同的货币金额限定值。对于过账操作，业务人员一般会被授权，以限定操作凭证的最大金额。

每个凭证金额（amount per document）。在进行业务操作时，容错值也限定了客户凭证或供应商凭证在进行凭证输入时的最大值（maximum amount）。

每个行项目金额（amount per open item account item）。在进行业务操作时，容错值限定了客户凭证、供应商凭证在进行凭证输入时，行项目的最大值（maximum amount）。

每个行项目折现值（cash discount per line item）。员工最大折现值百分数可以按照行项目（line item）来赋予，这个百分数表现了员工输入时支付差异的最大可接受容错值。

支付差异（permitted payment differences）。会被自动过账给某个容错组，以这种方式，系统能够通过调整折现值来进行差异过账、或者将差异过账到一个分离的成本或者收益科目。

2. 分配容错组给用户（T-CODE OB57）

Menu Path：IMG → Financial Accounting → Financial Accounting Global Settings → Document → Line Item → Assign User/Tolerance Groups。（T-CODE OB57）

点击输入键 New Entries，输入用户代码 xnai，以及容错组代码 2439。确认 💾。

这里，由于容错组代码与用户注册代码相对应，所以，在进行记账业务操作时，必须以指定用户代码注册，否则无法记账，所以，希望同学们一般以自己的注册代码进入系统，因为如果采用别人的代码，则注册代码与容错组不一致，就会无法记账。

在教学过程中，老师为了简便，在自己的用户代码注册模式下批改学生的作业，经常会发现有些前台记账业务无法操作，但是，在改用学生自己代码注册后，这个问题就会自动消除，问题就是由于容错组与用户注册代码之间不一致造成的。

3. 为总账科目定义容错组（T-CODE OBA0）

Menu Path：IMG → Financial Accounting → General Ledger Accounting → Business Transactions → Open Item Clearing → Clearing Differences → Define Tolerance Groups for G/L Accounts。（T-CODE OBA0）

选择公司代码 2439 的两个容错组，点击拷贝键 ，修改，为公司 2439 创建容错组。

首先，为公司代码 2439 创建一个代码为空（blank）的容错组。

其次，为公司代码 2439 创建一个代码为 2439 的容错组。

这里，借、贷双方的最大过账允许差异及百分比，用户可随意选择。

保存 。正常情况下，我们可以看到定义的容错组代码列示在配置列表中。

容错组定义了每个总账科目在进行清账时所可能产生的差异值限额。

在限额内，清账差异将被接受、并被自动过账到预先定义的差异科目中去。

4. 为供应商和客户定义容错组（T – CODE OBA3）

T – CODE OBA0，OBA1，OBA3，OBA4，OB57，都是与容错组相关的配置。

第一，为供应商定义容错组。

Menu Path：IMG → Financial Accounting → Accounts Receivable and Payable → Business Transactions → Outgoing Payments → Manual Outgoing Payments → Define Tolerance (Vendor)。

类似于操作员容错值，为客户和供应商定义的容错组也是为清账差异设置的。

因为某些时候，空容错组（blank tolerance group）也是必要的，适合所有并未特别指定容错组的情况，所以，为公司代码 2439 创建一个空容错组也有意义。

为公司代码 2439 产生容错组 2439。

这里，允许支付清账差异为 100 元，或者在 2% 以内，允许用户自定义。

容错组的定义直接影响着采购订单的创建，所以，用户在实际应用中对于限额可以自己调整。容错组定义在采购验证环节起着重要作用。

第二，为客户定义容错组。

```
Change View "Customer/Vendor Tolerances": Details

    New Entries

Company Code      2439    YHQ LTD              厦门市
Currency          CNY
Tolerance group   2439    Tolerance group 2439

Specifications for Clearing Transactions
Grace days due date    5      Cash Discount Terms Displayed    0
Arrears Base Date

Permitted Payment Differences
            Amount      Percent      Adjust Discount By
Gain        100,00      2,0 %        2,00
Loss        100,00      2,0 %        2,00

Permitted Payment Differences for Automatic Write-Off (Function Code AD)
            Amount      Percent
Rev.                    %
Expense                 %

Specifications for Posting Residual Items from Payment Differences
☑ Payment Term from Invoice         Fixed payment term
☑ Only grant partial cash disc
Dunning key
```

Menu Path：IMG → Financial Accounting → Accounts Receivable and Payable → Business Transactions → Incoming Payments → Manual Incoming Payments → Define Tolerance（Customer）。

其定义方式及参数与供应商容错组定义完全相同。容错组的定义在 SAP 的多个模块中多次出现，其实质就是用户容许操作不一致性出现的程度，是一种容忍度定义。

容错组的定义是 SAP 系统的一个重要特征。一般来说，所有业务的实现，都要求有一个精确的平衡关系。但是，在实际记账业务过程中，往往会出现各种差异，如果这种差异是可以容忍的，那么，容忍差异的范围有多大，幅度有多大，就需要定义。在本课程中，我们主要是向同学们介绍 SAP 的这种功能，而没有精确解释到底容错值配置多少才是合适的。尽管如此，将来在实际中如果用到了，知道去处理就好。

这里的配置是一种参考信息，实际工作中可能更复杂一些。

5. 为总账科目清账差异分配记账科目

Menu Path：IMG → Financial Accounting → General Ledger Accounting → Business Transactions → Open Item Clearing → Clearing Differences → Create Accounts for Clearing Differences。

输入会计科目表代码 YCQC。单击过账码键 Posting Key 。

```
Maintain FI Configuration: Automatic Posting - Rules

[Accounts] [Posting Key]
Chart of Accounts    YCQC    Chart of accounts - YHQ LTD
Transaction          DSA     Differences arising on G/L acct clearing
Accounts are determined based on
Debit/Credit         ✓
Tax code             □
```

勾选借/贷记账功能 ✓，以便差异值可以视性质被过账到借方或者贷方科目。

```
Maintain FI Configuration: Automatic Posting - Posting Keys

[Accounts] [Rules]
Transaction          DSA    Differences arising on G/L acct clearing
Posting Key
Debit                40
Credit               50
```

单击过账规则键 Rules 。40/50 是最常见的总账账户过账代码。

单击科目键 Accounts 。分配总账科目 230110 和 280110 给借、贷方。

```
Maintain FI Configuration: Automatic Posting - Accounts

[Posting Key] [Rules]
Chart of Accounts    YCQC    Chart of accounts - YHQ LTD
Transaction          DSA     Differences arising on G/L acct clearing
Account assignment
Debit      Credit
230110     280110
```

总账科目清账时产生的差异将被记入科目 230110/280110。保存 。

对于由容错组所定义的差异限额内的清账差异值，将被自动过账到预先配置的差异科目中去。这个预先配置的差异科目，就在此配置。

前面介绍了容错组的配置。其实，按照实际需要，一旦出现差异值，就应该给差异值寻找一个合理的出口科目，专门记账，而不能置之不理。例如，在银行业务中，有一个资金往来科目，用于两个具有互相借贷关系或者联行往来业务的支行之间进行轧差记账，这个轧差科目的余额有正有负，表示联行往来之间的互欠关系，有了这个科目，账务余额之间就会保证平衡。容错差异科目也是这个意思。

6. 将总账科目类别划分给凭证

Menu Path：IMG → Financial Accounting（New）→ General Ledger Accounting（New）→ Business Transactions → Document Splitting → Classify G/L Accounts for Document Splitting。

虽然会计科目组已经有了基本业务划分，但是，一般来说，大的科目组下面，总会有很多小的科目组或者科目，需要进行细分。本课程仅仅用于实习，所以，主要在于功能介绍。输入会计科目表代码 YCQC，依照科目组分类标准分类科目类别。

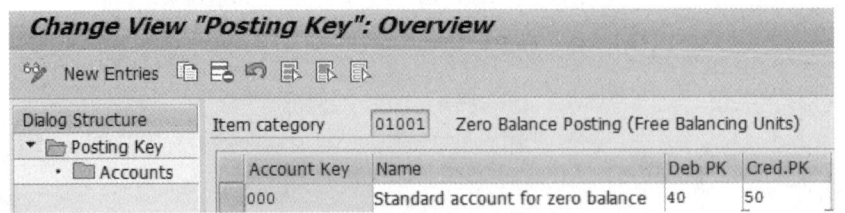

这里，为凭证所分类的科目号段与科目分组一致，当然，也可以不一致，因为这里为凭证所分配的科目段可以更细分一些。

7. 定义平衡余额清账科目

Menu Path：IMG → Financial Accounting（New）→ General Ledger Accounting（New）→ Business Transactions → Document Splitting → Define Zero Balance Clearing Accounts。

系统中已经定义了一个项目类型 01001，用于过账余额的平衡操作控制。

选择科目键 000，双击 Accounts，输入会计科目表 YCQC，将科目号 399999 添加到列表中，因为该科目将用于采购业务的自动过账业务，在自动过账时，系统会自动检查借贷平衡状态。

8. 定义外币价值评估方法

外币价值评估（foreign currency valuation），可以被定义为一个过程，以便决定在一个关键日期，以外币形式对流动资产和负债过账时的价值进行评估。

外汇评估一般发生在月末或者年末。外币资产评估主要是因为汇率不断变化，在将外币换算成本位币时，每个期末都会有不同的评估结果。

Menu Path：IMG → Financial Accounting → General Ledger Accounting → Business Transactions → Closing → Valuate → Foreign Currency Valuation → Define Valuation Methods。

点击创新键 New Entries ，建立一个新的评估方法 2439。

凭证类型选择总账科目类型（SA）。汇率类型 M，是适合一般外币的一种汇率类型。如果我们定义了其他汇率类型，也可以使用其他类型。

例如，在应付账款输入程序 T – CODE F – 43 或者 T – CODE FB60 下做一笔外汇输入业务，Currency/Rate USD 1.50000 ，汇率为 RMB：USD = 1：1.5，其余事项按照正常输入，产生的凭证是一个美元凭证，而不是人民币凭证，在做模拟会计凭证操作时，点击 Display Currency，会看到不同币种下的会计凭证，以美元保存，凭证为美元凭证。

```
Change View "Foreign Currency Valuation Methods": Details of Selec
Valuation method        2439
Description             Valuation w/ Exchange Rate Type M
Valuation procedure
  ○ Lowest value prncple              □ Corp.group-vendors
  ○ Strict lowest value principle     □ Corp.group-cust.
  ● Always valuate                    □ G/L valuation grp
  ○ Revalue only
  ○ Reset                             □ Balance valuat.

  ☑ Post per line item
  Document type           SA          □ Write extract

Exchange rate determination
  ExchRate Type for Debit Bal    M    □ Use exchange hedging
  ExchRate Type for CreditBal    M    Minimum difference

  ● Determine rate type from account balance
  ○ Exch.rate type from invoice reference
```

月末进行外汇评估时，采用 T – CODE F.05（valuation of open items in foreign currency），选择月末日期作为评估日期，选择基于评估的本位币货币，评估方法可以选择一个例程，这样，月末评估与记账日评估金额之间有一个差额，也可以选择生成会计凭证。本书中，外币评估的例子，同学们在进行前台业务练习时，可以自己试试，为了方便起见，可以用 1：1 的汇率进行练习。

9. 为各类过账差异值分配总账科目（T – CODE OB09，FBKP）

第一，汇率差异交易 KDB 配置。汇率差异一般用外币表示。

Maintain FI Configuration: Automatic Posting - Procedures

Procedures		
Description	Transaction	Account determ.
Document Split for Currency Exchange	CEX	☑
Exch. Rate Diff. using Exch. Rate Key	KDB	☑
Exchange Rate Dif.: Open Items/GL Acct	KDF	☑
Payment difference for altern.currency	KDW	☑
Payment diff.for altern.curr.(offset)	KDZ	☑
Internal currencies rounding differences	RDF	☑

Menu Path：IMG → Financial Accounting → General Ledger Accounting → Business Transactions → Closing → Valuate → Foreign Currency Valuation → Prepare Automatic Postings for Foreign Currency Valuation。(T - CODE OB09，FBKP)

双击汇率差异键 Exch. Rate Diff. using Exch. Rate Key　　KDB。

输入会计科目表 YCQC，确定。

Exchange rate difference key	Expense account	E/R gains acct	Rolling Valuations: Exp.	Rolling Valuations:
	230000	280000		
CNY	230000	280000		
EUR	230000	280000		
USD	230000	280000		

分配总账科目 230000 给汇率损失，科目 280000 给汇率收益。币种适合 CNY、EUR、USD，或者不限定币种（空）。对于任何币种，当评估发生时，损失或收益差异将被过账到指定科目。保存。

外币评估，由于汇率问题，会产生差异，或表现为损失，或表现为收益，都需要指定相应的总账科目以完成差异过账，所以要预先分配科目。

第二，汇率差异交易 KDF 配置。

Double click on Exchange Rate Dif.: Open Items/GL Acct　　KDF。

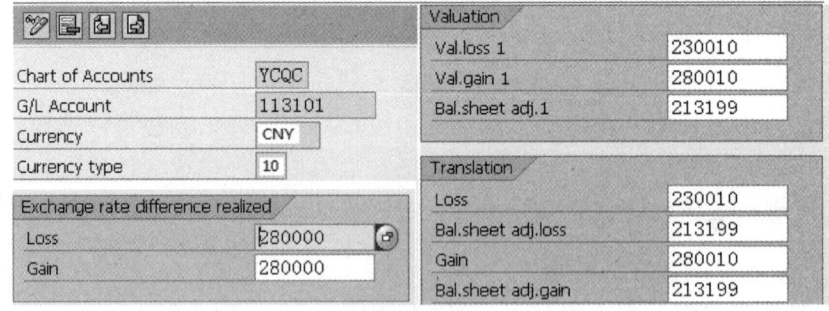

第三，支付差异交易 KDW 配置。不同币种之间在支付时产生的差异。

双击交易差异键 Payment difference for altern.currency　　KDW。

Debit	Credit
230030	280000

第四，支付差异交易 KDZ 配置。双击交易差异键 KDZ。

显然，对于汇率差异，除了交易 KDB 之外，还有交易 KDF、KDW、KDZ 等，主要都是用于处理未清项汇率差异。汇率差异交易 KDF 等的配置，也是旨在为汇率差异预先设置过账科目。它要求设置过账汇率损失/收益科目和相关的余额表调整科目。

```
Maintain FI Configuration: Automatic Posting - Accounts
Chart of Accounts    YCQC    Chart of accounts - YHQ LTD
Transaction          KDZ     Payment diff.for altern.curr.(offset)
Account assignment
Account
230030
```

第五，凭证分拆差异交易 CEX 配置。双击凭证分拆差异键 CEX。

```
Maintain FI Configuration: Automatic Posting - Accounts
Chart of Accounts    YCQC    Chart of Accounts -YHQ LTD
Transaction          CEX     Document Split for Currency Exchange
Account assignment
Account
200042
```

每次配置完成，保存。

10. 为销售业务分配现金折让成本科目（T – CODE FBKP）

进行折让销售时，需要预先为现金折让成本设置过账科目。假设向客户销售货物时，选择销售支付条款（payment terms）ZB01，允许以现金付账给予 3% 的优惠，这样，就在总的销售金额与实际收款金额之间产生差额，即折让差额。这个差额需要在过账时被记入一个现金折让成本科目（cash discount expenses account）。

Menu Path：IMG → Financial Accounting（new）→ Consolidation Preparation（new）→ Profit Center：Preparation for Consolidation → Check Account Field Status。（T – CODE FBKP）

第一，配置现金折让值科目，双击自动过账键 Automatic Postings。

双击现金折让与支付差异键 Cash discount and payment differences。

双击现金折让成本键 SKT。输入会计科目表代码 YCQC。确认。

敲击科目键 Accounts。

为现金折扣（discount allowed），输入科目账号 200041。保存。

现金折扣的意义与日常交易中的概念相同，销售折扣直接计入成本科目。

```
Configuration Accounting Maintain : Automatic Posts - Accounts
◀ ▶ 🖹  Posting Key   Groups   Procedures   Rules
Chart of Accounts      YCQC  2439-Chart of Accountants for YHQ LTD
Transaction            SKT   Cash discount expenses
Account assignment
Account
200041
```

第二，为客户（Customer）应付款配置应付款科目。

在 T‑CODE FBKP 下，双击特殊目的总账 `Special G/L`。（T‑CODE OBXR）

```
Maintain Accounting Configuration : Special G/L - List
🔍 📄 🗑
Acct Type   SGL Ind.   Name      Description
   D           A       Dwn p...  Down payment
```

双击预付款功能键 `Down payment`。输入会计科目表 YCQC。

建立客户的统驭科目与特殊总账科目之间的对应关系，特殊科目标志为 A。

分配统驭科目 500003、500004 给特殊总账科目 270000。

科目 270000 是客户预付款科目，其中：在 T‑Code FS00 下创建会计科目时，统驭科目 270000 标志为客户 `Recon. account for acct type` `Customers`，其科目字段状态组为 `Field status group` `G031` `Accounts for down payments received`；科目 500003、500004 是客户 400001、400002 对应的统驭科目，其统驭科目标志和状态组与 270000 类似。

```
Maintain Accounting Configuration : Special G/L - Accounts
🗑 🎚 Properties
Chart of Accounts    YCQC  2439-Chart of Accountants for YHQ LTD
Account Type         D     Customer
Special G/L ind.     A     Down payment
Account assignment
Recon. acct   Special G/L account   Planning level   Output tax clearing
500003        270000                                 A
500004        270000                                 A
```

第三，为供应商（Vendor）应付款分配应付款科目。

在 T‑CODE OBYR 下，定义供应商应付款统驭科目。（T‑CODE OBYR）

```
Maintain Accounting Configuration : Special G/L - List
🔍 📄 🗑
Acct Type   SGL Ind.   Name      Description
   K           A       Dwn p...  Down payment on current assets
```

双击预付款功能键 Down payment 。输入会计科目表 YCQC。

建立供应商的统驭科目与特殊总账科目之间的对应关系，特殊科目标志为 A。

Maintain Accounting Configuration : Special G/L - Accounts

Chart of Accounts	YCQC	2439-Chart of Accountants for YHQ LTD
Account Type	K	Vendor
Special G/L ind.	A	Down payment on current assets

Account assignment

Recon. acct	Special G/L account	Planning level	Input tax clearing	
500001	270001			A
500002	270001			A

在预付账款业务中，必须先设定统驭科目账号，以便与供应商账号相对应。输入方式，将科目号 500001、500002 赋值给供应商统驭科目，对应特殊总账科目 270001。

标识符号 A，相当于一个方向标，系统遇到 A，就会找到指定的科目，由此代码 A 引出的科目就是特殊总账科目。如果没有这个特殊标志，业务就不会指向该特殊科目，而是指向一般科目。

11. 检查汇率类型

Menu Path：IMG → SAP NetWeaver → General Settings → Currencies → Check Exchange Rate Types。

Change View "Currency Translation Exchange Rate Types": Over

New Entries

ExRt	Usage	Ref.crcy	Buy.rt.at	Sell.rt.at	Inv	EMU	Fixed
M	Standard translation at average rate				☐	☐	☐
P	Standard translation for cost planning		☐		☐	☐	☑

汇率类型在 SAP 系统中具有非常重要的地位，在为公司代码定义货币类别时，每一种货币类别都需要分配一个汇率类型，一般有 M、P 等类型，建议优先使用 M 类型。

汇率类型（exchange rate type）M、P 都是常用的汇率类型。缩写字母含义：

Inv – calculation allowed with inverted exchange rate。

EMU – exchange rate uses special translation model。

Fixed – exchange rate type uses fixed exchange rates。

当然，用户也可以定义自己的汇率类型，但是，一般建议使用系统已经定义好的汇率类型，例如 M、P 等。

12. 输入汇率（T – CODE OB08）

Menu Path：IMG → SAP NetWeaver → General Settings → Currencies → Enter Exchange

Rates。(T-CODE OB08)

ExRt	ValidFrom	Indir.quot	X	Ratio(from)	From	=	Dir.quot.	X	Ratio (to)	To
M	01.01.2014		X	1	CNY	=	1,00000	X	1	EUR
M	01.01.2014		X	1	CNY	=	1,00000	X	1	USD
M	01.01.2014		X	1	EUR	=	1,00000	X	1	CNY
M	01.01.2014		X	1	EUR	=	1,00000	X	1	USD
M	01.01.2014		X	1	USD	=	1,00000	X	1	CNY
M	01.01.2014		X	1	USD	=	1,00000	X	1	EUR
P	01.01.2014		X	1	CNY	=	1,00000	X	1	EUR
P	01.01.2014		X	1	CNY	=	1,00000	X	1	USD
P	01.01.2014		X	1	EUR	=	1,00000	X	1	CNY
P	01.01.2014		X	1	EUR	=	1,00000	X	1	USD
P	01.01.2014		X	1	USD	=	1,00000	X	1	CNY
P	01.01.2014		X	1	USD	=	1,00000	X	1	EUR

为了简单起见，在本课程中，我们假设所有币种之间的汇率为1:1，包括汇率CNY:EUR、CNY:USD、USD:EUR。由于汇率具有双向性，所以，反之亦然。尽管如此，在配置时，正反方向都需要配置，而不能只配置一个方向。用户采用汇率类型M，定义方式需要一致。保存。

用户也可以选择自己的汇率类型。绝大多数情况下，我们选择了汇率类型M。由于汇率与日期有密切关系，所以生效日期很重要，系统只选择当时有效的汇率，一般以最后一个起始日期为准。在做汇率评估时，可以选择适当的汇率类型。事实上，汇率类型M和汇率类型P在系统中被指定为默认汇率，为了简单起见，建议直接使用M、P两种汇率类型，其中P被用于评估。

汇率是不断变化的，经常需要调整，调整之后，则采用新汇率。外汇交易的汇率依照中国银行的牌价，过去是每天公布一个外汇买入、卖出价；但是，现在由于网络的方便性，实时外汇交易时，汇率实时获取为外汇交易提供了很多方便性。尽管如此，SAP系统仍然需要用户为自己定义交易汇率。

13. 检查计量单位

计量单位（units of measurement），是货物创建以及有关成本分摊计算中非常重要的概念，需要事先就定义好。SAP系统已经定义了不少计量单位，用户也可以根据自己的需要进行定义。

Menu Path：IMG → SAP NetWeaver → General Settings → Check Units of Measurement。

按下计量单位键 Units of measurement。

Unit	Commercial	Technical	Meas. unit text
EA	EA	ea	Each

这里，计量单位 EA 表示 1 件，是最简单的计量单位，其他一些计量单位也可以查询。

14. 为 GR/IR 清账定义调整科目

Menu Path：IMG → Financial Accounting → General Ledger Accounting → Business Transactions → Closing → Reclassify/Regrouping → Define Adjustment Accounts for GR/IR Clearing。

定义目标科目（target account）和调整科目（adjustment account）。

第一，双击 Invoiced but not yet delivered BNG。输入会计科目表 YCQC。确认 ✓。

不论是收到货物但还没有拿到发票（调整科目，adjustment account），还是收到发票但货物还没有发出（目标科目，target account），在这两种情况下，相关金额都会过账到 GR/IR（Goods Receipt/Invoice Receipt）清账科目账户（clearing account）。GR/IR 清账科目是一种事先预设好的科目，定义 GR/IR 清账科目，以方便自动过账时调整科目、目标科目的需要。

对于 GR/IR 业务，转移过账必须表现在余额表中，以便逐日反映货物已经出具发票但未发货（GR）或者已经发货但未出具发票（IR）的情况。相关交易（例如交易代码 F.19）会分析 GR/IR 清账科目和过账调整科目输入数据，以分析调整科目的未清余额（outstanding amounts），对二者进行均衡分析。

输入统驭对账科目（reconciliation account）291000 和 291100。输入目的科目（target account）291101 和 291102。保存 💾。

第二，双击 Delivered but not yet invoiced GNB。

GR/IR 表示物料接收/发票接收，在月底时，GR/IR 科目借、贷双方的轧差余额应该为零。GR/IR 科目是中间科目，在采购操作的期末评估时，往往会被重新分类：物料已经发送但尚未开发票（GR）与物料已开发票但尚未发送（IR）。调整科目是采购业务操作时的中间科目，随着物料接收和发票接收的操作，科目借方和贷方在月末时会转化。

管理信息系统
——SAP R/3 4.7 & ECC 6.0系统原理及操作

与目标科目定义类似。输入调整科目291099和291199。保存 💾。

| Chart of Accounts | YCQC | 2439-Chart of Accountants for YHQ LTD |
| Transaction | GNB | Delivered but not yet invoiced |

Reconciliation account	Adjustment Account	Targ.acct
291000	291099	291102
291100	291199	291102

15. 定义财务报表模式

财务报表模式（financial statement versions）意味着总账科目的一个层次化定位（a hierarchical positioning），这种定位可能是基于创建财务报表的特殊法定需求，或者是基于企业自身的特殊需要。我们可以为已经创建的会计科目表创建多个财务报表模式，例如，一个为本地报告使用，一个为产生上级报告表使用。

Menu Path：IMG → Financial Accounting → General Ledger Accounting → Business Transactions → Closing → Document/Documenting → Define Financial Statement Versions。

点击 New Entries，创建一个新的财务报表模式2439。

| Fin.Stmt.version | 2439 |
| Name | 2439 Financial Statement |

General specifications
Maint. language	EN
Item keys auto.	✓
Chart of Accounts	YCQC
Group Account Number	✓
Fun.area perm.	☐

在每个财务报表模式下，可以按照报告目的要求，采用不同的总账科目分组方式。

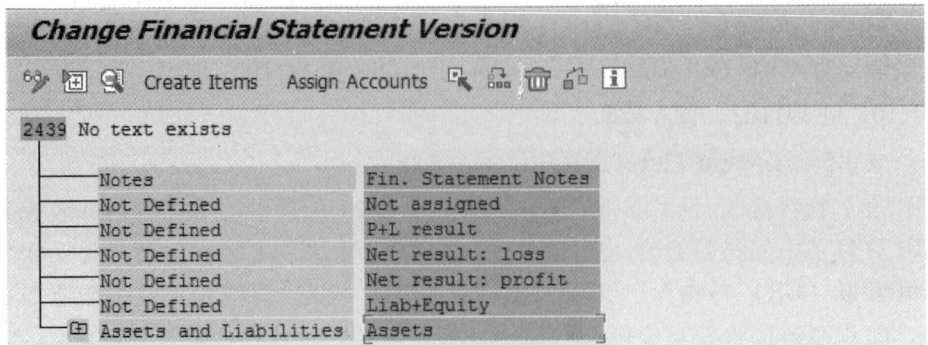

定义财务报表模式的目的是：需要以某种方式，来表现余额表、损益表。也可以为一个特殊的会计科目表或者为一组会计科目表定义财务报表模式。

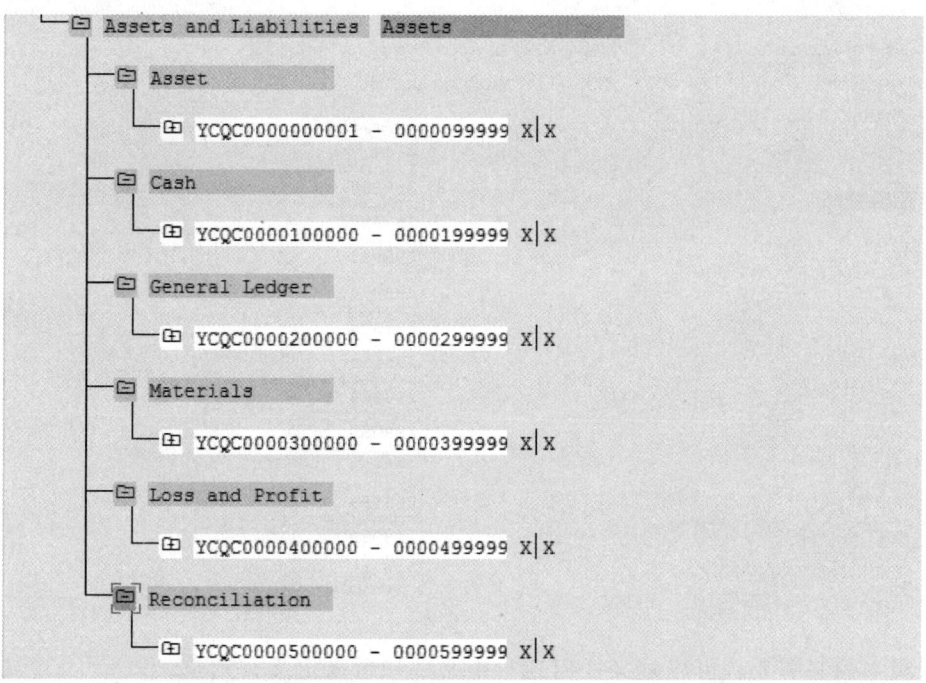

双击 Fin.statement items ，查看创建财务报表模板，在创建模板下，点击鼠标移动键 ，定位鼠标：修改标示短语；在单个项目下选择 Create Items 创建新的子项目。

SAP用户一般可以享用标准报表，如果标准报表无法满足需要，则可以自己利用 SAP 提供的功能创建自己的报表；如果还不能满足则需要使用特殊工具来开发报表。

不同版本的报表，例如报给税务局（当地）、报给公司总部（国外）的报表，其版本都有可能不同。值得注意的是，由于每个科目组下面有许多科目，所以，财务报表模式的创建是一项细致的工作。用户可以参考会计科目表 INT 下面的财务报表模式来创建自己的报表模式。

在本例中，我们主要修改了部分项目，即在各个项目之下增加了子项目，并且将所有会计科目组都追加到了该项目之下，作为一个简单示例，仅供参考。

在子项目下选择 Assign Accounts 追加会计科目组范围。会计科目组追加成功之后，所定义的科目会自动出现在列表中。在这里，如果不加以仔细定义，则系统会按照账号顺序去自动排列。

16. 为固定成本控制定义科目

Menu Path：IMG → Financial Accounting → General Ledger Accounting → Business Transactions → Integration → Overhead Cost Controlling → Define Accounts for Overhead Cost Controlling。

输入会计科目表代码 YCQC，确认 ，勾选 CO Transaction ，点击规则键 Rules 。交易类型 C01 是为生产而生成的成本中心（cost center for production）。

```
Configuration Accounting Maintain : Automatic Posts - Accounts
     Posting Key    Rules
Chart of Accounts     YCQC    2439-Chart of Accountants for YHQ LTD
Transaction           CO1     CO - FI reconciliation posting
Account assignment
CO Transaction                  Account
KZPI                            299998
RKIB                            299998
RKIL                            299998
RKIU                            299998
RKIV                            299998
RKL                             299998
RKLK                            299999
RKLN                            299999
RKLU                            299999
RKLX                            299999
RKU1                            299999
RKU2                            299999
RKU3                            299999
```

根据成本控制需要，可以定义任何成本中心。如暂未定义，则空。

在成本控制模块（CO module），需要为成本对账（reconciliation ledger）创建统驭对账科目。当成本操作发生时，为了平衡财务会计账务，相关交易的成本将从 CO 模块过账到 FI 模块。假设在两个公司代码之间发生了成本分摊作业，因为分摊发生在 CO 模块，如果不定义相关统驭对账科目，则账务就不会过账到两个公司的 FI 模块，为了使 CO 模块下发生的成本分摊作业过账到两个公司代码的 FI 模块下面，就需要在此进行配置。对于不同成本控制交易，定义总账科目。输入完成之后，保存 💾。

17. 定义备选统驭科目

SAP 为实现 FI 模块的记账需求，对客户、供应商、资产等实行统驭管理，一般将应收、应付和资产相关科目设置为统驭科目。客户的统驭科目为应收账款科目，供应商的统驭科目为应付账款科目，资产的统驭科目为固定资产科目。

在对客户、供应商、资产进行记账时，并不对应收账款科目、应付账款科目、固定资产科目直接记账，而是对具体的客户、供应商、资产记账；同时，也实现对于相关统驭科目的同步记账。这样就可以实现传统的总账、明细账功能。统驭科目是明细账在总账中的对应科目，统驭科目都会下设明细账，在对客户、供应商做未清项处理时，也需要建立与统驭科目之间的对应关系。

备选统驭科目（Alternative Reconciliation Accounts），就是用来实现在使用统驭科目 A 的地方，可以手工改成统驭科目 B。之所以有这个功能，主要是特别总账标识只有一种资源，在大企业集团的项目实施中，这一种资源往往不够，无法满足企业复杂的业务核算需要。如果要使用备选统驭科目，需要做如下的设置：定义统驭科目 A 和统驭科目 B；在统驭科目 A 和 B 的科目主数据中，"Reconcil. acct ready for input" 标识必须勾选；A 作为客户/供应商的统驭科目；在后台备选统驭科目的定义时，将 B 定义为 A 的备选统驭科目。

例如，如果在计算客户的应收款时，需要根据应收款的业务性质做明细区分，比如应收材料款、应收工程款等等，而企业又不想定义这么多的特殊总账科目，就可以将应收材料款和应收工程款这些科目定义为应收账款的备选统驭科目。

Menu Path：IMG → Financial Accounting → Accounts receivables and Accounts Payables → Business Transactions → Postings With Alternative Reconciliation Account → Define Alternative Reconciliation Accounts。

输入会计科目表 YCQC，确认 ✓。点击创新键 New Entries。

与前面的说明相对应，240000 可以是统驭科目 A；科目 550000、550100、550200、550300、550400、550500、550600、550700 可以是统驭科目 B，为 A 的备选统驭科目。

18. 激活销售会计成本总账

Menu Path：IMG → Financial Accounting → Financial Accounting Global Settings → Company Code → Cost of Sales Accounting → Activate Cost of Sales Accounting for Preparation。

如果要启用功能区域，就要激活"cost of sales accounting"。

选择激活，保存 💾。

19. 维护支付条款

Menu Path：IMG → Financial Accounting → Accounts Receivable and Accounts Payable →

Business Transactions → Incoming Invoices/Credit Memos → Maintain Terms of Payment。

SAP 系统已经定义了不少支付条款，例如 ZB00、ZB01、ZB02 等。

支付条款 ZB00，立即支付，没有延期，是最简单的支付条款。

其余支付条款，需要参考理解。具体折让、处罚措施，还需要查看配置细节。

支付条款，也称作支付条件，也就是账期，例如，20 天付款优惠 10%。

也可以定义分期付款。

双击支付条款 ZB01，仔细检查该支付条款。

支付条款 ZB01 表明，14 天内的支付，会得到 3% 的折让；30 天内的支付，会得到 2% 的折让；45 天内的支付，会得到 0% 的折让，即再无净折让金额发生。

支付条款以及折让标准，用户可以依据合同自己定义，折让比例条件可自定。

这里，支付条款对于客户、供应商来说，都是适用的。计算日期以凭证日期为准。

第六节　建立特殊目的总账

1. 准备特殊目的总账

Menu Path：IMG → Financial Accounting → Special Purpose Ledger → Basic Settings → Perform Preparation。

通过勾选，使特殊目的总账（special purpose ledger）适合本地总账、全局总账以及多语言处理。

SAP 系统中，一般把客户/供应商最经常发生的业务所对应的总账科目设为与之对应的统驭科目。比如，客户的统驭科目是应收账款，如非特别说明，客户的业务都会自动计入应收账款这个科目里面去。但是，除了最经常的开票业务以外，客户还可能有涉及预收账款、应收票据、预收款请求、担保等业务，这时，就需要用 A、B、C、D 等这样的特别总账标志，将这些业务从一般业务中区分开来。当发生开票业务时，不需要特殊说明，SAP 系统会自动将发生额更新到应收账款中去；但是，当发生应收票据业务，则在业务输入时需要特别指明此业务是特别总账标志 B，系统就去更新应收票据的账户金额。供应商的应付账款所对应的特殊总账科目与客户的应收账款特殊总账科目意义类似，这里不再进行详细解释了。

2. 维护特殊目的总账

Menu Path：IMG → Financial Accounting → Special Purpose Ledger → Basic Settings → Master Data → Ledgers → Define Ledger。

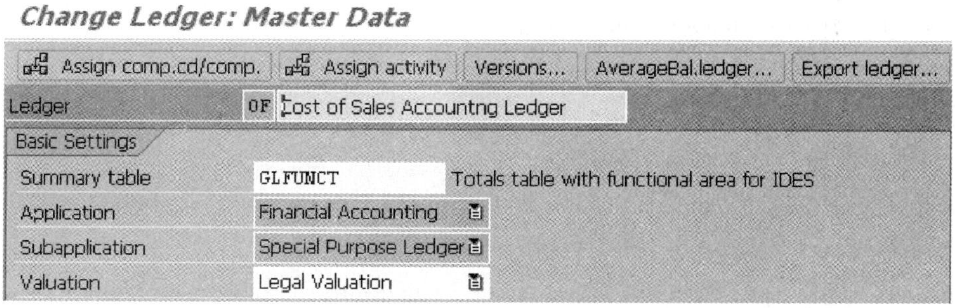

单击修改键 Change Ledger。双击销售成本会计总账 OF。

维护特殊目的总账，就是把公司代码分配给相关总账。

单击分配公司代码键 Assign comp.cd/comp.。从底下的选择框选取公司代码 2439，分配给总账，完成之后，2439 显示在上面的列表中。类似地，可以分配公司代码 2439 给不同类型总账。

3. 维护特殊目的总账本地评估规则

Menu Path：IMG → Financial Accounting → Special Purpose Ledger → Basic Settings → Validation → Maintain Local Validation。

维护本地评估规则，添加公司代码 2439 到系统表中。保存。

4. 维护特殊目的总账全局评估规则

Menu Path：IMG → Financial Accounting → Special Purpose Ledger → Basic Settings → Validation → Maintain Global Validation。

维护全局评估规则，添加公司代码 2439 到系统表中。保存。

5. 维护特殊目的总账本地、全局计划凭证代码段和过账区间

第一，维护本地、全局计划凭证代码段。

Menu Path：IMG → Financial Accounting → Special Purpose Ledger → Planning → Plan Settings → Number Ranges → Maintain Local Number Ranges。

Menu Path：IMG → Financial Accounting → Special Purpose Ledger → Planning → Plan Settings → Number ranges → Maintain Global Number Ranges。

为指定年度定义凭证代码号码段。保存。

第二，维护本地、全局计划过账周期。

Menu Path：IMG → Financial Accounting → Special Purpose Ledger → Planning → Plan Settings → Plan Periods → Maintain Local Plan Periods。

Menu Path：IMG → Financial Accounting → Special Purpose Ledger → Planning → Plan Settings → Plan Periods → Maintain Global Plan Periods。

年度为 2016 年，周期从 1 至 16。保存。

第一章 总账管理（GL 模块）

6. 维护特殊目的总账本地、全局实际凭证代码段和过账区间

第一，维护本地、全局实际凭证代码段。

Menu Path：IMG → Financial Accounting → Special Purpose Ledger → Planning → Actual Settings → Number Ranges → Maintain Local Number Ranges。

Menu Path：IMG → Financial Accounting → Special Purpose Ledger → Planning → Actual Posting → Number Ranges → Maintain Global Number Ranges。

第二，维护本地、全局实际过账区间。

Menu Path：IMG → Financial Accounting → Special Purpose Ledger → Actual Posting → Posting Periods → Maintain Local Posting Periods。

Menu Path：IMG → Financial Accounting → Special Purpose Ledger → Actual Posting → Posting Periods → Maintain Global Posting Periods。

7. 维护特殊目的总账本地、全局模式参数

第一，维护本地模式参数。

Menu Path：IMG → Financial Accounting → Special Purpose Ledger → Planning → Plan Settings → Version Parameters → Maintain Local Version Parameters。

0F 代表销售会计成本总账，L0 代表本地直接过账总账。财务年度 2015。保存。

第二，维护全局模式参数。

Menu Path：IMG → Financial Accounting → Special Purpose Ledger → Planning → Plan Settings → Version Parameters → Maintain Global Version Parameters。

将全局性总账 G0 分配给公司代码 2439。保存。

8. 激活特殊目的总账本地、全局行项目

第一，激活本地行项目。

Menu Path：IMG → Financial Accounting → Special Purpose Ledger → Planning → Plan Settings → Activate Line Items → Activate Local Line Items。

```
FI-SL: Activate Update of Plan Line Items

Ledger              OF
Version             1
Company Code        2439
Fiscal Year         2015
Opening Balance
  ☑ Update opening balance
  Document type for beg. balance   AO
```

配置总账 OF。这里，AO 代表 FI-SL 直接过账实际凭证。执行 ⊕。结果显示 Line item update is already active。

配置总账 L0。

与之前配置类似。执行 ⊕。执行结果显示 Line item update is already active。

行项目就是我们在记账时，凭证输入中的行，一般是一笔业务，输入一行；每增加一笔业务，就输入新的一行。因此，行项目就是账务记录，相当于分户账每笔记账的明细记录，激活明细记录，便于记账，也方便今后操作。

第二，激活全局行项目。

Menu Path：IMG → Financial Accounting → Special Purpose Ledger → Planning → Plan Settings → Activate Line Items → Activate Global Line Items。

配置全局性总账 G0，执行 ⊕。执行结果为 Line item update is already active。

第七节 建立成本控制范围

1. 定义成本控制范围

成本控制范围（controlling area），是 SAP 不同于其他软件的一个显著特点，一般 ERP 软件中不包含控制范围概念。控制范围一般被用于管理会计，是 SAP 系统控制应用程序中关键的组织架构要素。一个控制范围，代表了成本会计的一个分离的组织单位，它可以被认为是一个自包含的组织架构（self-contained organizational structure），在这个组织架构下，成本和收益完全可以被管理和分配。

控制范围有自己的表结构，与费用分析相关的内容都与成本控制范围有关。

Menu Path：IMG → Enterprise Structure → Definition → Controlling → Maintain Controlling Area。

单击 Maintain Controlling Area，单击 New Entries，创建成本控制范围 2439，这是为公司设计的一个成本控制范围。

```
Change View "Basic data": Details
   New Entries
Controlling Area         2439
Name                     CONTROLLING AREA 2439
Person Responsible
Assignment Control
CoCd->CO Area            Controlling area same as company code
Currency Setting
Currency Type            10        Company code currency
Currency                 CNY       Chinese Renminbi Yuan      □ Diff. CCode Currency
Curr/Val. Prof.          2439      CURRENCY AND VALUATIO…     □ Active
Other Settings
Chart of Accts           YCQC      2439-Chart of Accountants for YHQ LTD
Fiscal Year Variant      K4        Calendar year, 4 spec. periods
```

其中，控制范围 2439 与公司代码 2439 相同。货币与评估过程也采用 2439。YCQC 是会计科目表代码，之前已经定义。K4 表示会计年度选择 1 年 16 期间制度。CNY 表示人民币，货币类型是 10，之前都有定义。

2. 分配公司代码给控制范围

一个或多个公司代码可以分配给一个控制范围。但是，只有当所有公司代码采用相同的会计科目表和日历财务年度时，才可以分配这些公司代码（多于一个）给同一个控制范围。给公司代码分配同样财务年度变量，可以与成本控制范围结合起来。

由于与公司代码相关联，控制范围包括了一个组织的内部结构。

在成本控制中，控制范围是最高级别的组织单位（highest organizational unit）。在一个公司代码下所有运行过账都必须被分配给一个控制对象（例如成本中心、内部订单等。）

Menu Path：IMG → Enterprise Structure → Assignment → Controlling → Assign Company Code to Controlling Area。

选择控制范围 2439。双击功能键 Assignment of company code(s)。

```
Change View "Assignment of company code(s)": Overview
Controlling Area                          Controlling Area    2439
▼ □ Basic data
    · □ Assignment of company code(s)     Assigned Company Codes
                                          CoCd    Company Name
                                          2439    YHQ LTD
```

分配成本控制范围 2439 给公司代码 2439。

3. 定义成本中心组标准架构（T – CODE OKKP）

Menu Path：IMG → Controlling → General Controlling → Organization → Maintain Controlling Area。(T - CODE OKKP)

一个公司可以有很多个成本中心，这些成本中心也可以组合成不同的成本中心组，但是，必须有一个总揽全局、包含了所有成本中心组和成本中心的核心成本中心组，这就是成本中心组标准架构，或称为标准核心成本中心组。标准成本中心组犹如一棵大树的树根，其他基于企业管理需要的成本中心组和成本中心，就是树上的枝条。

为了定义成本中心，一般需要先定义一个成本中心标准架构（cost center standard hierarchy），该功能的实现在维护控制范围时进行。

在第一次定义控制范围时，有些功能其实并未定义好。

为定义成本中心标准架构，双击功能键 Maintain Controlling Area。

选择控制范围2439，双击功能键 New Entries。输入2015。

Cost Centers：Component active——激活了所有的成本中心。

ProfitAnalysis：Component not active——利润中心初始状态无法激活。

如果要激活利润中心，在配置完成之后，再勾选 productive，相关的 T - CODE：OBR3、OBY6，用于 productive 的配置或者修改；KEA0，保证 operating concern 正常。成本中心组标准架构已经建立。

联系到利润中心组标准架构的定义，可以看出，不论是成本中心组还是利润中心组，都隶属于控制范围之下。

因为利润分析初始状态仍然没有激活，所以，需要进行特殊操作。

T - CODE：KEKE。配置"Profit Analysis" status active。

激活状态取 active status = 4。

4. 激活所有币种标志

Menu Path：IMG → Controlling → General Controlling → Production Start – Up Preparation → Set "Update All Currencies" Indicator。

点击 Display indicator，应该有 2015 X 标志。

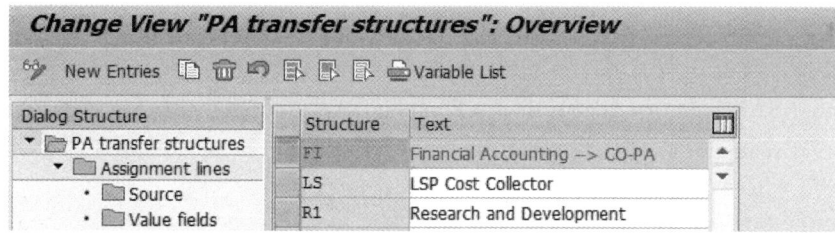

5. 为结算定义利润分析转换结构

Menu Path：IMG → Controlling → Profitability Analysis → Flows of Actual Values → Order and Project Settlement → Define PA Transfer Structure for Settlement。

一般地，在 SD 模块中，销售业务凭证生成与成本中心和利润分析（CO – PA）之间的数据转换非常重要。该处定义，有助于销售的 Billing Documents 与财务会计和成本中心（FI – CO）凭证的生成。

选择 FI　　Financial Accounting --> CO-PA。双击 Assignment lines。
选择 10　　Direct costs from FI。双击 Source。

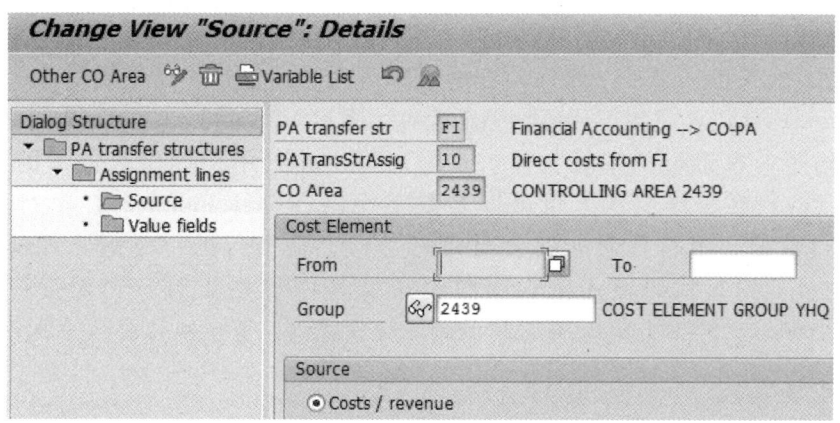

输入成本要素组代码 2439。勾选成本/收入项目。

第二章
财务管理（FI 模块）

第一节　建立清算银行

1. 创建银行主数据（T – CODE FI01）

创建银行主数据，就是为银行所建立的主数据库表创建记录。银行是 SAP 系统中基本架构的要素之一，建立银行之后，与银行有关的操作才能够进行。

Menu Path：SAP menu→Accounting→Financial Accounting→Banks→Master Data→Bank Master Record→Create。（T – CODE FI01）

```
Create bank : Initial Screen
   Bank country    CN
   Bank Key        9999999999
```

创建银行代码（bank key）9999999999。银行代码是对每一个银行单位（包括总行、分行和分理处等）定义的一个唯一代码，不论是公司的开户银行，还是供应商的银行、客户的银行，其唯一的代码就是银行代码。一个代码，表示一家银行。

银行代码是一家银行的系统主体。在全局客户配置中，如果选定了国家，则银行代码（bank key）在国家层次上也可以是数字代码（bank number）。银行代码下存储了相关的银行数据。银行代码如同公司代码一样，是银行的一个国家注册代码（registered number）。银行代码被用来在支付订单文件中识别银行，它是银行的一个官方代码（official code）。SWIFT Code 是银行的国际交易代码，等于银行在国际业务往来中的身份标识。

Change Bank : Detail Screen

Change Documents

Bank Country	CN	China
Bank Key	9999999999	

Address

Bank name	中国银行
Region	150 Fujian
Street	大学路
City	厦门市
Bank Branch	厦大支行

Control data

SWIFT code	ABCDEF3G
Bank group	YY
☐ Postbank Acct	
Bank number	999999

地区代码（Region）150 表示福建，必须事先定义。单击 📄，定义地址。

Bank CN 9999999999

Name

Title	Company
Name	中国银行厦大支行
	中国银行厦大支行

Search Terms

Search term 1/2	361005

Street Address

Street/House number	111-1		111-1
Postal Code/City	361005	厦门市	
Country	CN	China	Region 150 Fujian
Time zone	UTC+8		

PO Box Address

PO Box	111-1
Postal Code	361005
Company postal code	

Communication

Language	English		Other communication
Telephone	2578000	Extension	
Mobile Phone			
Fax	2578000	Extension	
E-Mail	yanhuqin@xnai.edu.cn		

输入与银行通信地址等有关的信息。保存 。 Bank CN 9999999999 was created 。

如果公司的开户银行、客户银行、供应商银行不同，都必须提前开设好。本课程中，为了简单起见，假设所有客户、供应商都在同一家银行开户。

2. 创建开户银行（T – CODE FI12）

开户银行，是指定公司代码下的一个主办银行，所有与银行有关的公司业务，都需要通过开户银行来实现。因此，建立开户银行非常重要。

Menu Path：IMG→Financial Accounting→Bank Accounting→Bank Accounts→Define House Bank。（T – CODE FI12）

输入公司代码2439，确认 。为公司代码2439创建开户银行。

选择新建功能键 New Entries 。为公司代码2439创建一个开户银行2439。

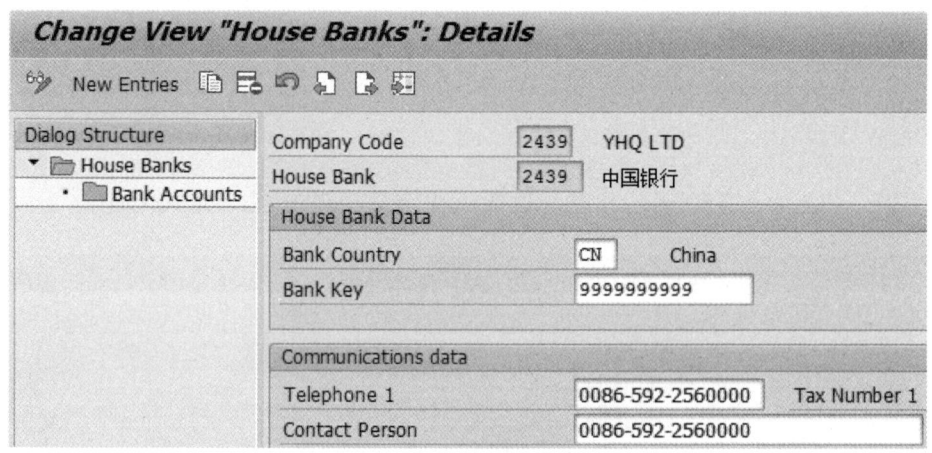

选择银行代码9999999999。保存 。点击 ，开户银行出现在列表中。

选择开户银行2439。双击银行科目键 Bank Accounts 。开户银行账号可以看做公司2439在银行的预留开户代码，这里选择2439，表示与公司代码相同。事实上，对于公司来说，真正的开户银行代码是999999999。

选择功能键 New Entries ，在开户银行中创建银行账号（bank account number）。

第一，为本币CNY定义开户银行科目ID号。

对于开户行2439，定义科目账户ID号（account ID）：0001。

定义开户账号（Bank Account Number）：24390001。
定义替代开户账号（Alternative Bank Account Number）：24390001。
定义开户银行账号存款所对应的总账现金科目号：199995。
定义开户银行账号存款利息所对应的总账现金科目号：199995。
参考信息（Reference info）可以是任何提示信息，如同预留印鉴。

```
Change View "Bank Accounts": Details
    New Entries
Company Code        2439    YHQ LTD
House Bank          2439
Account ID          0001
Description         CNY for 2439 House Bank
Bank Account Data
Bank Account Number  24390001      IBAN    Control key
Alternative acct no. 24390001              G/L            199995
Currency             CNY                   Discount acct  199995
Reference info.      24390001
House Bank Data
Bank Country         CN
Bank Key             9999999999
```

第二，为外币 EUR 定义开户银行科目 ID 号。单击新建键 New Entries 。

```
New Entries: Details of Added Entries
Company Code        2439    YHQ LTD
House Bank          2439
Account ID          0002
Description         EUR for 2439 House Bank
Bank Account Data
Bank Account Number  24390002      IBAN    Control key
Alternative acct no. 24390002              G/L            113150
Currency             EUR                   Discount acct  199995
Reference info.      24390002
House Bank Data
Bank Country         CN
Bank Key             9999999999
```

对于开户行 2439，定义科目账户 ID 号（account ID）：0002。
定义开户账号（Bank Account Number）：24390002。
定义替代开户账号（Alternative Bank Account Number）：24390002。

定义开户银行账号存款所对应的总账现金科目号：113150。

定义开户银行账号存款利息所对应的总账现金科目号：199995。

第三，为外币 USD 开户银行科目 ID 号。单击 New Entries 。

```
Change View "Bank Accounts": Details
New Entries
Company Code      2439      YHQ LTD
House Bank        2439
Account ID        0003
Description       USD for 2439 House Bank
Bank Account Data
Bank Account Number    24390003        IBAN      Control key
Alternative acct no.   24390003                  G/L           113160
Currency               USD                       Discount acct 199995
Reference info.        24390003
House Bank Data
Bank Country      CN
Bank Key          9999999999
```

对于开户行 2439，定义科目账户 ID 号（account ID）0003。定义开户账号（Bank Account Number）24390003。定义替代开户账号（Alternative Bank Account Number）24390003。定义开户银行账号存款所对应的总账现金科目号：113160。定义开户银行账号存款利息所对应的总账现金科目号：199995。

数据输入之后，保存 。单击返回键 ，查看银行账号列表。

```
Change View "Bank Accounts": Overview
New Entries
Company Code      2439
Bank Accounts
House Bank   Account ID   Bank acct    Text
2439         0001         24390001     CNY for 2439 House Bank
2439         0002         24390002     EUR for 2439 House Bank
2439         0003         24390003     USD for 2439 House Bank
```

至此，公司 2439 已经创建了一个开户银行 2439，它拥有 3 个不同币种结算账户。值得注意的是，对于不同币种结算会计科目 199995、113150、113160 而言，它们的结算币种 CNY、EUR、USD 等，必须在建立科目时加以定义。

3. 定义现金结算科目币种

Menu Path：SAP menu→Accounting→Financial Accounting→General Ledger→Master Records→G/L Accounts→Individual Processing→Centrally。（T – CODE FS00）

对于在创建开户银行时所使用的结算科目账号，为了正常使用，不仅要在创建科目时定义其为现金类科目，而且要定义与开户银行相关的信息。

第一，定义现金科目199995为人民币结算科目。选择科目号199995，勾选现金相关项，定义开户银行为2439，银行科目ID号为0001，币种为CNY，保存💾。

```
Change G/L Account Centrally
        Edit financial statement version    Edit set    Edit cost ele
G/L Account    199995        China Bank Domestic
Company Code   2439          YHQ LTD                         With Template

Type/Description | Control Data | Create/bank/interest | Key word/translation | I...

Control of document creation in company code
Field status group         G005   Bank accounts (obligatory value date)
☐ Post automatically only
☐ Supplement auto. postings
☐ Recon. acct ready for input

Bank/financial details in company code
Planning level         F0    Posting to bank account
☑ Relevant to cash flow
Commitment Item
House Bank             2439
Account ID             0001   CNY for 2439 House Bank
```

第二，定义现金科目113150为欧元结算科目。选择科目号113150，勾选现金相关项，定义开户银行为2439，银行科目ID号为0002，币种为EUR，保存💾。

第三，定义现金科目113160为美元结算科目。选择科目号113160，勾选现金相关项，定义开户银行为2439，银行科目ID号为0003，币种为USD，保存💾。

4. 定义过账码（T – CODE OB41）

过账码，也叫记账代码。SAP不直接定义借方、贷方，而是由记账代码来实现记账。记账代码有两个含义：一是代表在哪个方向记账，二是代表向何种类型的业务记账。

虽然SAP系统已经为用户定义了足够的过账码（posting key）；但是，用户仍然可以自定义过账码。在输入行项目数据之前，用户一般需要先选择一个适当的过账码，过账码控制了行项目如何输入和如何处理。

对于每个过账码，需要定义一个科目账户在发生过账时，应该记账在借方或者贷方的哪一方？哪种类型的账户适合该过账码过账？在屏幕输入时哪个字段状态变量应该被选用？输入项如何输入？过账码对于客户、供应商以及借方、贷方的使用都具有明确的限定。

Menu Path：IMG→Financial Accounting→Financial Accounting Global Settings→Document→List Item→Controls→Define Posting Keys。（T – CODE OB41）

```
Customers              Vendors            General Ledger
 01 | 11              21 | 31              40 | 50
 02 | 12              22 | 32
 03 | 13              23 | 33              80 | 90
 04 | 14              24 | 34              81 | 91
 05 | 15              25 | 35              83 | 93
 06 | 16              26 | 36              84 | 94
 07 | 17              27 | 37              85 | 95
 08 | 18              28 | 38              86 | 96
 09 | 19              29 | 39

                                      For postings to G/L accounts
                                      from MM
     Assets               Material
    70 | 75              89 | 99

              Standard Posting Keys
```

由于 SAP 系统已经定义了足够多的过账码，所以不需要创建新的过账码。一般来说，过账码 40、50 适合绝大多数凭证类型。记账码一般是成对出现的，即有借有贷。例如记账码 40 表示总账科目借方，而记账码 50 代表总账科目贷方，它们都是与总账科目相联系的。但是，01/11 就必须与客户对应，而 21/31 必须与供应商对应，等等。由于常见过账码不多，在进行记账练习之后，很容易发现规律性。

SAP 为客户、供应商、总账、资产、物料定义的标准记账码，我们可以直接使用。

记账码一般是与会计凭证的行项目相对应的，一个完整的会计凭证，一般应该有两个记账码。记账码之间的对应关系，相对比较固定，除非有特殊的配置。

记账码的功能，一是决定了借贷方向，二是决定了记账的会计作业类型（如客户、供应商等），三是与凭证输入时的屏幕状态有关。

5. 定义过账规则

Menu Path：IMG→Financial Accounting→Bank Accounting→Business Transactions→Payment Transactions→Manual Bank Statement→Define Posting Keys and Posting Rules for Manual Bank Statement。

输入会计科目表 YCQC，确认 ✓。

选择 Assign Accounts to Account Symbol，看看是否有科目标志：如 BANK、GEBÜHREN、GELDAUSGANG、GELDEINGANG、SCHECKAUSGANG、SCHECKEINGANG、SCHECKVERRECHNG 等。如果没有，单击创建科目标志键 Create Account Symbols，追加定义；如果有，可以检查或者查看，选择 Assign Accounts to Account Symbol，应该有全部标志。

```
Change View "Assign Accounts to Account Symbol": Overview
    New Entries ...
Chart of Accts    YCQC    2439-Chart of Accountants for YHQ LTD

Assign Accounts to Account Symbol
Act Symbol     | Acct Mod. | Currency | G/L acct    | Acct Symb. Desc.
BANCO          | +         | +        | ++++++++++  | Bank account
BANK           | +         | +        | ++++++++++  | Bank account
GEBÜHREN       | +         | +        | ++++++++++  | Charges
GELDAUSGANG    | +         | +        | ++++++++++  | Cash disbursement
GELDEINGANG    | +         | +        | ++++++++++  | Cash receipt account
INCHQCLR       | +         | +        | ++++++++++  | Incoming Chq Clear
KASSE          | +         | +        | ++++++++++  | Cash on hand
OUTCHQCLR      | +         | +        | ++++++++++  | Outgoing Chq Clear
SCHECKAUSGANG  | +         | +        | ++++++++++  | Outgoing checks acct
SCHECKEINGANG  | +         | +        | ++++++++++  | Incoming checks
SCHECKVERRECHNG| +         | +        | ++++++++++  | Check clearing acct
SONSTIGE       | +         | +        | ++++++++++  | Other bank trans.
SPESEN         | +         | +        | ++++++++++  | Bank fees account
```

为了输入银行报表，需要为过账交易定义规则。在这里，我们可以为银行报表输入需要定义所有的规则，而过账码决定了向总账和分户账过账的规则。过账规则代表了业务交易在银行报表中的记录规则，例如收入支票、借方记录、贷方记录等。

科目标志（account symbols）被用来对相似的业务交易进行分组（例如支票存款），并且根据预先设定的分类方式分配业务交易到不同的账户。分配科目标志给账户模式（account mode）、货币、总账账户。"+"表示任意账户模式、任意货币种类、任意总账科目账号。

以上科目标志的定义，有些可能需要手工输入。但是，有部分项目系统大多数情况下已经定义好了，则不再需要重新定义。科目标志与现金、银行账户转移和过账都密切相关，当开设一个现金日记账（open cash journal）、银行转账，并进行现金支付转账、银行转账或者支票转账时，这些科目标志都会发生作用。这些科目标志，如果系统中已经有了，例如，ECC 6.0，则不必重复定义；如果还没有定义，则需要定义。

第二节 建立供应商环境

1. 为供应商屏幕结构定义账户组

Menu Path：IMG → Financial Accounting → Accounts Receivables and Accounts Payables → Vendor Accounts → Master Data → Preparations for Creating Vendor Master data → Define Account

Groups with Screen Layout（Vendors）。

```
Change View "Vendor Account Groups": Details
Edit field status   New entries   [icons]   BC Set: Field Value Origin

Account group    YHQV
─ General data ──────────────────────────────────
  Name                VENDORS FOR 2439
  One-time account    □

─ Field status ──────────────────────────────────
  General data
  Company code data
  Purchasing data
```

与总账科目账户组类似，供应商账户也可以被组成多种账户组，这样就可以被很容易地进行组织和管理。但是，供应商的账户组（account group）控制着供应商主记录各部分的屏幕结构，而不仅仅像总账科目账户组一样只是与公司代码部分有关。

创建一个供应商账户组（a vendor account group）YHQV，也称为供应商科目组。保存 [icon]。供应商账户组变量不仅规定了不同供应商所属的组别，而且定义了供应商的代码段范围，非常重要。供应商账户组控制了供应商的一般数据、公司代码数据、采购数据的屏幕字段。关于屏幕字段，General data，Company code data 或 Purchasing data，就可以看到他们的属性，这里不再介绍，后面会详细说明。同学们可以采用自己的公司代码定义供应商账户组；也可以不定义，就采用 2439 已经定义的供应商账户组 YHQV。

2. 创建供应商账户代码段

Menu Path：IMG→Financial Accounting→Accounts Receivables and Accounts Payables→Vendor Accounts→Master Data→Preparations for Creating Vendor Master data→Create Number Ranges for Vendor Accounts。

点击 [Intervals]，为供应商创建一个新的号码段。

点击 [Interval]，创建号码段代码 YH，其号码范围为 400000－499999。

```
Maintain Intervals: Vendor

No │ From No. │ To Number │ NR Status │ Ext
YH │ 400000   │ 499999    │           │ □
```

这里，所有号码都通过系统自动产生。即在创建一个供应商时，用户不需要自定义供应商代码。每个供应商都有个代码或者可以被称为供应商编号、账号。对于众多供应商来说，公司为其编制一个代码段很有必要。

3. 分配号码段给供应商账户组

虽然定义了号码段，但是还必须将号码段赋值给有关供应商的账户组。

Menu Path：IMG→Financial Accounting→Accounts Receivables and Accounts Payables→Vendor Accounts→Master Data→Preparations for Creating Vendor Master data→Assign Number Ranges to Vendor Account Groups。

Group	Name	Number range
YHQV	VENDORS FOR 2439	YH

分配供应商号码段 YH 给供应商账户组 YHQV。保存。这样就建立了供应商账户组与号码段之间的联系，当我们创建一个供应商时，一旦选定号码，系统会自动地将号码段所属的供应商账户组同时调出来。

4. 为供应商双控定义敏感字段

Menu Path：IMG→Financial Accounting→Accounts Receivables and Accounts Payables→Vendor Accounts→Master Data→Preparations for Creating Vendor Master data→Define Sensitive Fields for Dual Control（Vendor）。

点击删除键，删除所有选定的字段，以免在支付发生时锁定敏感性账户。保存。

如果将客户/供应商主数据中的某一个字段定义为具有敏感性（sensitive）的字段，那么，在发生支付时，如果该敏感性字段的某种状态被触发，则相应的客户/供应商账号就可能会被锁定（blocked）。所以，要尽量避免主数据中的字段被设定为敏感性字段；当然，如果希望检查某些字段，则适合设置为敏感性字段。

双控的一个典型例子就是催款业务，例如应收款，与催款代码有关。

T – CODE：FBMP→Environment→Company Code Data

CoCd	By dun.ar.	By dun.lev	Ref.CoCode	Sort. MHNK	Sort. MHND	Dun CoCd
2439	✓	✓	2439	K1	P1	

在催款过程（dunning procedure）代码之后，增加公司代码 2439。

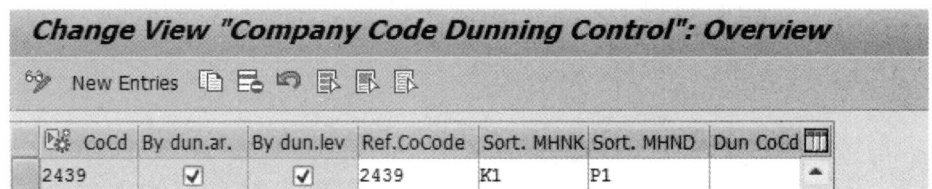

5. 为预制凭证定义审批组

Menu Path：IMG→Financial Accounting→Financial Accounting Global Settings→Document→Document Parking→Define Release Approval Group for Parking Document。

6. 创建供应商（FI 模块）（T – CODE FK01）

在 SAP 系统中，用户需要为隶属于某个公司代码的所有供应商创建账户代码。

要创建一个完整的供应商，在 SAP 系统中一般需要两个步骤：

第一步，在 FI 应付模块中创建供应商。

第二步，在 MM 采购模块中创建供应商。

这里先完成第一步，在 FI 应付模块中创建供应商。

Menu Path：SAP menu→Accounting→Financial Accounting→Accounts Payable→Master Records→Create。（T – CODE FK01）

创建供应商时，一般会选择供应商科目组，以决定供应商科目号范围。这里，为公司 2439 创建一个供应商 400020。保存，☑ Vendor 0000400020 was created in company code 2439。

Menu Path：SAP menu→Accounting→Financial Accounting→Accounts Payable→Master Records→Change.（T – CODE FK02）

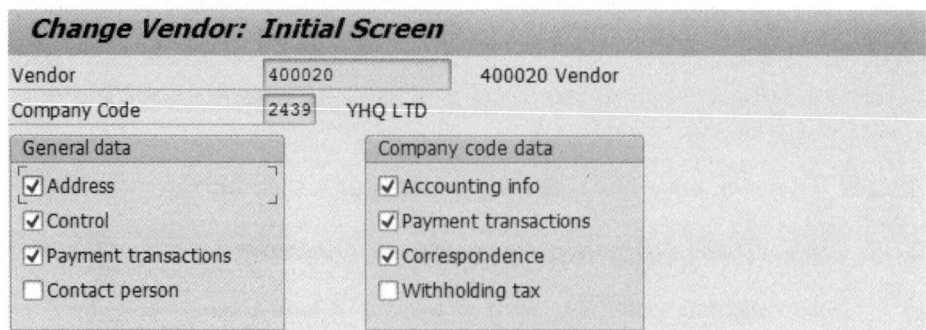

这里，以供应商 400020 为例来查看和修改供应商记录的有关属性。

一个供应商的主数据包含一般层级数据和公司层级数据。

选择一般数据（general data）、公司代码数据（company code data）项。确认 ✓。

Change Vendor: Address

Vendor	400020

Name
- Title: Company
- Name: 400020 Vendor / 400020 Vendor

Search Terms
- Search term 1/2: 361005

Street Address
- Street/House number: 大学路 111-1
- Postal Code/City: 361005 厦门市
- Country: CN China Region: 150 Fujian

PO Box Address
- PO Box: 111-1
- Postal code:

供应商 400020 的地址信息，150 代表福州地区，地址与公司地址类似。

按下前进键 ▶，进入支付交易画面。

凡是与供应商结算银行有关的信息被储藏在这里。为了简单起见，选择银行 9999999999，假设结算账号就是 24390001。

Change Vendor: Payment transactions

Vendor	400020	400020 Vendor	厦门市

Bank Details

Ctry	Bank Key	Bank Account	CK	IBAN	BnkT	CollectAut.	Name of bank
CN	9999999999	24390001		→			中国银行 / 厦大支行

按下前进键 ▶，进入会计信息画面。科目号 500001 为统驭科目，也是总账科目。在 SAP 系统中，与供应商有关的采购业务首先记账到供应商代码；但是，在总账科目中，该笔采购业务被同步过账到该统驭科目 500001。这也是统驭科目的一个重要用途。统驭科目必须提前准备好，一般在 FS00 下面定义。

```
Change Vendor: Accounting information Accounting

Vendor          400020      400020 Vendor            厦门市
Company Code    2439        YHQ LTD

Accounting information
Recon. account   500001      Sort key         001    Posting date
Head office                  Subsidy indic.
Authorization                Cash mgmnt group  A1    Domestic
                             Release group    2439
Minority indic.              Certificatn date

Interest calculation
Interest indic.  01          Last key date
Interest freq.   12          Last interest run
```

按下前进键 ![], 进入支付交易会计画面。

```
Change Vendor: Payment transactions Accounting

Vendor          400020      400020 Vendor            厦门市
Company Code    2439        YHQ LTD

Payment data
Payt Terms       ZB00        Tolerance group
Cr memo terms                Chk double inv.
Chk cashng time

Automatic payment transactions
Payment methods  C           Payment block         Free for payment
Alternat.payee               House Bank    2439
Individual pmnt              Grouping key  01      Document types
B/exch.limit                 CNY
```

支付条款 ZB00 表示立即付款, 没有现金折现。

供应商开户银行为 2439。C 为支票付款支付方法标志。

容错组采用了 2439, 之前定义过这个容错组, 也可以采用空值。

按下前进键 ![], 进入催款数据画面。催款过程选 0001 表示每 2 周发一次催款单。

催款的客户选择范围、催款等级等都很重要, 配置好之后, 可以实现自动催款。

```
┌─────────────────────────────────────────────────────────────┐
│  ▽  │ Change Vendor: Correspondence Accounting              │
│ Vendor          400020    400020 Vendor      厦门市          │
│ Company Code    2439      YHQ LTD                           │
│ Dunning data                                                │
│  Dunn.Procedure   0002        Dunning block     □           │
│  Dunn.recipient   □           Legal dunn.proc.  □           │
│  Last dunned      □           Dunning level     2           │
│  Dunning clerk    □           Grouping key      □           │
└─────────────────────────────────────────────────────────────┘
```

这里,由于供应商信息都是在 FI 模块中创建的,所以,还不够完备。要使数据完备,还必须在采购模块输入有关补充数据。这一点,我们今后再操作。

有些供应商,可能既是供应商,也是客户,可以放在一起考虑;但是,在本课程中,我们希望将供应商和客户主数据信息完全分开去考虑。

供应商创建好之后,可以借助信息(information)路径去查询。供应商代码在公司代码下是一样的,但是,对于不同集团公司(client),相同供应商代码可能代表了不同供应商。

创建供应商时,一般要选择合适的供应商账户组,这里是 YHQV。如果当初定义的号码是内部号码属性,则自动产生号码;如果当初定义的号码是外部号码,则要输入人工代码,且满足代码范围,这里,供应商的代码范围在 400000—499999。

供应商记录可以是临时的,也可以是永久的,这里,假设供应商记录是永久的。

第三节 建立客户环境

1. 为客户屏幕结构定义账户组

Menu Path:IMG → Financial Accounting → Accounts Receivables and Accounts Payables → Customer Accounts → Master Data → Preparations for Creating Customer Master data → Define Account Groups with Screen Layout(Customers)。

点击 New Entries ,创建客户账户组(customer account group)YCCC。

与供应商账户组一样,客户账户(customer accounts)可以被组合成多个账户组,也称为客户科目组(customer account group),这样,它们就能够被很容易地组织和管理。在一个账户组中的账户通常具有类似的特征。

例如,可以为国内客户创建一个账户组,为国外客户创建一个账户组,为下属客户创建一个账户组,为一次性账户创建一个账户组。

这里,同学们也可以与公司 2439 一样,一起使用同一个客户组 YCCC,而不再创建新的客户组。当然,单独创建也是可以的,这里,按照单独创件来解释流程。

客户账户组与供应商账户组一样,既决定了客户账户号码段,也决定了客户的屏幕字段,它与 general data、company code data、sales data 密切相关。关于屏幕字段组的定义与解释，这里不再详述，可以参看供应商屏幕字段组，意义类似。

输入正确之后，保存。为所有客户创建一个账户组 YCCC。

2. 创建客户账号代码段

为所有客户代码创建一个号码段，使其能够包含所有客户。

Menu Path：IMG → Financial Accounting → Accounts Receivables and Accounts Payables → Customer Accounts → Master Data → Preparations for Creating Customer Master data → Create Number Ranges for Customer Accounts.

点击新建客户代码段功能键，创建客户账号代码段。

点击添加键 Interval，创建号码段 HH，号码范围 400000—499999。

保存。这里，既可以选择外部号码输入方式，也可以选择内部号码段输入方式。

如果是外部方式，创建客户时用户需要自定义客户代码。

选择手工输入或者外部输入客户账号对于客户数量较少的公司是有利的。

如果一个公司客户变化非常频繁、数量很多，则完全可以选择内部自动产生号码段。

3. 分配号码段给客户账号组

Menu Path：IMG → Financial Accounting → Accounts Receivables and Accounts Payables → Customer Accounts → Master Data → Preparations for Creating Customer Master data → Assign Number

Ranges to Customer Account Groups。

```
Change View "Assign Customer Acct Groups->Number Range": O
Group   Name             Number range
YCCC    2439 YHQ LTD     HH
```

分配号码段 HH 给客户账户组 YCCC。保存。建立客户账户组与号码段之间的联系。

分配号码段代码 HH 给客户账户组 YCCC。分配号码段之后，凡是在账户组 YCCC 下定义的客户都具有类似的属性。号码段有内部型（internal）和外部型（external），为了简单起见，这里一律采用外部型号码段，即需要手工输入才能够创建的号码段。

4. 为客户双控定义敏感性字段

Menu Path：IMG→Financial Accounting→Accounts Receivables and Accounts Payables→Customer Accounts→Master Data→Preparations for Creating Customer Master data→Define Sensitive Fields for Dual Control（Customer）。

点击删除键，删除所有选定字段。即不考虑敏感性数据字段。保存。

在客户主记录管理中，双控敏感性字段（dual control sensitive fields）可能给客户确认带来问题。如果从客户主记录中删除了敏感性字段，那么，客户确认问题（customers confirmation problem）将不会再出现在屏幕上。

5. 创建客户（FI 模块）（T – CODE FD01，FD02）

客户主数据有一般层级（general data）数据和公司代码层级（company code）数据。创建客户主记录，一般包括两个步骤：一是在 FI 应收模块（accounting）中创建客户记录；二是在 SD 销售模块（sales area）中创建客户记录，通过这两步操作，才会将客户记录创建齐全，使其既包含客户基本信息和财务信息，也包含销售相关信息。

这里只做第一步，凡是与客户的银行账户、付款、催款相关的数据，都在这里定义。

以创建客户 400030 为例，来说明如何创建客户。

Menu Path：SAP menu→Accounting→Financial Accounting→Accounts Receivable→Master Records→Create。（T – CODE FD01，FD02）

创建客户时，一般会选择客户科目组或账户组，以确定客户的号码段范围。

```
Customer Create: Initial Screen
Account group    2439 YCCC
Customer         400030
Company Code     2439    YHQ LTD
```

客户组为 YCCC，其代码段 HH 的范围为 400000—499999。创建一个客户 400030，按照内部代码产生的过程，只有在保存时，客户代码才会自动产生。

```
Change Customer: Company Code Data

Other Customer   General Data      Additional Data, Empties   Additional Data, DSD

Customer       400030    400030 Customer           厦门市
Company Code   2439      YHQ LTD

  Account Management  | Payment Transactions | Correspondence | Insurance
  Accounting information
  Recon. account   500003          Sort key          001      Posting date
  Head office                      Preference ind.
  Authorization                    Cash mgmt group   A1       Domestic
  Release group                    Value adjustment

  Interest calculation
  Interest indic.  02              Last key date
  Interest cycle   1               Last interest run
```

这里的数据有两个层次，一个是 General Data 层次，另一个是 Company Code Data 层次。

在 General Data 层次，点击 Address，输入客户地址数据。

在 General Data 层次，点击 Payment transactions，输入支付交易信息。

以上两项，客户数据与供应商数据要求完全一致，这里不再详细解释。

在 Company Code Data 层次，点击 Account management，输入账户管理信息。统驭科目 500003 是一个总账科目，用于对账。

在 Company Code Data 层次，点击 Payment transactions，输入支付条款信息。

```
  Account Management | Payment Transactions | Correspondence | Insurance
  Payment data
  Terms of payment       ZB00        Tolerance group
  Credit memo payt term              Known/neg.leave
  B/e charges payt term              AR Pledging Ind
  Time until check paid              □ Payment history record

  Automatic payment transactions
  Payment methods   C                Payment block      □
  Alternat.payer                     House Bank         2439
  B/exch.limit                CNY    Grouping key
```

在 FI 模块定义的客户数据还不够完备，还需要在销售与分销模块（SD）继续完善，关于如何在 SD 模块中完善客户数据主记录，以后再介绍。

第四节　建立支付手段

1. 定义支票号码段（T – CODE FCHI）

支票在 SAP 系统中非常重要，因为支票与支付总是紧密联系在一起的。

Menu Path：IMG→Financial Accounting→Accounts Receivable and Accounts Payable→Business Transactions→Outgoing Payments→Automatic Outgoing Payments→Payment Media→Check Managements→Define Number Ranges for Checks。（T – CODE FCHI）

为人民币 CNY 创建支票代码，支付公司代码 2439，开户银行 2439，银行账户 ID 2439。

Check Lots

Paying company code	2439	YHQ LTD
House Bank	2439	
Account ID	0001	

点击写入键 ✏，点击 ▭，创建支票代码批号（lot number）2439。

Lot

Lot number	2439
Check number	0001
To	9999

定义支票代码段 0001—9999。确认 ✓。保存 💾。

在支票使用过程中，T – CODE FCHI 也会被用来查询支票号码，即当前支票号码。

在支票使用过程中，号码状态（number status）会随着支票号码的陆续使用而逐渐变化，下一个支票号码将在当前基础上增加 1，支付方式也会在列表中显示。

2. 为支付交易建立支付方法（T – CODE FBZP）

Menu Path：IMG→Financial Accounting→Accounts Receivable and Accounts Payable→Business Transactions→Outgoing Payments→Automatic Outgoing Payments→Payment Method/Bank Selection for Payment Program→Setup Payment Methods per Country for Payment Transactions。（T – CODE FBZP）

在国家 CN 下面，定义支付方式 C。双击 C　　　　　Check　　　，可以看到相关参数。

支票支付方法 C，是最为流行的一种支付方法，但是，在系统中需要预先定义。如果系统还没有定义，则可以在此定义；如果已经定义，则可以在此检查。

支付方法（payment method）C 旨在对外支付，例如材料采购支付。

支付凭证类型 ZP，ZV，在支票支付 FCHR 中会用到，需要输入支票号码。
支付凭证类型 ZP 代表支付过账；凭证类型 ZV 代表未清项支付清账。
点击按钮　　　　Use in company codes　　　　，加入公司 2439。
双击公司代码 2439。点击 Form Data，修改 SAPscript ▼ F110_PRENUM_CHCK。在应付

款清账时，如 F-58，系统会自动产生支票通知书，运行的就是该程序。保存。

3. 定义支票的最小和最大金额

Menu Path：IMG→Financial Accounting→Accounts Receivable and Accounts Payable→Business Transactions→Outgoing Payments→Automatic Outgoing Payments→Payment Method/Bank Selection for Payment Program→Setup Payment Methods per Company Code for Payment Transactions。

Maintenance of Company Code Data for a Payment Method				
CoCd	Name	City	Pmt method	Name
2439	YHQ LTD	厦门市	C	Check

双击支付方法 C，这里定义了支票的最小、最大金额。

这里包含了最大、最小金额限制，例如，至少要人民币 1 元。

关于未清项的处理，SAP 会为记账凭证的行项目建立一个清账、未清账状态管理，客户、供应商的记账信息都会表现在相关科目的行项目上，每个行项目都有未清项状态。但是，银行科目没有清账状态。

最大支票支付金额，视各个企业实际需要而设置。

外币支付也是允许的，即可以开立外币支票。

这里定义的支票支付指单张支票的支付，而不是多张支票。

支票的支付，不仅仅是未清项结算的重要方式，而且是现金管理、现金支付中的重要内容，只要进入现金模块，支票管理就是基本管理项目。

```
Change View "Maintenance of Company Code Data for a Paymen

New Entries

Paying co. code    2439    YHQ LTD                           Pymt meth.
Pymt Method        C       Check

Amount limits                              Grouping of items
  Minimum amount    1,00          CNY        ☑ Single payment for marked item
  Maximum amount    999.999.999,00 CNY        ☐ Payment per due day
  Distribution amnt                CNY

Foreign payments/foreign currency payments    Bank selection control
  ☐ Foreign business partner allowed           ⦿ No optimization
  ☑ Foreign currency allowed                   ○ Optimize by bank group
  ☐ Cust/vendor bank abroad allowed?           ○ Optimize by postal code
```

4. 为支付交易建立支付公司代码

Menu Path：IMG→Financial Accounting→Accounts Receivable and Accounts Payable→Business Transactions→Outgoing Payments→Automatic Outgoing Payments→Payment Method/Bank Selection for Payment Program→Setup Paying Company Codes for Payment Transactions。

为公司代码 2439 创建一个支付公司代码。

Change View "Paying Company Codes": Overview

Paying company code	Name
2439	YHQ LTD

建立支付公司代码 2439，对外和对内支付的最小金额为人民币 1 元。

支付到期日可以自己定义。该功能在委托支付中才会用到，在本课程中，因为支付操作一般都需要发生业务的公司代码直接参与操作，所以，很少用到这种情况。

支付数据的控制，可以定义最小进项金额为 1 元。支付数据的控制，可以定义最小销项金额为 1 元。交易发票的开立，会受到配置的限制。

一般来说，进项支付和销项支付具有不同的要求。实际支付、发票交付的定义在进项和销项模式下也有区别，究竟定义多少天作为支付或发票到期日，可以自定义。这里，只是给了一个简单的例子。

Change View "Paying Company Codes": Details

Paying co. code: 2439 YHQ LTD

Control Data
- Minimum amount for incoming payment: 1,00 CNY
- Minimum amount for outgoing payment: 1,00 CNY
- ☐ No exchange rate differences
- ☐ No Exch.Rate Diffs. (Part Payments)
- ☐ Separate payment for each ref.
- ☑ Bill/exch pymt

Bill of exch.due date/bill of exch.pmnt requests for incoming payments
- Latest due date in: 90 Days
- Bill on demand for due date up until: 10 Days

Bill of exchange due date for outgoing payments
- Earliest due date in: 10 Days
- Latest due date in: 170 Days

5. 为支付交易建立银行决定机制（T – CODE FBZP）

支付交易，如果采用支票支付，则要指定结算银行及其账户。

Menu Path：IMG→Financial Accounting→Accounts Receivable and Accounts Payable→Business Transactions→Outgoing Payments→Automatic Outgoing Payments→Payment Method/Bank Selection for Payment Program→Setup Bank Determination for Payment Transactions。（T – CODE

FBZP）

选择支付公司代码 2439。

第一，双击排列顺序键 Ranking Order。

单击新建 New Entries。

输入支付方式 C，币种 CNY、EUR、USD，开户银行 2439。

支付程序确定是通过该开户银行支付的优先级来排序。保存。

第二，双击银行结算科目键 Bank Accounts。

新建操作，单击 New Entries。对于开户银行 2439，支付方式 C，允许货币 CNY、EUR、USD 的支付操作。三种不同币种所对应的银行账户 ID 分别为 0001、0002、0003。银行结算科目号分别为 199995、113150、113160。

第三，对于任一币种，点击功能键 Available Amounts，输入对外和对内支付最高金额。单击输入键 New Entries。

假设公司代码仍然是 2439，开户银行是 2439，银行 ID 在 0001、0002、0003 时分别代表人民币、欧元、美元。

预计的对外支付和对内支付金额可以根据实际情况自行定义，对于每个币种，输入适合的支付金额限额。

第四，选择指定币种，单击评估日期键 `Value Date`，键入 `New Entries`。

一般来说，当天即为评估日期，除非特别定义，这里为1天，表示未清项的清账评估日期到期日为1天。保存。

6. 为支付交易设置全部公司代码

使支付交易公司在支付交易中适合所有客户和供应商。

Menu Path：IMG→Financial Accounting→Accounts Receivable and Accounts Payable→Business Transactions→Outgoing Payments→Automatic Outgoing Payments→Payment Method/Bank Selection for Payment Program→Setup All Company Codes for Payment Transaction。

配置支付公司代码2439。在控制数据选项中：

Sending company code – 可以选择输入2439。

Paying company code – 可以选择输入2439。

这种情况下，支付交易业务由2439公司独立完成。

配置选项中，字母A、F、I、T都是与特殊支付交易有关的属性，例如，对于供应商来说，A表示 `Down payment on current assets`，F表示 `Down payment request`，几个属性可以叠加选择，大多数都表示可以接受预付款操作。

```
Change View "Company Codes": Details
New Entries

Company Code        2439  YHQ LTD                    Paying company code
Control data
  Sending company code          2439   YHQ LTD
  Paying company code           2439   YHQ LTD
  □ Separate payment per business area
  □ Pyt meth suppl.
Cash discount and tolerances
  Tolerance days for payable    5
  Outgoing pmnt with cash disc.from   2,0 %
  □ Max.cash discount
Vendors
  Sp. G/L transactions to be paid      AFI
  Sp. G/L trans. for exception list    AFI
Customers
  Sp. G/L transactions to be paid      AFT
  Sp. G/L trans. for exception list    AFT
```

这里，AFI、AFH、AFJ 都是与总账交易相关的程序。保存。

第五节　建立承诺与授权

1. 定义承诺项（T – CODE FMCIA）

Menu Path：SAP menu→Accounting→Public Sector management→Funds Management→Master Data→Account Assignment Elements→Commitment Item→Individual Processing。（T – CODE FMCIA）

输入功能管理范围（FM Area，functional management area）2439。确认。

承诺项（commitment item）的定义与会计科目紧密结合，如果某些会计科目与承诺项有关，则必须在科目定义时增加承诺项属性。承诺项是财务管理范围中对收入、支出按功能进行细分的结构单元，它可以对应企业中预算指标承诺项的科目分配项在预算结构中被赋予一个预算值后，分配到一个会计科目上。承诺项一般在 T – CODE FS00 中定义科目属性时直接定义。针对集团的管理需要，对部门费用的预算控制和材料采购的预算控制往往以基金中心的形式进行。

这里建立了一个承诺项 2000，承诺项类别属于支出项控制。保存。

例如，要采购一项办公用品，属于费用类采购，RMB5000 元，一旦下达了这个采购订单，当收货、校验完成之后，才能够认为是发生了 5000 元的采购费用。但是，有些时候，根据成本中心计划，有些费用资金已经提前预支出去了，不论发票是否收到，都有可能已经发生了，这时，假如新发生的 5000 元发生时，就可能已经超过了预算计划，对于这种情况，之前发生的、发票未到的费用可以用承诺项来管理，通过查询承诺项，就可以知道是否已经发生预支费用的情况。承诺代表了对未来发生额的一种承诺，虽然还未正式记账，但是今后必定发生。承诺是针对计划而言的，计划一般与预算一致，而预算控制要严格。

2. 定义承诺项目层次结构（T – CODE FMCID）

Menu Path：SAP menu→Accounting→Public Sector management→Funds Management→Master Data→Account Assignment Elements→Commitment Item→hierarchy→Change Standard Hierarchy。（T – CODE FMCID）

输入财务管理区域代码 2439。确认。执行。

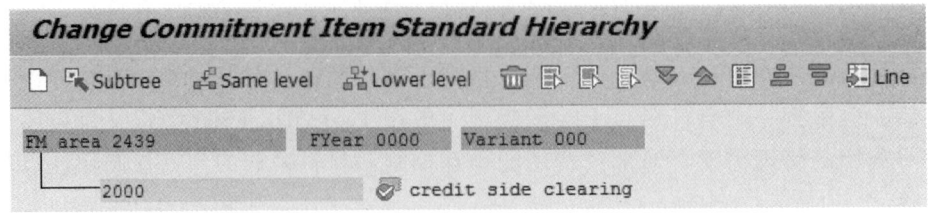

标准架构即被创建。保存。

承诺项目层次结构（commitment item hierarchy）是为承诺项目分类管理所建立的一个层次化架构，所有承诺项目都将归入该结构。

3. 定义承诺项目组

Menu Path：SAP menu→Accounting→Public Sector management→Funds Management→Master Data→Account Assignment Elements→Commitment Item→Commitment Item Group→Create.

输入财务管理区域代码2439。创建承诺项目组2439。确认Click on ![✓]。

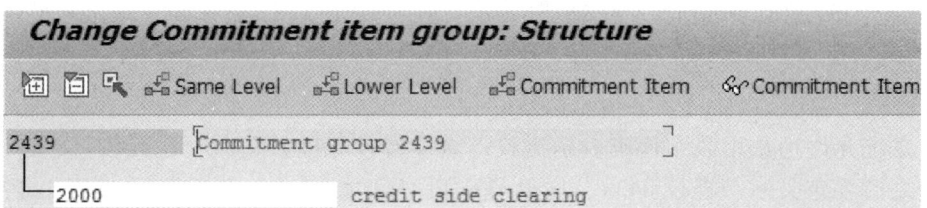

承诺项目组（commitment item group）是用来分组承诺项目的结构化设置。之前已经定义的承诺项目2000，可以归入承诺项目组2439，只需点击 Commitment Item，添加即可。这种结构形式非常常见，用户可以建立自己的承诺项目组和承诺项目。

4. 定义非相关授权

SAP系统中的某些操作，与实际的采购、支付等操作相对应，需要建立授权机制。系统操作时，一般需要输入授权代码。如果不必授权，则须定义非相关授权（not relevant for grant）变量。非相关授权变量将被用于业务交易。如果没有定义特定授权，但是系统授权输入又需要时，非相关授权变量则成为首选。

Menu Path：IMG→Public Sector Management→Grants Management→Grantee Management→Global Settings→Set Grant as Not Relevant for Grants Management。

定义非相关授权管理变量，确定 ![⊕]。在SAP ECC6.0 版本中，该变量已经定义好。在 SAP R/3 4.7 版本中，则需要用户自己定义，输入 NOT-RELEVANT。非相关授权是简化授权流程的一种处理措施。

5. 维护授权号码段

Menu Path：IMG→Public Sector Management→Grants Management→Grantee Management→

Master Data→Grant→Maintain Grant Number Ranges。

点击 Intervals ，定义 internal 和 external 号码段 01 和 02。

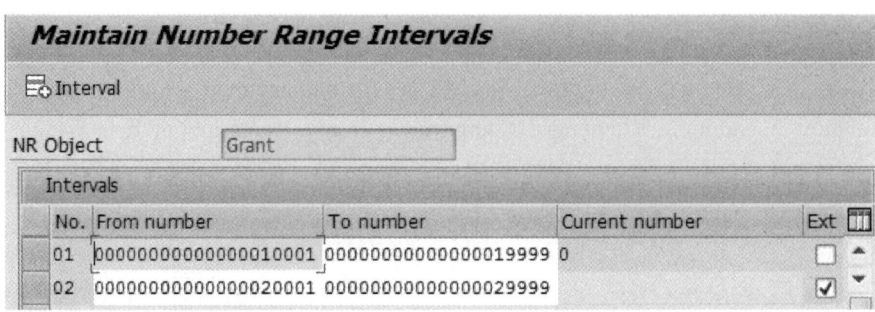

SAP 系统允许用户用数字代码表示授权，众多授权可以共用一个代码段。

因为之后要定义一个授权 2439，所以号码段必须能够包含这个号码，可以定义号码段为 0001—9999。

6. 定义授权类型

Menu Path：IMG→Public Sector Management→Grants Management→Grantee Management→Master Data→Grant→Maintain Grant Types

点击创新键 ，创建一个新的授权类型 YH，其代码段内部为 01，外部为 02。

如果用户要定义自己的授权代码，则必须首先定义授权类型（grant types），相当于授权组。

确认 。保存 。

7. 维护公司授权设置

Menu Path：IMG→Public Sector Management→Grants Management→Grantee Management→Global Settings→Maintain Company Code Settings。

```
Display View "Settings for Company Code": Details
Company Code        2439
Company Name        YHQ LTD
Valid from Date     01.01.2013
Settings for Company Code
  ☐ Grantee Active
  ☐ FM Integration
FM Budget Int Ledger   Payment budget
```

可以从公司列表中选定某个公司代码，按下拷贝键，复制给公司代码2439。对于特定的公司代码，在授权代码定义之后，就可以启用授权。

如果选择勾选激活这些选项，激活了授权项（grantee active）、激活了财务管理区域（FM active），那么，当我们输入总账科目相关凭证的时候（例如 T – CODE FB50），SAP 系统将检查是否给予授权或是否输入了授权代码。如果选择不激活相关选项，则之后的授权代码就不必激活。这里，建议选择不激活。

8. 定义授权代码（T – CODE GMGRANT）

Menu Path：SAP menu→Accounting→Public Sector Management→Grants Management→Grantee Management→Master Data→Grants and Grant Groups→Maintain Grant。（T – CODE GMGRANT）

与定义承诺项目类似，用户可以根据需要，定义授权代码。

点击新建键，创建一个授权代码2439。

授权金额（grant value）可以由用户自己根据授权额度定义。

用户可以在号码段0001—9999范围内选择任意数字作为自己的授权号码段代码，这里选用2439仅仅为了与公司代码2439一致且好记而设置的代码。

与一般的实际授权签名不同，SAP采用数字代码标识授权，这与软件系统的特点一致。授权相当于一个审批过程，有授权则会通过。由于之前定义了 NO – RELEVANT 授权代码，为简单起见，也可以以不授权作为授权处理过程。

9. 创建授权组

Menu Path：SAP menu→Accounting→Public Sector Management→Grants Management→Grantee Management→Master Data→Grants and Grant Groups→Grant Groups→Create Grant Groups。

管理信息系统
—— SAP R/3 4.7 & ECC 6.0 系统原理及操作

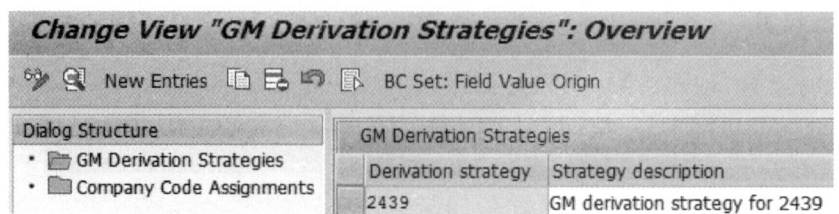

授权组（grant group）就是对授权代码进行归类的一种结构化安排。

输入所要创建的授权组代码 2439。确认 ✓。

创建授权组 2439。点击授权 Grant，将授权代码 2439、非相关授权管理代码 NOT_RELEVANT_FOR_GM，都添加到授权组 2439 中去。

10. 维护授权作业管理策略

Menu Path：IMG→Public Sector Management→Grants Management→Grantee Management→Master Data→Assignments→Maintain Grant Management Assignment Derivation Rules。

选择 GM Derivation Strategies。点击 New Entries。创建授权管理获得通过的策略（GM Derivation Strategy）2439。

授权管理的检查，除了判断授权代码之外，其隐含的公司代码、经营范围等也是判断的标准，这些条件，需要重新定义。

具体授权策略的定义，双击已经添加的策略代码2439，进入策略授权条件画面。

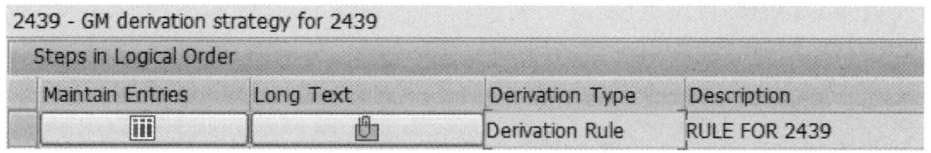

输入条件是公司代码与经营范围一致。

Rule Values		
Company Code	Assigned	Business Area
2439		2439

选择 Company Code Assignments。点击 New Entries。

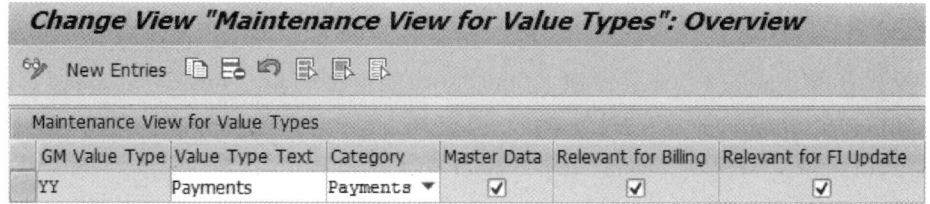

分配策略2439给公司代码2439。保存。对于策略的管理，在销售业务中会用到。

11. 维护授权评估类型

对于授权管理，还需要定义评估类型（value type）。

Menu Path：IMG→Public Sector Management→Grants Management→Grantee Management→Global Settings→Maintain GM Value Types。

点击 New Entries 键，创建一个新的评估类型YY，其类别属于支付类。保存。

12. 维护升级授权设置（T-CODE GM_ UPD_ SETTINGS）

Menu Path：IMG→Public Sector Management→Grants Management→Grantee Management→

Global Settings→Maintain Update Settings。(T – CODE GM_ UPD_ SETTINGS)

对于支付而言，授权管理意味着对于支付进行限制，只有得到授权的支付才能够完成支付操作，而没有得到授权的支付则无法完成支付操作。

第一，双击功能键 Generic Update Settings 。点击 New Entries 。

输入会计科目表 YCQC，授权评估策略 YY。假设对所有类别的会计科目都进行授权检查，则输入相关类别的科目段范围。

Chart of Accounts	From G/L acct	G/L account to	GM Value Type	Description	Derive	Stat. Indicat
YCQC	1	99999	YY	Payments	Der…	Real Posti
YCQC	100000	199999	YY	Payments	Der…	Real Posti
YCQC	200000	299999	YY	Payments	Der…	Real Posti
YCQC	300000	399999	YY	Payments	Der…	Real Posti
YCQC	400000	499999	YY	Payments	Spl…	Statistica
YCQC	500000	599999	YY	Payments	Der…	Real Posti

第二，双击功能键 Controlling Specific Settings。

Chart of Accounts	Transaction	From cost elem.	To cost element	Stat. Indicator
YCQC	All transactio…	400000	499999	Real Posting

选择会计科目表 YCQC。分配有关的成本要素（cost element）。即假如支付与所定义的成本要素有关，则在支付交易发生画面就要进行授权检查。保存 。

因为在这里的配置属于批量配置，配置中列出的账号在支付中将自动检查，而不用再输入，所以，为了保证支付操作正常进行，可以将 000001—999999 期间的所有账号予以事先配置。

13. 激活会计科目作业要素

激活授权管理（grant）、基金管理（fund）、职能范围管理（functional area）、以及资助项目管理（funded program）等管理功能。

Menu Path：IMG→Public Sector Management→General Settings for Public Sector Management→Basic Settings：Account Assignment Elements→Activate Account Assignment Elements。

之前，我们已经定义了承诺项（Commitment）用于资金（Fund）管理，授权代码用于授权管理，功能范围用于会计功能区域管理。因此，与之相关的操作都需要预先激活，在使用时起到控制预算、范围、授权的作用。

当建立成本中心组的时候，在成本中心主文件里，可以建立与一个功能区域（Function

area）之间的关联关系，这样就可以通过设置功能区域来区分费用归属（如销售部门、管理部门、辅助生产车间、主生产车间等）。那么，在进行费用归集的时候，比如考虑资产折旧时，科目本身是无法区分属于生产费用还是管理费用的，但在建立资产主数据的时候，输入资产对应的成本中心，而成本中心里关联了功能区域，这样就达到了区分科目性质的目的，即只需要设置一个折旧费用科目而不用再进一步细分，例如销售费用—折旧、管理费用—折旧、制造费用—折旧等。

```
Change View "Activate Account Assignment Elements": Details
Activate Account Assignment Elements
☑ Fund              CanBeAsnd in HR frm    01.01.2015
☑ Functional area   CanBeAsnd in HR frm    01.01.2015
☑ Grant             CanBeAsnd in HR frm    01.01.2015
☐ Funded Program
```

这四个科目账户作业管理要素，并不是时时都需要的，有时候并不需要。

对于它们之间的联系以及在业务中的具体应用，我们在建立成本中心的时候就会遇到。

14. 允许科目作业要素取空值

虽然在前面的操作中，用户可以激活会计科目的所有四个作业要素（account assignment elements），但是，对于具体的财务管理区域（FM area）来说，却允许其取空值（blank value）。定义一个空值（BLANK/SPACE）作为输入值，允许会计科目作业要素，如授权、基金、功能区域、以及资助项目等，在交易周期内获得一个空值作为缺省值，这样就大大地简化了操作流程。

Menu Path：IMG→Public Sector Management→General Settings for Public Sector Management→Basic Settings：Account Assignment Elements→Allow BLANK as Value for Account Assignment Elements。

```
Change View "Permit BLANK as Value for FM Account Assignm
Permit BLANK as Value for FM Account Assignment Elements
FM Area | Grant | ToYr | Fund | ToYr | Func. Area | ToYr | Funded Prg | ToYr
2439   |   ☑   |      |  ☑   |      |     ☑      |      |     ☑      |
```

勾选会计科目的四个作业要素项，允许它们取到空值作为缺省值。保存 💾。

如果不勾选空值，在许多输入时，则会要求输入相应的值。

第六节 建立预制凭证环境

1. 为预制凭证创建工作流变量

Menu Path：IMG → Financial Accounting（New）→ Financial Accounting Global Settings（New）→Tools→Workflow→Workflow for Document Parking→Create Workflow Variant for Parking Documents。

工作流管理是 SAP 系统的一个重要属性，创建一个工作流变量（workflow variant），允许分配会计科目作业方案的工作流模板给工作流变量，以便对预制凭证进行处理。

点击新建功能键 New Entries ，创建一个工作流变量 2439。

双击工作流变量 2439。预制凭证过账预审（preliminary posting release），审批权限自 1000 元起。

WS10000055 是子工作流程序代码，由系统设定。保存 。

预制凭证（parking documents），是已经输入数据但还未过账的凭证。有些系统专门提供预制凭证功能，例如，先制作凭证，但要等到月底才去过账。

SAP 是实时记账系统，并不建议多用预制凭证。一般情况下，如果输入信息不齐全，可以作为预制凭证保存，等待输入完整、确认后再去过账。预制凭证没有体现 SAP 的实时特征，但是，作为一种常见用法，SAP 仍然予以保留。为了防止期末运行预制凭证时凭证因为没有输入完成而无法过账，可以在参数选择（accounting editing options）画面勾选☐Documents must be complete for parking，以保证在形成预制凭证之前输入已经完整，使期末过账不受影响。

本课程中，一般选择即时过账。

2. 为预制凭证工作流变量分配公司代码

Menu Path：IMG → Financial Accounting（New）→ Financial Accounting Global Settings（New）→Tools→Workflow→Workflow for Document Parking→Assign Company Code to a Workflow Variant for Parking Documents。

Menu Path：IMG→Financial Accounting→Document→Document Parking→Assign Company Code to a Workflow Variant for Parking Documents。

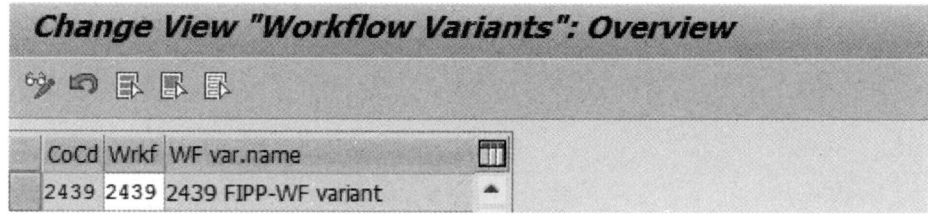

分配工作流变量2439给公司代码2439。保存。

3. 为预制凭证定义审批许可组（T – CODE OBWB）

Menu Path：IMG → Financial Accounting（New）→ Financial Accounting Global Settings（New）→Tools→Workflow→Workflow for Document Parking→Define Release Approval Groups for Parking Documents。（T – CODE OBWB）

为预制凭证的审批，定义一个审批许可组2439。保存。

4. 为预制凭证定义审批许可路径

Menu Path：IMG → Financial Accounting（New）→ Financial Accounting Global Settings（New）→Tools→Workflow→Workflow for Document Parking→Define Release Approval Paths for Parking Documents。

```
Change View "Release Approval Paths": Overview
New Entries ...

Approval path | App.path name
2439          | CoCd 2439
```

为预制凭证的审批，定义一个审批许可路径2439。保存 💾 。

5. 为预制凭证分配审批许可路径

Menu Path：IMG → Financial Accounting（New）→ Financial Accounting Global Settings（New）→ Tools → Workflow → Workflow for Document Parking → Assign Release Approval Paths for Parking Documents。

```
Change View "Release Approval Path Allocation": Overview
New Entries ...

Workflow variant | Doc. Type | Release group | Approval path
2439             | KA        |               | 2439
2439             | KA        | 2439          | 2439
2439             | KR        |               | 2439
2439             | KR        | 2439          | 2439
2439             | SA        |               | 2439
2439             | SA        | 2439          | 2439
```

凭证类型 KA Vendor document、KR Vendor invoice 都是与供应商有关的凭证，也都是应付账款凭证，用于建立工作流变量、凭证类型、审批组、许可路径之间的对应关系。

6. 为预制凭证分配审批许可流程

Menu Path：IMG → Financial Accounting（New）→ Financial Accounting Global Settings → Tools → Workflow → Workflow for Document Parking → Assign Release Approval Procedure for Parking Documents。

```
New Entries: Overview of Added Entries
New Entries ...

Wrkf | APth | Amount to       | Crcy | Rel.levels | Swf amnt rel. | SWf pmnt rel.
2439 |      | 1.000,00        | CNY  |            | WS10000052    |
2439 |      | 10.000,00       | CNY  |            | WS10000053    |
2439 |      | 999.999.999,00  | CNY  |            | WS10000054    |
2439 | 2439 | 1.000,00        | CNY  |            | WS10000052    |
2439 | 2439 | 10.000,00       | CNY  |            | WS10000053    |
2439 | 2439 | 999.999.999,00  | CNY  |            | WS10000054    |
```

这里，WS10000052、WS10000053、WS10000054，都是工作流金额审批程序。保存 💾 。

7. 为预制凭证定义用户审批授权

Menu Path：IMG→Financial Accounting（New）→Financial Accounting Global Settings→Document Parking→Workflow for Document Parking→Define Users with Release Authorization for Parking Documents。

为工作流 2439 分配最大审批授权金额。保存。

第三章
物料管理（MM 模块）

第一节 建立工厂

1. 定义工厂（T‑CODE OX10）

在 SAP 系统中，工厂（plant）是后勤服务管理中的核心组织。一个工厂就是一个公司内的操作运营主体、或者分支机构。SAP 系统中，一个工厂可能是一个中心运输仓库（warehouse）、一个销售办公室（sales office）、一个制造车间（manufacturing facility）、一个公司总部（corporate headquarters）、一个维修厂（maintenance plant）。一个工厂必须被分配给一个公司。但是，一个公司可以拥有一个或者多个工厂。工厂在 SAP 系统中是一个库存评估的场所，放在同一个公司代码、不同工厂下的同代码物料，可能评估价值不同，所以，工厂区别非常重要。

在 SAP 系统中的样本公司 IDES 的公司代码 1000（德国公司）下面，就拥有多个工厂：工厂代码 1000（汉堡）、1100（柏林）、1200（德累斯顿）、1300（法兰克福）、1400（斯图加特）等。这些工厂都是 SAP 系统的样本工厂，SAP 系统在这些样本工厂下面配置了许多与之相适应的供应商以及物料信息，供学习和测试使用。本书新设计了一个工厂 2439，所以一切练习均以 2439 为例来进行。尽管如此，IDES 的参考样本仍然为我们进行配置和练习提供了丰富的案例。

工厂被用于 SAP 的物料管理模块（MM）、生产计划模块（PP）、销售与分销模块（SD）、工厂维护模块（PM）等。为了简单起见，本课程只有一个工厂 2439，隶属于公司 2439。

Menu Path：IMG→Enterprise Structure→Definition→Logistics‑General→Define, Copy, Delete, Check Plant。（T‑CODE OX10）

单击定义工厂功能键 Define Plant。创建新工厂，点击 New Entries，建立工厂 2439。

第三章 物料管理（MM 模块）

```
Change View "Plants": Details
    New Entries
Plant     2439
Name 1    2439
Name 2    2439   PLANT
```

工厂信息是重要的信息。其中，与工厂有关的日历标准选择非常重要，直接关系到今后的采购和销售，因为在采购和销售过程中，在计算有关日期如运输日期以及折让率的时候，都与工厂的日历信息直接相关，如果不能正确配置，则会出现错误提示。这里，选择 Factory calendar 为德国工厂标准日历。

```
Detailed information
Language Key        ZH     Chinese
House number/street 111-1 环岛南路
PO Box              111-1
Postal Code         361005
City
Country Key         CN     China
Region              150    Fujian
County code         XM     Xiamen
City code           XM     XIAMEN
Jurisdiction Code
Factory calendar    01     Factory calendar Germany standard
```

为了输入更多信息，单击"Goto→Address"，或者点击按钮，就可以输入更多与工厂地址等相关的信息，与建立公司一样，需要输入更多与地址、通信等相关的信息，这样使工厂的信息更加丰富。数据输入完成之后，确认。保存。

这样，工厂 2439 就建立起来了。在地址输入过程中，邮政代码很重要，今后在定义多个工厂之后，可以用于查询时搜索不同工厂。

2. 分配工厂给公司代码（T – CODE OX18）

Menu Path：IMG→Enterprise Structure→Assignment→Logistics – General→Assign Plant to Company Code。（T – CODE OX18）

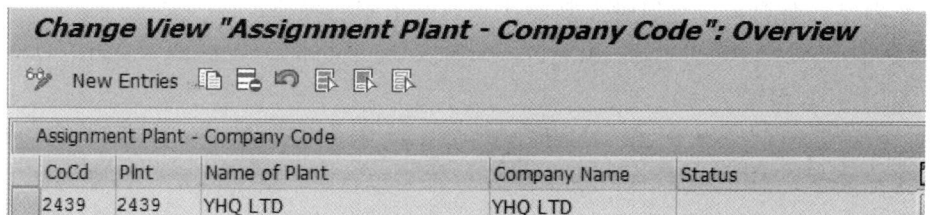

输入 New Entries，分配工厂 2439 给公司代码 2439。保存。

一个工厂必须属于某个公司，一个公司可以拥有多个工厂。在系统维护过程中，该程序经常会被用到，因为有些与工厂有关的操作，在定义时，有时会需要先不操作这一步，需要首选取消该步骤操作，待其他属性定义清楚之后，再来操作该步骤。

3. 维护公司过账区间（T–CODE OMSY）

Menu Path：IMG→Logistics – General→Material Master→Basic Settings→Maintain Company Codes for Materials Management。（T–CODE OMSY）

CoCd	Company Name	Year	Pe	FYr	MP	FYr	LM	ABp	DBp
2439	YHQ LTD	2015	10	2015	9	2014	12	✓	

当我们在这里为物料管理定义公司代码的过账区间时，第一件事情就是要知道今天是几月几日。例如，今天是2015年10月6日，那么，当前的财务年度（current fiscal year）就是2015年；当前的工作区间（Pe，current period）就是10月份；上个工作月份（MP，month of previous）就是9月份；上一个财务年度（FYr，previous fiscal year）就是2014年；上个年度最后一月（LM，last month）就是12月份。所以，同学们在配置时要根据当前时间确定配置过账期间。数据输入正确，保存 💾。

在实际系统应用中，由于工厂代码与许多子系统高度相关，所以会引起一些相关问题。例如，当我们使用T–CODE OMSY时，如果系统中当前财务年度的当前工作区间（current period）已经变化，且与实际工作区间（actual period）不同，那么，改变当前工作区间，使其与实际工作区间一致，就很有必要。在这种情况下，需要先在T–CODE OX18下删除已经分配好的工厂代码；然后再在T–CODE OMSY下配置当前和实际工作区间；最后在T–CODE OX18下重新修复被删除的工厂代码。

假如在2015年要修改2014年的账，或者对2014年的账务进行处理，那么，必须将当前周期时间period改为2014年记账时期才行，不然，则无法进行相关操作，相应地，T–CODE OMSY，T–CODE OB52都会用到。

在一个月的月末之后、下个月的月初之前，往往需要将当前工作周期转换为下个月，这就要关闭当前工作周期，同时开启下个工作周期，一般在月末进行。如果月末未进行，则通过T–CODE OMSY来操作。月末周期性改变财务月度日期采用如下路径，这几个运行步骤，在跨月操作中经常会遇到，练习时尤其要注意，这里不必操作。

Menu Path：SAP menu→Logistics→Materials Management→Material Master – Other→Close Period。（T–CODE MMPV）

例如，假设今天已经到了2015年9月30日，在完成今天的工作之后，9月份作为这个工作周期就结束了，下个月即10月份将变为当前工作周期，这个时候，就要调整工作周期，即关闭工作周期9，开启工作周期10，操作时，输入公司代码2439，因为现在是9月份，则输入下个工作周期10，财务年度依然是2015，运行 🕐，工作周期9将关闭，而工作周期10

被打开，这样运行结果显示运行周期9已经完全关闭，当前运行周期已经由9变为10了，为了验证当前运行周期是否已经完全开启为9月份，则运行 T-CODE MMRV。

4. 允许向前一工作周期反向过账（T-CODE MMRV）

在采用 T-CODE OMSY 对公司工作周期配置之后，可以用本操作功能进行检查。

Menu Path：SAP menu→Logistics→Materials Management→Material Master→Other→Allow Posting to Previous Period.（T-CODE MMRV）

输入公司代码2439，确认。

勾选 ☑ Allow posting to previous pel。这里要注意当前周期、前一周期都是当前财务年度。但是，最后周期则是指上个财务年度的最后一月。这里，APP 表示允许在过账区间改变之后，向前一过账区间反向过账；DBP 正好相反，即不允许反周期过账。

T-CODE MMRV 和 OMSY 往往会联合使用，一般可以作为区间检查程序。如果本年度要补记上年度某个月的账务，则要将相关记账时期改为上年度相应时期才行。

5. 定义地址代码

既然一个公司可能拥有多个工厂，那么，每个工厂除了工厂代码不同之外，它们的所在地址位置往往也不相同。为了方便起见，可以将地址代码与工厂代码区别对待。

Menu Path：IMG→Enterprise Structure→Definition→Logistics-General→Define Location。

点击 New Entries ，创建一个新的地址代码2439，并且将其分配给工厂代码2439。点击 ，增加更多有关地址和通信信息。这里，地址的定义与之前关于公司地址、工厂地址的定义类似，可以按照类似的办法进行定义。将该地址赋值给工厂，就是工厂地址；赋值给仓储，就是仓储地址。

6. 定义、拷贝、删除、检查业务部门

进行部门（divisions）定义，主要是为了管理销售业务。一个工厂的产品，可能会通过多个部门去销售，就需要对业务部门提前进行定义。

Menu Path：IMG→Enterprise Structure→Definition→Logistics – General→Define，Copy，Delete，Check Division。

点击 New Entries，定义一个部门 YY。该部门可以隶属于工厂 2439。

7. 分配经营范围给工厂、评估范围、业务部门

经营范围、工厂、业务部门等，它们之间都有密切联系，需要在 SAP 系统中通过配置，将它们之间联系起来。物料评估区域或称之为评估范围（valuation area），是后勤系统中的一个组织单元（organizational unit）。对每种物料的评估范围，都要进行物料评估，以便确定评估价格和价值（prices and values）。

Menu Path：IMG→Enterprise Structure→Assignment→Logistics – General→Assign Business Area to Plant/Valuation Area and Division。

一般讲，可以在工厂、或者公司层面上来评估物料的库存。在工厂层面上（plant level），一个工厂就对应着一个物料评估范围。在公司层面（company code level），一个公司代码就对应着一个物料评估范围。物料库存（material stocks）在一个物料评估范围内具有相同价值；但是，在不同物料评估范围内可能具有不同价值。一般地讲，物料评估范围被定义在工厂层面上。

第一，选择功能键 Plant - division，点击 New Entries。

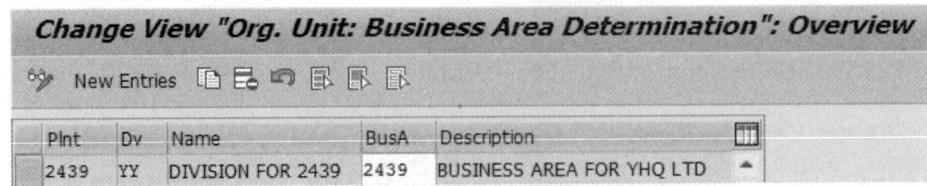

建立工厂 2439、部门 YY、经营范围 2439 之间的联系。

第二，选择功能键 Valuation area - division，点击 New Entries。

创建评估范围（valuation area）2439，并分配经营范围2439、部门YY给评估范围。

8. 定义评估水平

用户可以为货物库存定义评估水平（valuation level）。用户可以在以下两个层次上来评估物料库存：5

第一个层次是工厂水平（plant level），在这个层次上的评估主要针对的情况是：如果用户要使用生产计划（PP）应用组件、成本管理、零售管理等功能，就需要在工厂层次上进行库存价值评估。

第二个层次是公司代码水平。SAP系统建议用户采用工厂水平即可。

Menu Path：IMG→Enterprise Structure→Definition→Logistics – General→Define Valuation Level。

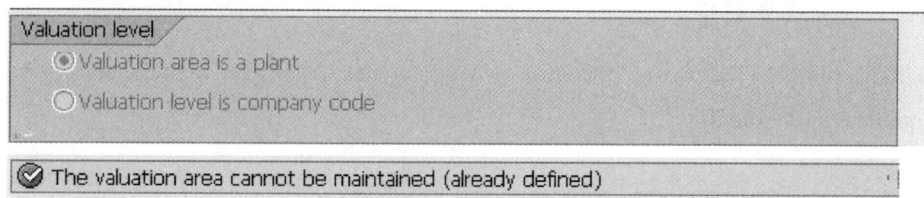

将评估水平（valuation level）定位在工厂层次上（plant level）。

第二节　建立采购组织

1. 定义采购组织

一个采购组织，可能为一个或者多个工厂服务。例如，对于SAP的示例公司IDES来说，它的德国公司1000下面，下设了工厂1000、工厂1100、工厂1200、工厂1300、工厂1400等五个工厂。但是，所有这五个工厂，既可能拥有自己各自的采购机构，也可能五个工厂共用一个采购机构。

Menu Path：IMG→Enterprise Structure→Definition→Materials Management→Maintain Purchasing Organization。

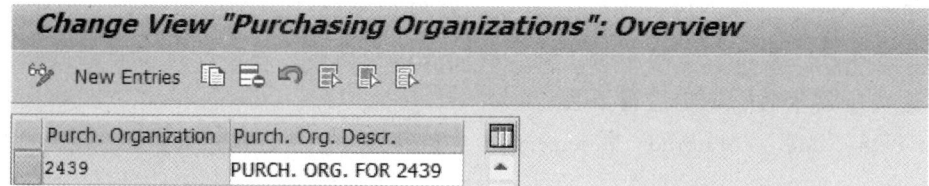

点击 New Entries ，创建新的采购组织（purchasing organization）2439。

2. 给公司代码分配采购组织

Menu Path：IMG→Enterprise Structure→Assignment→Materials Management→Assign Purchasing Organization to Company Code。

POrg	Description	CoCd	Company Name	Status
2439	PURCH. ORG. FOR 2439	2439	YHQ LTD	

分配采购组织 2439 给公司代码 2439，建立二者之间的联系。

3. 给工厂分配采购机构

Menu Path：IMG→Enterprise Structure→Assignment→Materials Management→Assign Purchasing Organization to Plant。

POrg	Description	Plnt	Name 1	Status
2439	PURCH. ORG. FOR 2439	2439	YHQ LTD	

分配采购机构 2439 给工厂 2439，建立二者之间的联系。

在本课程中，为了简单起见，假设公司 2439 只有一个工厂 2439，且通过唯一采购组织 2439 来实现采购。所以，供应商主数据至少应该包括三组：一是通用数据，比如供应商的一般信息；二是与公司代码相关的信息；三是与采购机构相关的信息。

4. 为采购请求定义凭证号码段

采购的过程大体有五个步骤。第一，建立采购请求。采购请求是物料需求部门提出的需求报告，没有需求，采购就无意义。第二，采购审批。领导看到采购请求报告，予以评估，之后审批，同意请求，允许采购。第三，正式建立采购订单。包括品名、种类、数量、价格等信息。第四，运输收货。订单得到实施，货物得到采购，收货得以实现。第五，检验发票。检查发票事项，包括税金等是否正确。要完成这些操作，后台配置就非常重要，只有配置完成，这些步骤才会一步步进行下去。

Menu Path：IMG→Materials Management→Purchasing→Purchasing Requisition→Define Number Ranges。

点击间隔键 Intervals，插入号码段 Interval，保存。

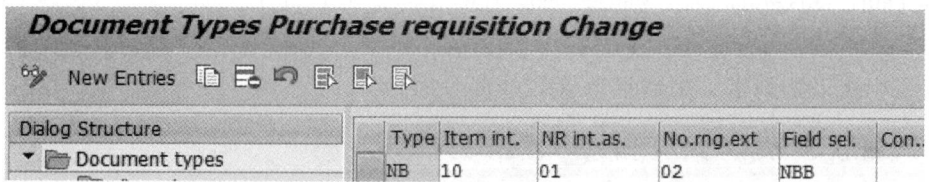

为采购请求（purchasing requisition）定义内部号码段（internal number range）01，号码介于 10000000—19999999 之间。这里，由于号码段 01 已经使用一个时期，所以当前号码（current number）为 10008992，不为零，当前号码应该是从 10000000 开始后使用到的最大号码。

5. 为采购请求凭证分配号码段

Menu Path：IMG→Materials Management→Purchasing→Purchasing Requisition→Define Document Types。

由于 SAP 系统已经为采购请求创建了凭证类型，例如，标准采购请求凭证代码 NB，已经创建，所以，可以继续使用。当然，我们也可以通过拷贝的形式创建自己的采购请求凭证。这里，假设缺省值为 NB。

分配内部代码段（internal number range）01 给已经创建的采购请求凭证，在建立采购请求时，系统会自动提取凭证代码，而无须输入。

6. 为采购订单定义号码段

Menu Path：IMG → Materials Management → Purchasing → Purchase Order → Define Number Ranges。

已经创建了内部号码段 45，号码范围介于 4500000000—4599999999。其中，当前最大号码不为空，表示已经有使用。

7. 为采购订单凭证分配号码段

Menu Path：IMG→Materials Management→Purchasing→Purchasing Order→Define Document Types。

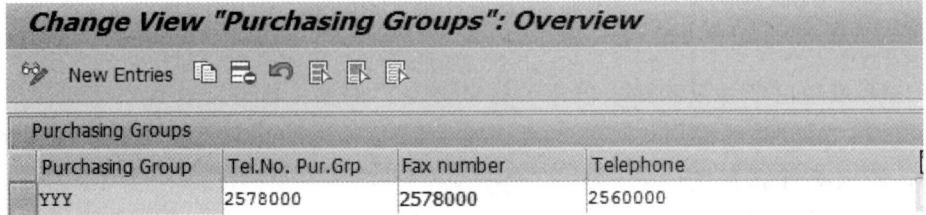

因为 SAP 系统已经定义了多种采购订单凭证，用户也可以定义自己的采购凭证。其内部号码段被分配 45。由于对于一般用户来说，可以给不同凭证类型分配不同号码段；但是，为简单起见，也可以将同一号码段 45 分配给所有类型采购订单凭证。

8. 创建采购组（T – CODE OME4）

Menu Path：IMG→Materials Management→Purchasing→Create Purchasing Groups。（T – CODE OME4）

采购组织在采购请求、采购订单管理中都会用到。

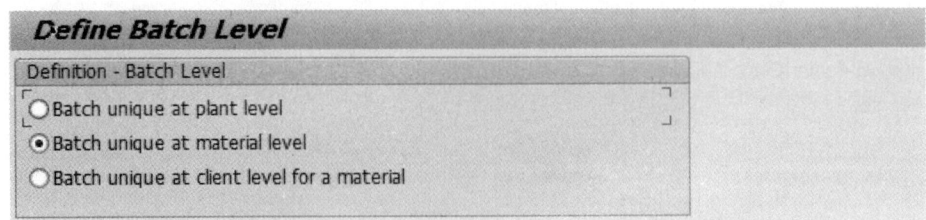

单击 New Entries 。创建采购组（purchasing group）YYY。保存 。

9. 定义批量层次并激活批量管理状态

Menu Path：IMG→Logistic – General→Batch Management→Specify Batch Level and Activate Status Management。

第一，点击批量层次 Batch level 。将批量水平定义在物料层次（material level）。

第二，点击批量状态管理 Batch status management 。激活批量状态管理， Active 。

Define Batch Status Management

Batch status management
- ○ Batch status management not active
- ● Batch status management active

第三，点击 Plants with batch status management。

Change View "Plant Setting: Batch Status Management": Overview

Plnt	Name 1	Batch status management	Converted
2439	YHQ LTD	✓	□

勾选批量状态管理选择框☑，使工厂2439具有批量管理属性。保存。

10. 为存货管理定义工厂参数

Menu Path：IMG→Materials Management→Inventory Management and Physical Inventory→Plant Parameters。

对于已经创建的工厂2439，修改参数。

Change View "General plant settings in Inventory Management":

Plant 2439 YHQ LTD

Goods movements

Create SLoc. automat.	✓	BBD/Prod. Date	✓
Del. compl. default	✓	BOM Usage	1
Miss. parts active	□	BOM Application	PP01
Summarize miss.parts	□	Trans./Event Type	WV
BaWU deactivated	□	GR/GI slip number	✓
BaWU synchron.postng	✓	BchNo.auto.GR AcAsst	□

Physical inventory

Stock type	1
Alternative Unit	✓
Batch in Background	✓
Change document	□
Adj. Book Inventory	1

Reservations

Movement Allowed	✓
Days mvt. allowed	10
Retention period	30

保存。工厂2439有了部分必要参数。具体参数意义可直接查询。

11. 为批量管理设置有效日期

Menu Path：IMG → Logistic – General → Batch Management → Shelf Life Expiration Date（SLED）→Set Expiration Date Check。

有效日期检查分为工厂与货物移动类型两种情况。点击键 `Plant`。激活有效日期。

例如，给货物移动类型 561 分配有效日期/保质日期（SLED，shelf life/expiration date）检查标志 1，表示输入并检查（enter and check），货物移动类型 561 在 T–CODE MB1C 运行中表示其他货物库存收货操作时库存将增加。在 T–CODE MB1A 运行中，货物移动类型 201 表示为直接消费进行仓储出货操作，形成货物消耗成本。但是，这里可以不给货物移动类型 201 加任何检查标志，即检查标志为空，表示不检查（no check）。绝大部分货物移动类型都可以不加任何到期日标志。

Plnt	Name 1	BBD/ProdDt
2439	YHQ LTD	✓

点击货物移动类型键 `Movement Type`。

12. 自动获取仓储地址

Menu Path：IMG→Material Management→Inventory Management and Physical Inventory→Goods Receipt→Create Storage Location Automatically。

因为仓储地址与工厂密切相关，所以定义与工厂有关。单击 `Plant`。

Plant	Name 1	Create SLoc. automat.
2439	YHQ LTD	✓

在为工厂 2439 定义工厂参数之后，仓储地址可以被自动地定义。保存。一个仓储地址（storage location）就是一个组织单元（an organizational unit），它允许用户在一个地点（site）区别不同的库存类型。仓储地址定义的目的是用一个仓库（a warehouse）来表示仓房或者仓储区域。如果库存是以货物为基础（article basis）进行管理的，那么，必须使用仓储地址。

13. 定义存货管理策略类型

Menu Path：IMG→Logistics–General→Batch Management→Batch Determination and Batch Check→Strategy Types→Define Inventory Management Strategy Types。

存货管理策略类型（inventory management strategy type）ME02 是为工厂专门定义的，我们可以继续采用该策略。双击策略 ME02。这里，适合的类别类型（class type）为 023，表示批量采购请求。这里特别指出，不需要改变什么参数，因为之后要用到。

第三章 物料管理（MM 模块）

[Screenshot: Change View "Strategy types (&1 &2)": Details - Application ME Inventory Management, Condit. type ME02 Plant, Access seq. ME02 Plant, Class Type 023 Batch, Changes allowed, Display UoM B, Dialog batch determin., Qty proposal 1 Maint., Screen number 2000, Status CUA_ME]

14. 定义存货管理搜索流程

Menu Path：IMG→Logistics – General→Batch Management→Batch Determination and Batch Check→Batch Search Procedure Definition→Define Inventory Management Search Procedure。

单击 New Entries 。定义一个新的搜索流程 YHQ。其中，ME 表示存货管理。选择搜索流程 YHQ。双击控制数据键 Control data 。

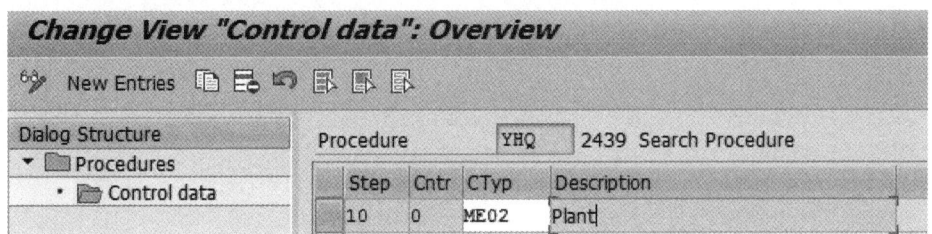

搜索行项目为 10，搜索距离为 1，或者 0，存货管理策略类型条件为 ME02。因为 ME02 之前已经定义，所以，这里直接引用。保存 。

15. 为物料采购维护缺省进项税率

Menu Path：IMG→Materials Management→Logistics Invoice Verification→Incoming Invoice→Maintain Default Values for Tax Codes。

单击 New Entries ，选择公司代码 2439。进项税（input tax）缺省税率假设为 0，采用税收代码 Q0。如果指定增值税 VAT 的税率为 17.5%，也可以定义。

Change View "Tax Defaults in Invoice Verification": Details

```
Company Code        2439    YHQ LTD
Defaults, domestic
  Tax Code          Q0      Input Tax With    0% tax
Default value unplanned delivery costs
  Tax code          Q0      Input Tax With    0% tax
  Jurisdiction code
```

一般来说，如果税率被定义为默认项，则在记账输入过程中会自动显示在屏幕上。当然，如果在记账过程中要改变税率，则需要改变税率代码，改变税率代码在记账画面也可以实现，依据需要随时修改。

16. 为发票检验设置容错限额

Menu Path：IMG→Material Management→Logistics Invoice Verification→Invoice Block→Set Tolerance Limits。

Change View "Tolerance Limits": Overview

CoCd	Company Name	TlKy	Description
2439	YHQ LTD	AN	Amount for item without order reference
2439	YHQ LTD	AP	Amount for item with order reference
2439	YHQ LTD	BD	Form small differences automatically
2439	YHQ LTD	BR	Percentage OPUn variance (IR before GR)
2439	YHQ LTD	BW	Percentage OPUn variance (GR before IR)
2439	YHQ LTD	DQ	Exceed amount: quantity variance
2439	YHQ LTD	DW	Quantity variance when GR qty = zero
2439	YHQ LTD	KW	Var. from condition value
2439	YHQ LTD	LA	Amount of blanket purchase order
2439	YHQ LTD	LD	Blanket PO time limit exceeded
2439	YHQ LTD	PP	Price variance
2439	YHQ LTD	PS	Price variance: estimated price
2439	YHQ LTD	ST	Date variance (value x days)
2439	YHQ LTD	VP	Moving average price variance

为每种容错状态建立容错码和容错值。以上我们是将本课程可能遇到的多数容错值配置问题放在了一起，以方便理解此类问题。

因为容错码与公司代码密切相关，所以，可以选择 SAP 参考公司代码 1000，单击拷贝键，复制并修改产生类似的容错码给公司代码 2439。

如果哪个容错码没有，例如 DW，则可以点击 New Entries 来产生。如果不检查差异值，则勾选不检查（do not check）标志；如果需要检查，则要求输入检查的差异限额。

在此之前，我们已经介绍过，各类差异值（difference）将被记录在对应的差异（DIF）科目中。发票检验时，往往会发现很多计算与发票不一致的地方，这些不一致都会使过账产生各种各样的差异值，为了使差异不至于影响过账，往往有两种方式处理：一是完全允许差异产生而不做任何检查；二是给各类差异一个限额，限额内的差异则认为是正常的，超过限额则会给出提示出错信息。

在 SAP 系统中，对于各种差异，例如价格差异（price variance）、数量差异（quantity variance）、日期差异（date variance）等的管理，一般都采用定义容错值的方式。SAP 为大多数差异项目都设计了容错值，配置时都需要考虑。

容错码（TlKy, tolerance keys）是对容错对象的不同需求分类，即一个容错码对应一类容错问题，例如，DW 代表数量差异，PP 代表价格差异等。其他一些类似的容错码及其配置也与此类似。

容错码 DQ 代表由于数量差异所引起的金额差异，或者超额金额差异（exceed amount – quantity variance），其容错值（tolerance limits）的定义需要定义上限值（upper limit）、下限值（lower limit），容错值既可以用绝对值，也可以用百分数表示。

发票差异（invoice variance），主要是发票金额与订单金额之间不一致的情形，在进行检验（invoice verification）时，需要定义容错值，以便解决差异化的问题。

每个容错码，配置完成后，都需要保存 💾 。

17. 为价格差异设定限额

Menu Path：IMG→Material Management→Purchasing→Purchase Order→Set Tolerance Limits for Price Variance。

CoCd	Company Name	TlKy	Description
2439	YHQ LTD	PE	Price variance: purchasing
2439	YHQ LTD	SE	Max. cash disc. deduction (purchasing)

选择参考公司代码 1000，拷贝并且修改，为公司代码 2439 创建容错码 PE 和 SE，其容错值定义方法与前面已经介绍过的其他容错码的容错值配置方法一致。保存 💾 。

价格差异（price differences）来自于对物料价值的评估，当在所订购的订单货物转移情况下货物的标准价格（standard price）与发票价格（invoice prices）具有不同金额时，差异就产生了。价格差异，也可能是由于不同的价格单位产生的。例如，假设订单的价格单位（order unit）是 100 元/件，而供应商报价的价格单位是 10 元/千克，这样，由于二者所使用的单位不同，则可能产生价格差异。价格差异在采购订单（purchase order）管理中很重要，需要专门定义。但是，不论如何，任何价格差异一旦产生，都会被过账到一个价格差异科目（price difference account）。价格差异也可能来自物料的移动平均价格（moving average price）与发票价格之间的差异。

第三节 建立仓储环境

1. 维护仓储地址

Menu Path：IMG→Enterprise Structure→Definition→Materials Management→Maintain Storage Location。

输入工厂工作区域2439，确认 ✓，并点击新建 New Entries。

选择2439，双击仓储地址定位功能键 Addresses of storage locations。保存 💾。

一个仓储地址（storage location）是一个组织单元，它允许在一个工厂里面区别物料库存。与一个特定的仓储地址相关的所有数据被存储在仓储地址水平。仓储地址在 SAP 系统中与仓储代码密切相关。

2. 定义、拷贝、删除、检查仓储代码

Menu Path：IMG→Enterprise Structure→Definition→Logistics Execution→Define，Copy，Delete，Check Warehouse Number。

第一，选择功能键 Define warehouse number。

点击 New Entries，创建一个中心仓库，仓储代码为 HHH。保存 💾。

第二，选择功能键 Copy/delete/check warehouse number。点击拷贝键 📋。

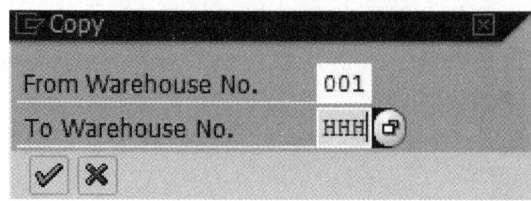

拷贝仓储代码 001 所包含的所有仓储属性给新建的仓储代码 HHH，使仓储代码 HHH 自动获得仓储代码 001 的所有已配置特性。因为在 SAP 系统中，仓储管理是比较复杂的，所以，复制功能在这里是比较简便的一种做法。点击确认键 ✓ 。

3. 分配仓储代码给工厂和库存地址

Menu Path：IMG → Enterprise Structure → Assignment → Logistics Execution → Assign Warehouse Number to Plant/ Storage Location。

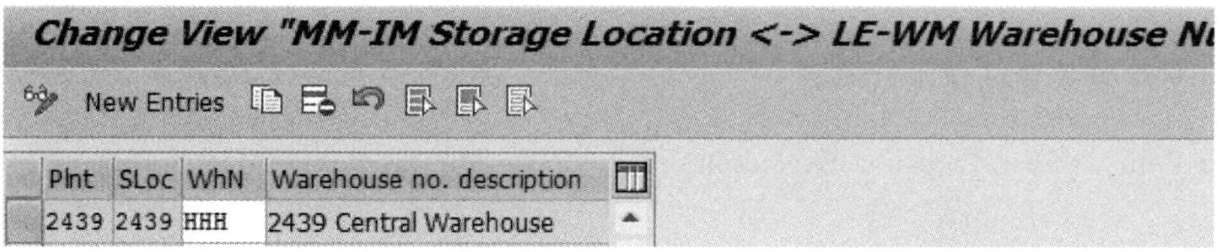

分配仓储代码 HHH 给工厂代码 2439 和仓储地址 2439。保存。

由于物料定位是跟着仓储定位走的，而仓储跟着工厂走，所以，通过分配仓储代码给工厂、工厂地址，它们彼此之间就关联起来了。

4. 为仓储代码定义控制参数

Menu Path：IMG→Logistics Execution→Warehouse Management→Master Data→Define Control Parameters for Warehouse Number。

双击仓储代码 HHH   2439 Central Warehouse。

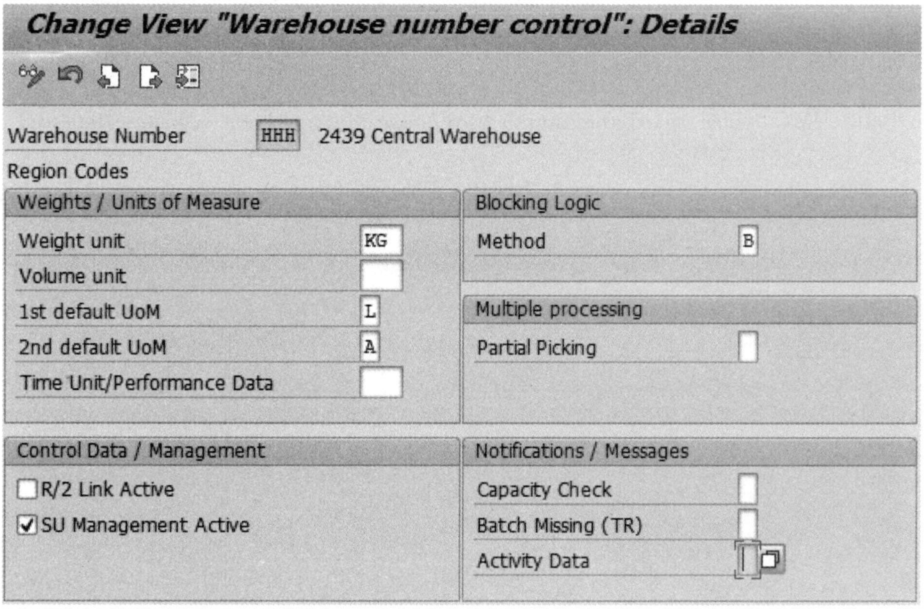

分配重量单位（weight unit）KG 给仓储代码 HHH。这里，B – block material for maximum level of parallel procedure。L – WM unit of measure。A – Unit of issue。SU – storage unit。

不同的参数选择，限制了仓储代码的属性。

仓储管理，特别是仓储代码（warehouse number），在 SAP 物料管理系统中是最重要的概念之一。与仓储代码相关的参数，包括货物的单位、重量度量、体积度量、等等，都非常重要。在建立物料台账的时候，这些仓储概念一一地都会被引用到。仓储代码可以被用来管理定位在一个或者多个建筑物范围内的多种仓储类型。例如，一个公司的仓储区包括了一个货物接收区、一个货物发出区、一个具有高架货架的大厅、一个大宗货物仓储区、一个具有固定仓位的提货区、一个特殊物品外部存取园，等等，所有这些都可以被包含在一个仓储代码下面。

5. 为仓储相关凭证定义代码段

Menu Path：IMG→Logistics Execution→Warehouse Management→Master Data→Define Number Ranges。

Change View "Number Ranges for Whse Management": Overview

WNo	NR Quant	NR TO	NR TR	NR PstChg	NR Group	NR SU	NA	Whse Number Description
HHH	01	01	01	01	01	01	2	2439 Central Warehouse

点击代码段 Number ranges。分配代码段代号 01 给仓储代码 HHH 的各类相关凭证。这里，TR 表示货物转移需求，TO 表示货物转移订单，SU 表示表示仓储单元（storage unit）。因为代码段 01 是内部代码段，所以 Number Arrange（NA）选择 2。保存。

6. 定义仓储提货区

Menu Path：IMG→Logistics Execution→Warehouse Management→Master Data→Define Picking Area。

分配提货区 001、002 给仓储代码 HHH，仓储类型（storage type）为 005 和 998。

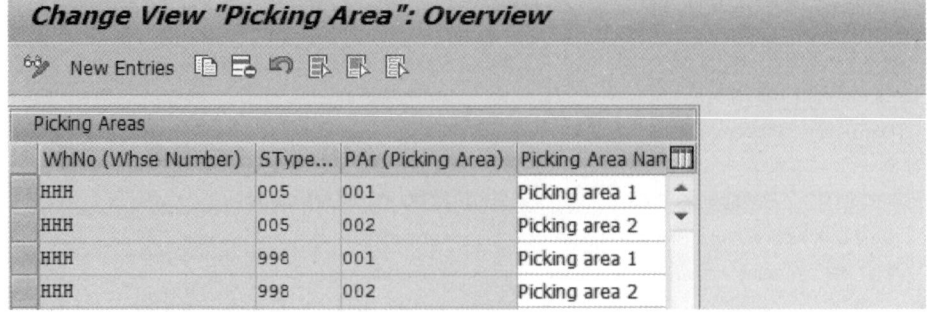

7. 定义仓储类型

Menu Path：IMG→Logistics Execution→Warehouse Management→Master Data→Define Storage Type。

Stor. Type Defn.				Stor. Type Defn.	
WhN	Typ	Storage type name	HHH	901	GR Area for Production
HHH	001	High-rack storage	HHH	902	GR Area External Rcpts
HHH	002	Shelf Storage	HHH	904	Returns
HHH	003	Open storage	HHH	910	GI Area General
HHH	004	Block storage	HHH	911	GI Area for Cost Center
HHH	005	Fixed bin storage	HHH	912	GI Area Customer Order
HHH	006	Hazardous Materials	HHH	913	GI Area - Fixed Assets
HHH	007	Pallet storage	HHH	914	GI Area Production Orders
HHH	010	High rack with ID point	HHH	915	Fixed Bin Picking Area
HHH	011	ID point for st.ty.010	HHH	916	Shipping Area Deliveries
HHH	012	Block storage with SUs	HHH	917	Quality Assurance
HHH	013	Pick point for st.ty.012	HHH	920	Stock Transfers (Plant)
			HHH	921	Stock Transfers (StLoc)

仓储类型，表示仓储的分类，用户可以根据自己的需要来定义。但是，也有一部分仓储类型是系统为了自动过账方便而建立的内部过渡类型。

8. 定义仓储区验货门

Menu Path：IMG → Logistics Execution → Warehouse Management → Master Data → Define Doors。

Doors					
Whse No.	Doo	Text for door	Staging Area	Matl stag. area txt	GI in...
HHH	A1	Door A1			☐
HHH	A2	Door A2			☐

拷贝且分配验货门 A1、A2 给仓储代码 HHH。保存。

9. 定义物料堆栈区

Menu Path：IMG→Logistics Execution→Warehouse Management→Master Data→Define Material Staging Areas。

Material Staging Areas				
Whse No.	Staging Area	Matl stag. area txt	Doo	Text for door
HHH	001	Zone 001	A1	Door A1
HHH	002	Zone 002	A1	Door A1

拷贝且分配堆栈去 001、002 给仓储代码 HHH，提货门为 A1、A2。保存 💾 。

10. 定义仓储地址控制功能

Menu Path：IMG→Logistics Execution→Warehouse Management→Interfaces→Inventory Management→Define Storage Location Control。

第一，双击 Storage loc. ref.。

仓储地址参考值（storage location reference），可以是一个提货单元（HU，handling unit）。HU 是一个物理单位，包括所包装的货物加上包装货物的包装材料（packaging materials），其中，包装材料包括装载箱（load carriers）、打包材料（packing material）等。

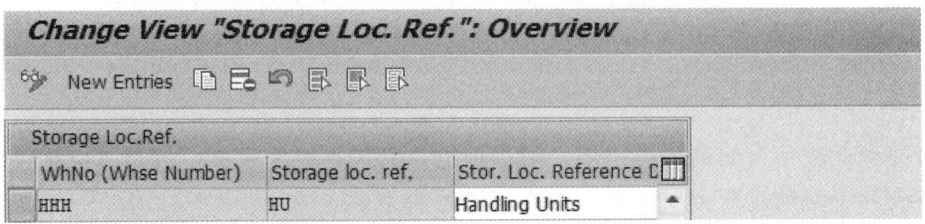

目标提货单元一般包含如下属性：货物识别码、刻度、重量、体积、状态、产品、数量、包装材料、包装规格等。一般来说，提货单元代码 HU 会被设置为缺省值。

第二，双击 Control of Assignment "Plant / Stor.Loc. - Whse Number"。

双击 2439 工厂代码，修改其他参数；如提货单元代码 HU。

第三，双击 Stor. Location Control in Warehouse Mgmt。

建立工厂 2439、仓储地址 2439、仓储代码 HHH 之间的对应关系。物料移动类型为 301，表示物料转移从工厂到工厂（transfer from plant to plant）。

仓储类型（storage type）150 表示看板（Kanban）类型。看板旨在对物料的移动传递控制信息（signal control），通常通过条码来引发状态的改变。一般来说，仅仅有空（emoty）和满（full）两种状态就足够了。当看板显示空时，系统的控制循环（control cycle）就会收到必要的需要及时补足库存的信息,并且会自动触发补足库存的请求。当看板状态显示是满的时候,系统就会对库存补足时的收货收据自动过账。所以,仓储类型定义也是非常重要的。由于 SAP 系统定义了许多仓储类型、货物移动类型,所以,选择何种组合,用户可以根据自身的要求去合理配置,SAP 在货物移动类型等属性方面的变化非常丰富。

11. 定义卸货地点控制功能

Menu Path:IMG→Logistics Execution→Warehouse Management→Interfaces→Shipping→Define Shipping Control。

点击 Shipping Control per Warehouse Number。

对于仓储代码 HHH 可以有许多选项,例如分拣技术(picking technique)、允许部分分拣(partial picking OK)、时间点比较(comparison time point)、分拣与包装(pick and pack)、递延更新(delayed update)等,都可以不做限制。

12. 控制"工厂、仓储地址、仓储代码"作业

Menu Path:IMG→Logistics Execution→Shipping→Picking→Lean WM→Control "Plant/Storage Location/Warehouse No." Assignment.

为提货分配仓储类型 005,即固定桶箱仓储(fixed bin storage)。这里,degree of activation 为空表示 standard management of bin stock。

13. 定义人工仓储桶箱(T – CODE LS01N)

Menu Path:SAP Menu→Logistics→Logistics Execution→Master Data→Warehouse→Storage Bin→Create→Manually。(T – CODE LS01N)

创建新货物时,要匹配合适的仓储类型(storage type)、仓储桶箱(storage bin)。仓储桶箱(storage bin),也就是仓位,是货物仓储中的最底层仓储单元,表示了货物的具体位置。有了仓位,就可以在仓库中准确地找到货物。

在货物采购和销售过程中,出库、入库的情况,一旦与仓储桶箱相联系,则会自动发生变化,例如,像货物代码 Q – 19 所发生的那样。

定义仓储桶箱代码（仓位）01 – 01 – 1。其中第一个 01 表示货架的排架号，第二个 01 表示货架的层架号，第三个字母 1 是货物的位置，即第 1 架第 1 层第 1 号位置。

仓储代码为 HHH，仓储类型为 005。其余参数可以自行选择。保存。

14. 定义系统内部仓储桶箱（T – CODE LX20）

T – CODE：LX20 – create interim storage bin。

SAP 系统在进行仓储管理的时候，定义了一些供系统内部用于货物周转的仓储桶箱，这些仓储桶箱必须在系统运行之前定义。

这样定义的仓储桶箱代码为 901、902、910、917、920、922、980、998、999 等。这些桶箱都是系统默认的桶箱。

T – CODE LS01 – create a storage bin，也往往可以创建仓储桶箱。

15. 分配采购组织给参考采购组织

Menu Path：IMG→Enterprise Structure→Assignment→Materials Management→Assign Purchase Organization to Reference Purchase Organization。

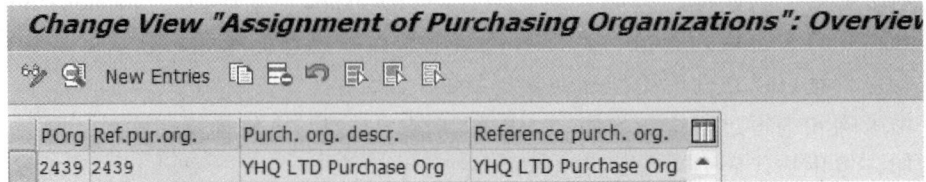

16. 分配运输点给工厂

Menu Path：IMG→Enterprise Structure→Assignment→Logistics General→Assign Shipping Point to Plant。

这里，运输点 2439，仓储 HHH，工厂 2439 之间就建立起关联关系了。

17. 分配运输点给运输条件（T – CODE OVL2）

Menu Path：IMG→Logistics Execution→Shipping→Basic Shipping Functions→Shipping Point and Goods Receiving Point Determination→Assign Shipping Points。（T – CODE OVL2）

这里，运输条件（SC，shipping condition）取值 1 表示 As soon as possible。Lgrp 表示运输方式，0001 表示 Crane 吊装机。今后，创建货物属性时要与此一致。

第四节 建立物料类型

1. 定义货物类型属性（T – CODE OMS2）

Menu Path：IMG→Logistics – General→Material Master→Basic Settings→Material Types→Define Attributes of Material Types。（T – CODE OMS2）

第一，选择 HAWA，HAWA - Trading goods。双击 Quantity/value updating。

在创建物料的时候，物料类型是很重要的。SAP 定义了很多物料类型，例如原材料、半成品、成品、贸易类商品等。HAWA 表示贸易货物类型，其他货物类型与此类似。对评估范围（value area）2439，分配物料类型 HAWA，勾选数量更新和价值更新。

![Change View "Quantity/value updating": Overview]

Dialog Structure	Quantity/value updating					
▼ Material types	Val. area	Matl type	Qty updating	Value Update	Pip..	Pip..
· Quantity/value updating	2439	HAWA	✓	✓	☐	☐

物料类型是创建物料的基础,因为物料类型决定了物料的属性。在创建物料时,物料类型决定了物料的状态描述(status description),物料的状态一般有 15 种之多,每一种状态对应了至少 1 个页面,15 种状态就对应了至少 15 种页面,每个页面上的信息往往有几条或者几十条,所以,只有将一种物料类型分配给一个公司所对应的评估范围,创建物料的时候,才能够将这种物料类型所包含的所有属性一起引导出来,不然的话,则无法创建出想要的物料,因此,这里的配置很重要。

第二,双击物料类型 HAWA ,HAWA - Trading goods。查看物料状态描述。

Change View "Material types": Details

New Entries 📋 🗏 🖴 🖃 🖃 🖃

Material Type HAWA HAWA - Trading goods

General data

Field reference	HAWA	X-plant matl status	
SRef: material type	ROH	Item category group	NORM
Authorization group		☐ With Qty Structure	
✓ External no. assignment w/o check		☐ Initial Status	

Special material types
- ☐ Material is configurable
- ☐ Material f. process
- ☐ Pipeline mandatory
- ☐ Manufacturer part

User departments
Status description
Work scheduling
Accounting
Classification
MRP

这里, User departments 之下的物料状态描述选项决定了创建物料时显示的屏幕数量,如果全选,则所有选项在创建物料时都会出现;如果某项没有选到,则创建物料时不会出现。一般要求全部选项都要保留。

Valuation

Price control	Moving average price/periodic unit price
Acct cat. reference	0005 ☐ Price ctrl mandatory

在进行价格控制(price control)选择时,可以选平均价格(moving average price),也可以选标准价格(standard price),这里选择了平均价格。

科目类别参考值(account category reference)选择 0005,表示贸易货物参考值(reference for trading goods)类别为 0005 类别。数量评估由评估范围 2439 确定,价值变化也由评估范围(value area)2439 决定。在实际联系中,同学们在创建物料时,由于选择了不同的评估范围，所以，此处的定义都需要重新进行认真检查。一般要求前后选项一致起来。

2. 定义评估类别（T – CODE OMSK）

当我们在前台创建一个采购订单时，有关总账科目的科目号会自动地被激发出来并显示在采购订单中的会计科目信息栏，这种联系的实现，主要是由评估类别（valuation class）变量与其他有关变量之间的关联性对应关系决定的。

Menu Path：IMG→Materials Management→Valuation and Account Assignment→Account Determination→Account Determination Without Wizard→Define Valuation Classes。（T – CODE OMSK）

第一，选择功能键 Account category reference 。

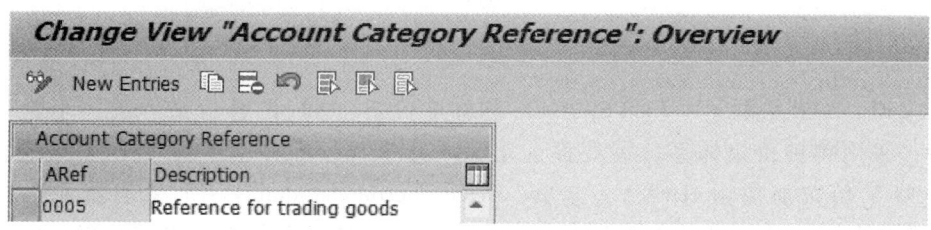

这里，我们可以定义科目类别参考值（ARef，account category reference）。由于 SAP 已经定义了部分参考值，所以，在练习中，我们选择 0005 作为参考值。显然，科目类别参考值 ARef 0005 是为贸易货物设置的参考值。其他为原材料、半成品、产成品等设置的科目类别参考值，都列在系统中，这里不再介绍。

第二，选择功能键 Valuation Class 。

创建一个新的评估类别（ValCl，valuation class）2439。其科目类别参考值被定义为 0005，表示评估类别 2439 是针对贸易货物的。

第三，选择功能键 Material type/account category reference 。

货物类型 HAWA 与会计类别参考值 0005 之间的对应关系之前已经建立。货物类别 HAWA，类别参考值 0005，评估类别 2439，这些关键值之间的对应关系决定了将来物料与采购订单之间的自动引导功能,这是产生采购订单时相关科目属性被自动带出或者被自动激活的基础。

3. 为物料类型定义价格控制功能(T – CODE OMW1)

Menu Path:IMG→Material Management→Valuation and Account Assignment→Define Price Control for Material Types。(T – CODE OMW1)

```
Change View "Price Control": Overview

Material Type   Material type description   Price control   Price ctrl mandatory
HAWA            HAWA - Trading goods        V               □
```

一般来说,SAP 采取了平均价格(V)和标准价格(S)两种价格评估体系,对于不同物料类型,采用哪种价格体系,需要提前定义。这里,分配移动平均价格(moving average price)类型 V 给贸易货物 HAWA。这里,Price control mandatory – 如果勾选强制性控制选项,则物料创建过程中无法修改价格类型,所以,一般选择不勾选该强制选项。

4. 维护科目作业类型(T – CODE OME9)

Menu Path:IMG→Materials Management→Purchasing→Account Assignment→Maintain Account Assignment categories。(T – CODE OME9)

```
Change View "Account Assignment Categories": Overview

Acct Assignment Cat.   Acc.Assgt Cat.Dscr.
A                      Asset
F                      Order
K                      Cost center
```

科目作业类型 A 表示固定资产,F 表示一般采购订单,K 表示成本中心。SAP 系统定义了许多不同的会计科目作业类型(account assignment categories)。由于每种不同的作业类型在凭证输入格式定义上都不相同,所以正确定义非常重要。

前面已经介绍过,在凭证输入时,屏幕字段的选择状态由会计科目字段状态组(account field status group)来决定。但是,在采购业务中,业务凭证不仅会涉及会计总账科目,而且还会涉及会计科目作业的类型(account assignment category)。因此,在进行屏幕字段的选择时,SAP 系统会综合考虑这两种因素,最后决定屏幕字段,只有两种情况下字段状态一致的字段才有可能被显示出来。

也就是说,最终的屏幕字段选择是科目作业类型(如 A、F、K 等)的屏幕字段选项与会计总账科目所隐含的屏幕字段组选项(如 G001、G003、G029 等)叠加的结果。

科目作业类型(如 A、F、K 等)屏幕字段选项的科目修正键值 VBR 在之后的配置过程中还会继续用到,要引起注意,因为它是连接不同属性会计作业类型与科目之间关系的桥梁，在采购业务中对于会计科目号自动引用起衔接作用，前后对应关系非常重要。

5. 拷贝、修改货物移动类型（T – CODE OMJJ）

Menu Path：IMG→Materials Management→Inventory Management and Physical Inventory→Movement Types→Copy，Change Movement Types。（T – CODE OMJJ）

货物移动类型（material movement type）在 SAP 系统中也是一个重要的概念。例如，货物的入库、出库操作，都与货物移动类型密切相关。勾选移动类型 ☑Movement Type。确定 ☑。输入移动类型代码范围 100—999 之间的任意一个数字，都代表相应的物料移动类型。确认 ☑。所有移动类型列表将会显示在屏幕上。这里，我们将以货物移动类型 561 为例来解释。其他货物移动类型，今后有用到时，也会解释。

第一，选择货物移动类型 561 GI entry of st. bals，双击 Allowed transactions。

面对不同的交易类别，货物移动类型 561 所发生的变化也是不同的。例如 T – CODE MB1C，表示其他货物库存收货操作，库存将增加。其他交易代码表示了货物移动类型 561 所适宜的交易类别。与 561 不同，货物移动类型 101 是不允许修改的，因为在 MIGO 中自动过账，货物数量不增加，为系统默认的货物移动类型。

第二，双击 Field selection (from 201)，点击 561 GI entry of st. bals。货物移动类型的屏幕字段状态将显示在屏幕上。

货物移动类型的屏幕字段状态的选择与会计科目字段状态选择、作业类型字段状态选择，三者之间的规则都是一致的。例如，对于移动类型 561 的字段状态选择，直接影响着 T – CODE MB1C 的屏幕操作字段选择。

6. 定义物料组

物料组（material group）是 SAP 为物料建立的一个分组系统，同类物料可以放在同一组，以便于分类管理。例如，物料组 00207 被定义为计算机显示器，00208 被定义为硬盘，00209 被定义为驱动器等。用户可以根据需要，定义自己的物料组，一般选择与自己定义的物料组相同的代码，这样便于今后在物料处理上建立起一一对应的关系，这也是物料管理的关键。

Menu Path：IMG→Logistics – General→Material Master→Settings for Key Fields→Define Material Groups。

Matl Group	Material Group Desc.	Grp.	DUW	Description 2 for the material group
YY207	Monitors	2439		

通过拷贝 00207，创建了一个物料组 YY207，作为授权组 2439 专用的物料组。如果不指定授权组 2439，则物料组就是一般的物料组，可以被分配给所有物料。

7. 为物料组分配评估类别

Menu Path：IMG → Materials Management → Purchasing → Material Master → Entry Aids for Items without a Material Master。

Mat. Grp	Mat. Grp Descr.	ValCl	PurValK
YY207	Monitors	2439	

为了在物料采购操作中容易与其他配置之间建立起联系，分配一个评估类别（ValCl，valuation class）2439 给物料类别组 YY207。

8. 定义评估控制功能（T – CODE OMWM）

Menu Path：IMG→Materials Management→Valuation and Account Assignment→Account Determination→Account Determination Without Wizard→Define Valuation Control。（T – CODE OMWM）

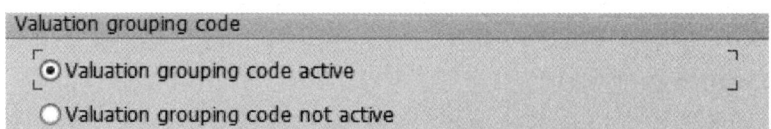

选择激活评估组代码。这个配置对于采购过程的自动过账非常重要。

9. 为评估范围定义分组代码（T – CODE OMWD）

Menu Path：IMG→Materials Management→Valuation and Account Assignment→Account Determination→Account Determination without Wizard→Group Together Valuation Area。（T – CODE OMWD）

Val. Area	CoCode	Company Name	Chrt/Accts	Val.Grpg Code
2439	2439	YHQ LTD	YCQC	2439

给评估范围（valuation area）2439 分配一个评估组代码（valuation grouping code）2439。同时，建立与公司代码 2439、会计科目表 YCQC 之间的联系。在采购管理中，评估组代码起着很重要的作用，如果组代码未正确定义，采购将不易完成，则需要查看此处是否配置正常。值得注意的是，在与物料属性有关的配置过程中，特别是在改变物料总账配置过程中，评估组代码常常会丢失，造成采购操作时无法引出会计科目。

10. 激活与公司代码相关的采购科目

Menu Path：IMG→Materials Management→Valuation and Account Assignment→Account Determination→Account Determination Without Wizard→Purchase Account Management→Activate Purchase Account in Company Code。

添加公司代码 2439 到列表中。但是，不勾选采购科目（purchase account）项、或者勾选采购科目项，都是可以的，这里选择勾选。

CoCd	Company Name	City	Country	Purch.acct
2439	YHQ LTD	厦门市	CN	✓

Change View "Definition of Purchase Account Mgmt": Overview

11. 采购科目价值计算

Menu Path：IMG→Materials Management→Valuation and Account Assignment→Account Determination→Account Determination Without Wizard→Purchase Account Management→Calculation of Value for Purchase Account。

我们可以选择不勾选任何选项。如果勾选 Del.costs，则在财务年度内发生的运输成本（delivery costs）可能被过账到价格差异科目（price difference account），例如航空采购科目；但是，如果不勾选 Del.costs，则运输成本应计入采购成本。

Change View "Set up calculation of value for the purchase account

Val. area	CoCode	Name	Recpt val.	Del.costs	From year
2439	2439	YHQ LTD	☐	☐	

第五节　建立采购自动过账环境

1. 配置自动过账功能（T – CODE OBYC）

自动过账功能，是 SAP 系统为物料采购（MM 模块）、销售管理（SD 模块）等子系统设置的一个与财务管理（FI 模块）子系统之间建立自动联系的功能。

Menu Path：IMG→Materials Management→Valuation and Account Assignment→Account Determination→Account Determination Without Wizard→Configure Automatic Postings。（T – CODE OBYC）

选择总账科目作业分配键 `Account Assignment`。

第一，配置 GBB。双击 `Offsetting entry for inventory posting  GBB`。

输入会计科目表代码 YCQC。点击 `Rules`，确定输入的项目。

```
Configuration Accounting Maintain : Automatic Posts - Rules
◀ ▶  Accounts   Posting Key
Chart of Accounts        YCQC   2439-Chart of Accountants for YHQ LTD
Transaction              GBB    Offsetting entry for inventory posting
Accounts are determined based on
  Debit/Credit           ☑
  General modification   ☑
  Valuation modif.       ☑
  Valuation class        ☑
```

这里，四个输入项目全部被勾选。点击功能键 `Accounts`，配置相关的项目。

自动记账与后台配置紧密相关，如果后台没有配置，则前台无法实现自动记账功能。一般来说，SAP 系统中，物料具有一个主文件，它是相关子系统之间互相联系的一个核心。从物料主文件出发，可以建立起与采购、生产、销售、会计、成本等子系统之间的联系。从会计的角度来看，我们可以从物料主文件中的评估类别（valuation class）字段出发，建立起物料与会计科目之间的联系。这个评估类别是一个关键链接（vital link），它可以保证在进行物料操作时，例如采购、销售等，会计凭证可以从 MM、SD 模块自动过账到 FI 模块。

评估修正代码（valuation modification），也就是之前定义的评估范围分组（grouping of valuation areas），也叫评估分组代码（valuation grouping code），其功能是方便管理标准科目表，以便最少化科目号码的输入。评估分组代码决定了货物移动过账时字段记账的总账科目。T – CODE OMWM 中的 valuation group code 与此处的 valuation modification code 应该完全一致，这一点，在配置时必须注意。

评估类别（valuation class），也就是之前定义的评估分类号，它建立起了货物代码与会计科目之间的联系。

一般修正代码（general modification），也称作科目修正码（account modifier），它也是自动过账决策中的一个关键代码。按照业务交易类别的不同，每个科目修正码都具有不同的意义，并被用于做出选择不同科目的决定（account determination）。在 SAP 系统中，科目修正码一旦选定，则其意义就很明确，不能再被修改。在 SAP 系统中，有三个交易代码（transaction keys）具有科目修正码（account modifier），它们是 GBB、PRD、KON。对于同一个交易码，科目修正码能够帮助过账到不同的总账科目。

Configuration Accounting Maintain: Automatic Posts - Accounts

Chart of Accounts: YCQC — 2439-Chart of Accountants for YHQ LTD
Transaction: GBB — Offsetting entry for inventory posting

Account assignment

Valuation modif.	General modification	Valuation class	Debit	Credit
2439	ABC	2439	285000	285000
2439	AUA	2439	395000	395000
2439	AUF	2439	395000	395000
2439	AUI	2439	395000	395000
2439	BSA	2439	309999	309999
2439	INV	2439	233000	283000
2439	VAX	2439	390000	390000
2439	VAY	2439	394025	394025
2439	VBO	2439	300020	300020
2439	VBR	2439	399999	399999
2439	VBX	2439	394010	394010
2439	VKA	2439	394010	394010
2439	VNG	2439	399999	399999
2439	VQP	2439	237000	237000
2439	VQY	2439	399998	399998
2439	ZAY	2439	393015	393015
2439	ZBY	2439	399995	399995
2439	ZOB	2439	309999	309999
2439	ZOF	2439	395000	395000
2439	ZZZ	2439	395000	395000

GBB 的科目修正码/一般修正码有许多，这里列出主要的修正码。

AUA：订单结算（order settlement）。

AUF：订单货物接收（goods receipt for orders）。

AUI：调整直接来自成本中心的实际价格与物料价格之间的差异。

BSA：库存余额初值输入，如货物移动类型 561/562 库存过账。

INV：来自库存差异的支出/收入（expenditure/income）。

VAX：销售订单发货（goods issues for sales orders），会计科目非成本要素。

VAY：销售订单发货（goods issues for sales orders），会计科目是成本要素。

VBO：提供给供应商的物料出库。

VBR：内部发货（internal goods issues），如内部消耗、内部订单。

VKA：销售给个人的销售订单。

VKP：个人采购的销售项目。

VNG：报废/损坏（scrapping/destruction）。

VQP：抽出样品无科目作业。

VQY：抽出样品有科目作业。

ZOB：收到货物，但无采购订单（purchase order）。

ZOF：收到货物，但无生产订单（product order）。

GBB 是一个交易代码（TK，transaction key），表示库存过账冲抵输入（offsetting entry for inventory posting）。这里，冲抵输入（offsetting entry），实际上就是自动输入。例如，当进行物料采购输入时，一般来说采购凭证需要用户通过屏幕来手工输入；但是，我们可以不输入会计凭证，而由系统自动来生成会计凭证，即直接引用采购凭证输入的数据，自动生成会计凭证。一般来说，一个采购凭证会对应一个会计凭证，一个销售凭证也会对应一个会计凭证，业务凭证和会计凭证在采购、销售等业务处理过程中会成对出现，这就是冲抵输入。当然，为了自动产生会计凭证，本节的配置就非常重要，科目与物料通过评估组代码建立对应索引关系。

第二，配置 WRX。双击 GR/IR clearing account　　　　　　　　　　　　WRX。
输入会计科目表 YCQC。WRX 表示 GR/IR 清算科目。

```
Configuration Accounting Maintain : Automatic Posts - Accounts
◀ ▶ 🗐  Posting Key  Procedures  Rules
Chart of Accounts    YCQC   2439-Chart of Accountants for YHQ LTD
Transaction          WRX    GR/IR clearing account
Account assignment
Account
291100
```

会计科目 291100 被分配给交易 WRX。当在进行采购订单收货过账时，GR/IR 清算科目将被用到。在维护科目 291100 时，要勾选 ☑ Posting without tax allowed，且税收类别为进项税，勾选 Tax category [-] Only input tax allowed。总账科目 291100 表示库存增加，在采购业务通过发票验证形成会计凭证时，科目 291100 作为中间科目，与供应商的应付账款统驭科目之间自动形成借贷平衡关系。

第三，配置 DIF。双击 Materials management small differences　　DIF。

```
Configuration Accounting Maintain : Automatic Posts - Accounts
Chart of Accounts    YCQC   2439-Chart of Accountants for YHQ LTD
Transaction          DIF    Materials management small differences
Account assignment
Debit      Credit
231900     281900
```

输入会计科目表 YCQC。DIF 表示物料发票与采购订单价格评估差异，未超过发票价差容限的金额过账到此科目。总账科目 231900/281900 被分配给 debit/credit，以方便物料管理中的小差异（small differences）出现时过账。当进行采购订单收货过账的发票检验（invoice verification）时，会用到该配置科目。

第四，配置 BSX。双击 Inventory posting　　　　　　　　　　　　　BSX。

```
Configuration Accounting Maintain : Automatic Posts - Accounts
◀ ▶ 🗐  Posting Key  Procedures  Rules
Chart of Accounts    YCQC   2439-Chart of Accountants for YHQ LTD
Transaction          BSX    Inventory posting
Account assignment
Account
399997
```

输入会计科目表 YCQC。BSX 表示存货过账,同评估类别(valuation class)相关联的所有基于存货科目的过账。会计科目 399997 被分配给作业 BSX。

一般来说,除了物料定义中考虑评估类别之外,有四个非常重要的交易代码,经常会在配置中用到:T – CODE OBYC 为负责自动过账科目的配置,例如交易代码 GBB、WRX、BSX、DIF 等的配置。T – CODE OBC4 为负责相关总账科目的屏幕输入状态组的配置。T – CODE OME9 为负责不同业务类别下科目修正码如 VBR 的配置。T – CODE OMJJ 为负责货物移动类型如 561 的配置。它们之间,都具有紧密的对应关系。只有在一一对应之下,才能够实现内部记账科目在过账时被自动引入。

2. 定义供应商合作伙伴角色

Menu Path:IMG→Materials Management→Purchasing→Partner Determination→Partner Roles→Define Partner Roles。

Funct	Name	NoTpe	Unique	HigherPar.Role
FA	Forward Agent	LI	☐	
GS	Goods Supplier	LI	☐	
IP	Invoice presented by	LI	☐	
OA	Ordering Address	LI	☐	
VN	Vendor	LI	☐	

这里,LI 表示 Vendor。所以,系统为供应商定义了 5 个角色,以表示供应商的伙伴角色。当然,也可以定义其他角色。

SAP 系统为供应商和客户定义了一些角色变量,这些角色对应了一个个合作伙伴角色(partner role),用户可以根据自己的需要来定义不同伙伴关系角色。

供应商合作伙伴(partner),还有供应商或者客户的不同送货方、开票方以及其他配合方等,这些角色都可以由 SAP 系统分配,以便绑定功能角色给供应商或者客户。一般来说,如果用户为一类供应商代码组定义了供应商的合作伙伴角色,那么,当他定义了一个供应商时,这些已经定义的伙伴角色就会自动地被系统引入供应商主记录中,用户只要针对不同的角色加入相应的供应商代码,就表示该角色的职能由该供应商代码承担。为了简单起见,如果合作伙伴角色都由同一个供应商承担,且合作伙伴的供应商代码与主记录的供应商代码相同,那么,合作伙伴与供应商就是同一个供应商。

3. 分配供应商科目组给许可伙伴角色

Menu Path:IMG→Materials Management→Purchasing→Partner Determination→Partner Roles→Define Permissible Partner Roles Per Account Group。

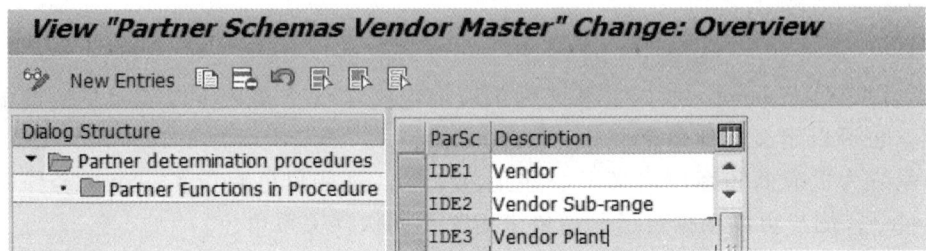

选择供应商科目组 YHQV,定义供应商伙伴角色功能(partner role/function)。

这里,将已经定义的供应商伙伴角色赋值给了供应商组 YHQV。

合作伙伴角色可能不同,在资产管理中,当建立资产台账时,根据资产来源,会将供应商及其合作伙伴的信息一起记录在资产台账上。

确认。保存。

4. 定义供应商伙伴模式

Menu Path:IMG→Materials Management→Purchasing→Partner Determination→Partner Setting in Vendor Master Record→Define Partner Schema。

SAP 系统已经定义了三种供应商伙伴关系模式,如 IDE1、IDE2、IDE3。

这三种模式,每一种都定义了自己的伙伴关系角色。

而 IDE1、IDE2、IDE3 所定义的模式,都是一致的,所选择的角色也是一致的。

选择 IDE3 Vendor Plant。双击功能键 Partner Functions in Procedure。

5. 分配供应商伙伴模式给供应商科目组

Menu Path：IMG→Materials Management→Purchasing→Partner Determination→Partner Setting in Vendor Master Record→Assign Partner Schemas to Account Group。

Group	Name	PS EKORG	PS VSR	PS Plt
YHQV	VENDORS FOR 2439	IDE1	IDE2	IDE3

如果用户自己定义了伙伴模式（partner schema），则按照自己的定义来配置。这里，直接采用系统已经配置的 IDE1、IDE2、IDE3 等三种供应商合作伙伴模式。

6. 为采购凭证定义供应商伙伴模式

Menu Path：IMG→Materials Management→Purchasing→Partner Determination→Partner Setting in Purchasing Documents→Define Partner Schema。

在采购文件下定义供应商伙伴模式，与为供应商定义供应商伙伴模式一致，主要是为了在物料创建及采购过程中预留更多供应商相关信息。

ParSc	Description
0001	Contracts
0002	Standard PO
0003	Stock Transfr PurOrd

这里，SAP 系统定义了三种模式。

选择 0002 Standard PO。双击 Partner Functions in Procedure。

PartnDet.Proc. 0002

Funct	Name	No Chnge	Mand.	End
OA	Ordering Address	☐	☐	
VN	Vendor	☐	☐	
IP	Invoice presented by	☐	☐	
FA	Forward Agent	☐	☐	
GS	Goods Supplier	☐	☐	

这里不做任何改变。显然，伙伴模式 002 与 IDE1 非常相似。

7. 分配供应商伙伴模式给凭证类型

Menu Path：IMG→Materials Management→Purchasing→Partner Determination→Partner Setting in Purchasing Documents→Assign Partner Schemas to Document Types。

Doc.Cat.	Type	Doc. Type Descript.	ParSc	Description
Purchase order	NB	Standard PO	0002	Standard PO

由于我们没有定义自己的凭证类型（document category），仍然采用了系统已经定义的凭证类型，所以，以采购订单凭证为例，分配伙伴模式（partner schema）0002 给采购订单凭证类型 NB。保存 。

第六节 创建采购环境

1. 创建供应商（PU 模块）（T – CODE XK01，XK02）

Menu Path：SAP Menu→Logistics→Materials Management→Purchasing→Master Data→Vendor→Central/Purchasing→Create/Change。（T – CODE XK01，XK02）

在 FI 模块下，我们已经创建了一个供应商 400020。因为在 FI 模块下，供应商数据主要集中在一般数据层（general data）和公司代码数据层（company code data），供应商主数据还不完整。该步骤是为了完善采购数据。如果使用 XK01，则以供应商 400020 为例，选择公司代码 2439，采购组织 2439，供应商科目组 YHQV。创建完成后，可以使用 XK02，勾选采购组织数据（purchasing organization data）功能下的采购数据和伙伴功能两项。

确认 。勾选项目为希望表述可以看到的项目。

```
Change Vendor: Purchasing data
Vendor              400020      400020 Vendor           厦门市
Purchasing Org.     2439        PURCH. ORG. FOR 2439
Conditions
Order currency              CNY     Chinese Renminbi Yuan
Terms of paymnt             ZB00
Incoterms                   CPT     Freight Free
```

注意供应商 400020 的一般交易货币采用 CNY，支付条款为 ZB00。这里，SAP 提供了许多选项，其中：CPT 表示航运免费服务；Incoterms 表示国际贸易术语解释通则（international rules for the interpretation of trade terms）。

```
Control data
□ GR-Based Inv. Verif.      ABC indicator                       □ RMA Required
□ AutoEvalGRSetmt Del.      ModeOfTrnsprt-Border
□ AutoEvalGRSetmt Ret       Office of entry
☑ Acknowledgment Reqd       Sort criterion                      By VSR sequence number
☑ Automatic purchase order  PROACT control prof.
☑ Subsequent settlement     □ Revaluation allowed
□ Subseq. sett. index       □ Grant discount in kind
□ B.vol.comp./ag.nec.       □ Relevant for Price Det. (Vendor Hierarchy)
□ Doc. index active         □ Relevant for agency business
□ Returns vendor
□ Srv.-Based Inv. Ver.      Shipping Conditions
```

```
Change Vendor: Partner functions
  Alternative data    Partner address    Delete line

Vendor              400020      400020 Vendor           厦门市
Purchasing Org.     2439        PURCH. ORG. FOR 2439
Partner Functions
Partner function | Name              | Number | Name           | DP
FA               | Forward Agent     | 400020 | 400020 Vendor  | □
GS               | Goods Supplier    | 400020 | 400020 Vendor  | □
IP               | Invoice presented by | 400020 | 400020 Vendor | □
OA               | Ordering Address  | 400020 | 400020 Vendor  | □
VN               | Vendor            | 400020 | 400020 Vendor  | □
```

由于希望实现会计科目自动过账，所以，需要勾选 ☑ Automatic purchase order 相关项目。选择前进键 。要求输入完成供应商伙伴角色的供应商代码，这里，假设所有 4 项功能角色，与之前的定义一致。定义采购组织后，与采购组织有关的供应商数据才能够完成。

至此，供应商数据就基本齐全了。在这里，我们继续完善了供应商数据，输入了采购组织数据层数据（purchasing organization data）。

2. 定义物料需求计划控制键

Menu Path：IMG→Production→Material Requirements Planning（MRP）→Master Data→Define MRP. Controller。

Plnt	Name 1	MRP Cont.	MRP controller name
2439	YHQ LTD	001	controller MRP 001

Change View "MRP Controllers": Overview

定义一个控制键 001 给 2439。

3. 定义物料需求计划时间边际控制键

Menu Path：IMG→Production→Shop Floor Control→Operations→Scheduling→Define Scheduling Margine Key。

Change View "Margins for scheduling": Overview

Plnt	Key	Opening Period	Float After Production	Float Before Production	Release Period
2439	000				

定义时间边际控制键 000 为工厂 2439。

4. 创建物料主记录（T – CODE MM01）

Menu Path：SAP menu→Logistics→Materials Management→Material Master→Material→Create（General）。（T – CODE MM01）

创建物料，最简单的方法就是采用拷贝的方法，从其他物料复制参数，之后，再根据实际情况修改有关参数。例如，选择系统中已有的一个物料 P – 109 作为参考物料，复制产生物料 Q – 1。创建物料时注意行业（industry sector）选择，用户可以自定义，这里选用化工行业；物料类型（material type）选择，这里选择贸易类型 HAWA，该类型如果之前有定义，则必须与自己之前建立的物料类型代码一致，便于今后核对。

Create Material (Initial Screen)

Material	Q-1
Industry sector	Chemical Industry
Material Type	HAWA - Trading g...
Copy from...	
Material	P-109

这里，我们采取拷贝的方式从物料 P – 109 出发，产生一个新物料 Q – 1，它的行业类别是化工产业，物料类型是 HAWA – 贸易类型。这里，尤其要注意的是，物料类型一定要与

自己之前定义过的物料类型一致，不然，由于物料类型不一致而使得所定义的物料无法使用。建议统一选择同一物料类型。按键 ✓ 确认。

这样，会出现数据项选项。选项中包括了所有一个物料所应该包含的信息项。

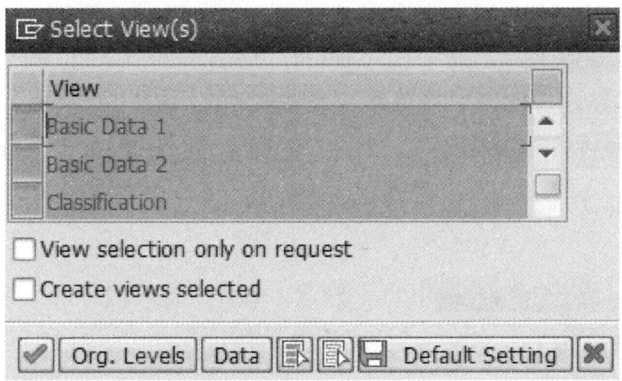

按键 ，选择全部选项。按键 ✓，确认选择全部选项。这里，所有物料状态表述项，一般由 15 项组成，都是在 T – CODE OMS2 创建物料类型时形成的，要求在创建物料类型时勾选所有 15 项物料状态描述项。

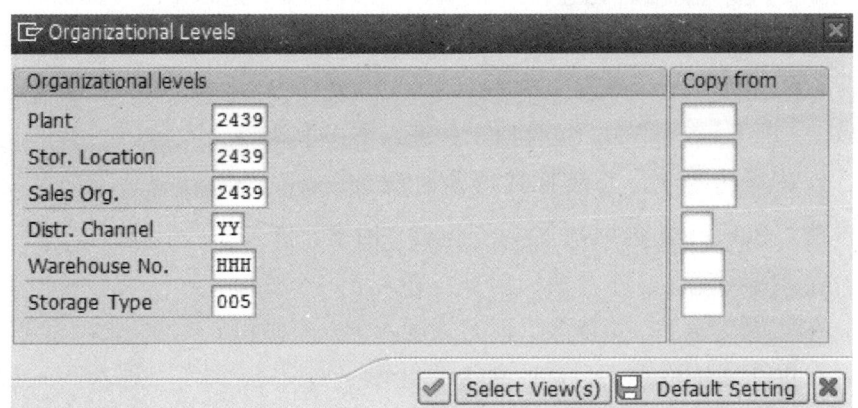

要求输入相关参数：工厂 2439、仓储地址 2439、销售组织 2439、分销渠道 YY、仓储代码 HHH、仓储类型 005。这里输入的参数，一定都是我们之前已经定义过的参数，否则，无法输入。在之前的定义中，仓储代码、仓储地址、仓储类型等都已经有了对应关系，这里要与之前的对应关系一致，这一点非常重要。确认 ✓。

第一，在 ◉ Basic data 1 下，修改物料组为自己之前已经定义好的物料组 YY207，Material Group YY207 ，销售部门为已定义部门 YY，Division YY 。回车，进入下一个画面。

第二，在 ◉ Basic data 2 下，不做任何修改。回车，进入下一个画面。

第三，在 *Classification* 下，不做任何修改。按键 前进，进入下一个画面。

第四，在 ◉ Sales: sales org. 1 下，修改与销售税有关的配置。

Tax data					
Country	Country	Tax category	Tax category	Tax classification	Tax classification
CN	China	MWST	Output Tax	1	

这里，1 表示 FULL TAX，即完全应税。回车，进入下一个画面。

第五，在 Sales: sales org. 2 下，Account Assignment Group = "01"，表示 Trading Goods；其余不做任何修改。回车，进入下一个画面。

第六，在 Sales: general/plant 下，修改装卸方式为吊车 LoadingGrp 0001，表示 Crane，修改适合检查方式为不检查 Availability check KP。回车，进入下一个画面。

第七，在 Foreign trade export 下，不修改。回车，进入下一个画面。

第八，在 Sales text 下，不修改。按键 Purchasing，进入下一个画面。

第九，在 Purchasing 下，修改采购组为定义的采购组代码 Purchasing Group YYY；修改物料税收标志为 1，Tax ind. f. material 1，表示全额应税；修改采购关键标志，可以在选项中选择，Purchasing value key 3。回车，进入下一个画面。

第十，在 Foreign trade import 下，不修改。按键回车，进入下一个画面。

第十一，在 Purchase order text 下，不修改。按键 MRP 1，进入下一个画面。

第十二，在 MRP 1 下，修改 MRP Type AP；MRP Controller 001；修改 Lot size EX。按键回车，进入下一个画面。

第十三，在 MRP 2 下，修改计划运输时间 Planned Deliv. Time 1 days；修改计划表边际键值，SchedMargin key 000。回车，进入下一个画面。

第十四，在 MRP 3 下，不修改。回车，进入下一个画面。

第十五，在 MRP 4 下，不修改。回车，进入下一个画面。

第十六，在 Forecasting 下，修改 Forecast model T。回车，进入下一个画面。

第十七，在 Work scheduling 下，不修改。回车，进入下一个画面。

第十八，在 Prod.resources/tools 下，修改 Task list usage 000。回车，进入下一个画面。

第十九，在 Plant data / stor. 1 下，修改拣货区域 Picking area 001，与之前定义一致；修改存货箱桶地址，Storage Bin 01-01-1，Storage condition = "01"，与之前配置一致。回车，进入下一个画面。

第二十，在 Plant data / stor. 2 下，不修改。回车，进入下一个画面。

第二十一，在 Warehouse mgmt 1 下，不修改。回车，进入下一个画面。

第二十二，在 Warehouse mgmt 2 下，不修改。回车，进入下一个画面。

第二十三，在 Quality management 下，不修改。回车，进入下一个画面。

第二十四，在 Accounting 1 下，修改。

注意。这里，一些同学在练习中出现物料台账无法创建的情况，一般解决办法是配置："IMG→Controlling→Product Cost Controlling→Actual costing/Material Ledger→Activate Valuation Areas for Material Ledger→Actuate Material Ledger"；以及"SAP menu→Accounting→Controlling→Product Cost Controlling→Actual costing/Material Ledger→Environment→Production Startup→CKMSTART – Set Valuation Area as Productive"；在 T – CODE OMX1 下，不勾选 Acativation of Material Ledger（ML Act.）项，且取消 Price Determination ＝"2"选项。

这几步改正后，应该会奏效。如果一切正常，则不必开展这些步骤，正常往下进行就好。

```
Create Material Q-1 (HAWA - Trading goods)
  Additional Data    Org. Levels    Check Screen Data

  Quality management   Accounting 1   Accounting 2   Costing 1

Material   Q-1          Pump cast steel IDESNORM 170-230
Plant      2439         YHQ LTD
General data
  Base Unit of Measure   PC     piece(s)      Valuation Category
  Currency               CNY                  Current period    10  2015
  Division               YY                   Price determ.              ML act.
Current valuation
  Valuation Class        2439
  VC: Sales order stk    2439                 Proj. stk val. class    2439
  Price control          V                    Price Unit              1
  Moving price           1000                 Standard price          1000
  Total Stock            0                    Total Value             0,00
                                              Valuated Un
  Future price                                Valid from
```

这里，输入评估类别以及价格内容。输入时必须准确，保证今后采购自动过账。输入完成后，回车，进入下一个画面。

第二十五，在 Accounting 2 下，不修改。回车，进入下一个画面。

第二十六，在 Costing 1 下，不修改。回车，进入下一个画面。

第二十七，在 Costing 2 下，不修改。回车，进入下一个画面。

第二十八，在 EH&S Specifications 下，不修改。按键 Label Data，进入下一个画面。

第二十九，在 Label Data 下，不修改。回车，进入下一个画面。

按键 Yes，则 ☑ Material Q-1 created，所要的物料建立完成。这样建立的物料，就可以直接用于业务操作，例如，采购、销售、入库、出库等。

5. 修改物料（T – CODE MM02）

对于一个已经创建好的物料如 Q – 19，可以通过修改的方式，完善物料的有关参数，使物料的数据项与实际相符。这里以另外一个物料 Q – 19 为例来说明。

Menu Path：SAP menu → Logistics → Materials Management → Material Master → Material → Change（General）。（T – CODE MM02）

输入物料代码 Q – 19。点击 [图标]，勾选所有项目。确认 [图标]。

物料建立完成后，进入第一个画面，点击 ➡ Additional data，增加物料的汉字名称。

[图示：Change Material Q-19 (Trading goods) 界面，Language: ZH，Material Description: 泵铸钢]

之后按 ⬅ Main data 退回。然后，再修改其他项目，所有项目修改完成，保存 [图标]。

创建物料时，如果出现"valuation area ****not yet productive with material ledger sap"，可以采用 T – CODE OMX1，取消强制勾选项。

注意事项：在 SAP 系统中，对物料的完善是一项非常重要的内容。不同模块如 PP、CO 等，对于部分参数的要求有所不同，而 FI 模块对于有些数据则不作要求。因此，在学习过程中，要逐渐地学会区别。

第一，选择进入 ⊙ Accounting 1。注意评估类别（valuation class）为 2439。标准价格、移动平均价格的输入，第一次可以自己确定，之后不容易修改。每种物料都有一个评估类别字段。例如，我们可以通过交易代码 T – CODE MM02，选择物料代码 Q – 19，点击物料数据中 ⊙ Accounting 1 模块，找到评估类别字段，对于物料代码 Q – 19，其评估类别（valuation class）为 2439。这与我们之前的配置一致。如果在物料主数据中没有定义这个评估类别（valuation class）2439，那么，在进行采购、销售操作时，往往无法将物料与相应的会计科目关联起来，自然也就无法自动引出过账科目。因此，在配置自动过账会计总账科目之前，必须首先搞清楚这种配置的意义，这是很关键的。由于自动过账涉及采购、销售等模块中的多种操作，所以配置较多，配置之前，也需要提前先开设好要用到的总账科目。这个问题，是 SAP 系统配置中的一个难点，涉及多个配置环节。这里，Price Control 项是否允许修改，是在 T – CODE OMW1 下配置的，如果在那里勾选了控制性的强制设置，这里则无法修改。

第二，关于税的计算，主要有二处：一是销项税计算，页面"Sales：sales org. 1"，在选择"MWST = 1"时，表示计算销项税，即销售时用到这里的税收规则配置。二是采购计税，即进项税的处理，页面在"Purchasing"，当选择"Tax ind. f. material =1"时，表示进项税要计税。

6. 激活发票随机冻结功能（T – CODE OMRF）

Menu Path：IMG→ Materials Management → Logistics Invoice Verification → Invoice Block → Stochastic Block→Activate Stochastic Block。（T – CODE OMRF）

第三章 物料管理（MM 模块）

这里，对发票不进行随机冻结处理，即保持不变。

7. 定义发票检验自动状态修改（T – CODE OMRV）

Menu Path：IMG→Materials Management→Logistics Invoice Verification→Invoice Verification in Background→Define Automatic Status Change。（T – CODE OMRV）

点击 New Entries。增加公司代码 2439。勾选设置正确的发票状态为"完成"。

8. 创建工厂维护表参数

T – CODE：OMI8 – Create Plant Parameters。

按键 Create，输入工厂代码 2439，按键 Create，工厂维护表参数产生。

9. 定义采购请求处理时限

Menu Path：IMG→Materials Management→Purchasing→Purchase Requisition→Processing Time。

将采购请求处理时间设置为 1 天。即采购请求与采购订单之间的日期差距为 1 天。

因为这里定义为 1 天，所以，在建立请购单时，如果 delivery time 为当天的话，系统会提示 delivery time 应该为明天的日期。

10. 建立不分类采购请求审批策略流程

Menu Path：IMG→Materials Management→Purchasing→Purchase Requisition→Release Procedure→Set Up Procedure Without Classification。

确定审批策略，点击功能键 Determination of Release Strategy。

AcctAssCat	Mat. Grp	Plnt	Value of purch. req.	Crcy	Release Strategy
		2439	1.000,00	CNY	R1
F	YY207	4139	1.000,00	CNY	R1
K	YY207	4139	1.000,00	CNY	R1

这里的物料组类别应该与物料定义中的物料组类别一致。对应二种科目作业类别（account assignment category）F、K，分配请购审批策略 R1，限定对物料类别为 YY207、价值在 1000RMB 以上的物料采购请求予以审批。

当不指定科目作业类别时，表明对于一般情况都适应。

11. 创建审批特征字

Menu Path：IMG→Materials Management→Purchasing→Purchase Requisition→Release Procedure→Procedure With Classification→Edit Characteristics。

本节的定义对于完成采购审批非常重要，可以参考已有配置情况来理解。

每个特征字的细节定义，必须参考流程。

第一，审批特征字 FRG_EBAN_KNTTP 下，定义作业类型值。

这里，F 表示一般采购订单；K 表示具有成本中心采购订单。

A 表示固定资产采购订单。

本课程练习中，作业类型 F、K、A，都会用到。

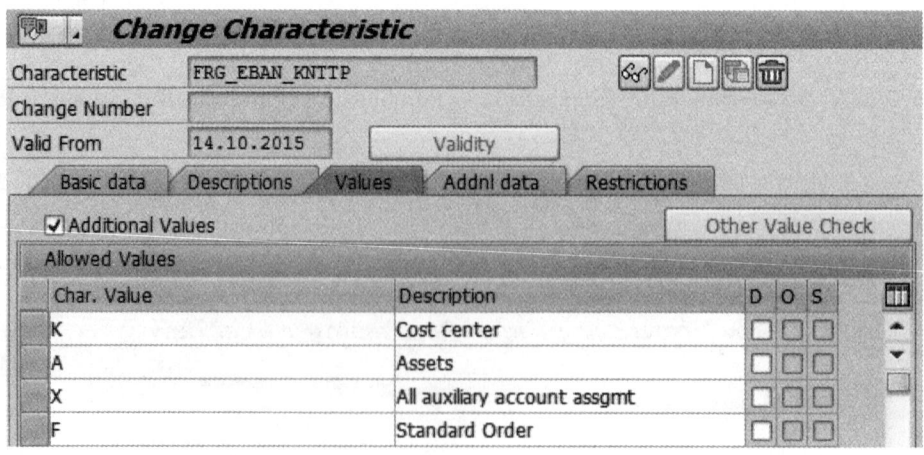

第二，审批特征字 FRG_EBAN_WERKS，定义工厂值。

增加工厂 2439 到特征字值下。这里的输入与之前完全一致。

第三，审批特征字 FRG_ EBAN_ MATKL 下，定义物料组值。

物料组 YY207，在之前已经定义，这里直接可以添加到审批特征字值中。

第四，审批特征字 FRG_ EBAN_ EKGRP 下，定义采购组值。

采购组 YYY 之前已经定义，这里将其加入到审批特征字中。

第五，审批特征字 FRG_ EBAN_ GSWRT 下，定义采购审批限额。

定义采购限额至少不少于1欧元。

第六，审批特征字FRG_ EBAN_ BSART下，定义采购请求凭证类别。

Characteristic	FRG_EBAN_BSART			
Change Number				
Valid From	14.10.2015	Validity		

Basic data | Descriptions | Values | Addnl data | Restrictions

☑ Additional Values   Other Value Check

Allowed Values

Char. Value	Description	D	O	S
NB	Purchase requisition			

定义采购请求凭证类型，可以有FO，IN，MV，NB，RV等类型。

第七，审批特征字FRG_ CEBAN_ BEDNR下，取空值。

即请购跟踪代码为空值，不必输入任何值。

以上七种特征字类别，都属于统一的特征字类FRG_ EBAN，它可以通过如下路径来查询，但不必进行任何修改。

Menu Path：IMG→Materials Management→Purchasing→Purchase Requisition→Release Procedure→Procedure With Classification→Edit Classes。

Change Class:

Class	FRG_EBAN	
Class type	032	Release strategy
Change Number		
Valid from	14.10.2015	Validity

Basic data | Keywords | Char. | Texts

Char.	Description	Data Type	Number of Chars	Decimal Places	Unit
FRG_EBAN_KNTTP	Account assignment cat...	CHAR	1	0	
FRG_EBAN_MATKL	Material Group	CHAR	9	0	
FRG_EBAN_WERKS	Plant	CHAR	4	0	
FRG_EBAN_EKGRP	Purchasing group	CHAR	3	0	
FRG_CEBAN_BEDNR	Requirement tracking nu...	CHAR	10	0	
FRG_EBAN_GSWRT	Total value of item	CURR	13	2	EUR
FRG_EBAN_BSART	Purchase requisition doc...	CHAR	4	0	

为特征字类别FRG_ EBAN所定义的特征字有7个，与之前的举例列表一样。

但是，特征字FRG_ EBAN_ GSWRT所对应的数据库表为CEBAN，字段为GSWRT。

用户可以定义自己的特征字类别和特征字，这里不再叙述。

注意：许多同学在练习时不能通过，就是对于自己已经定义的工厂、物料组、采购组等没有记清楚，常常搞混淆了，无法进行正常采购。

第三章 物料管理（MM 模块）

12. 建立分类采购请求审批流程

假如系统定义了分类采购请求审批流程，则优先于非分类采购请求审批流程。

Menu Path：IMG→Materials Management→Purchasing→Purchase Requisition→Release Procedure→Procedure With Classification→Set Up Procedure With Classification。

注意：这一部分中绝大部分不需要配置，但是，凡是涉及工厂、物料组、采购组这三个概念的，是需要追加配置的。

第一，建立审批组，点击功能键 Release Groups 。

Change View "Release Groups: Purchase Requisition": Overview

Rel.Grp	Rel.Obj.	OvRelPReq	Class	Description
01	1	☐	FRG_EBAN	Release Group 01

建立了1个审批组01，它所对应的特征字类别为 FRG_ EBAN。

第二，建立审批代码，点击功能键 Release Codes 。

Change View "Release Codes: Purchase Requisition": Overview

Grp	Code	Workflow	Description
01	K1	1	Purchaser
01	K2	1	Cost Center
01	K3	1	FM Area

一个审批代码，对应了一个审批流程，例如审批代码：

K1 表示采购人员自审批。

K2 代表成本中心管理者的预算审批；

K3 代表公司财务管理范围内的总审批。

当然，也可以根据需要定义各种不同的审批职责。

第三，建立审批标志，点击功能键 Release indicator 。

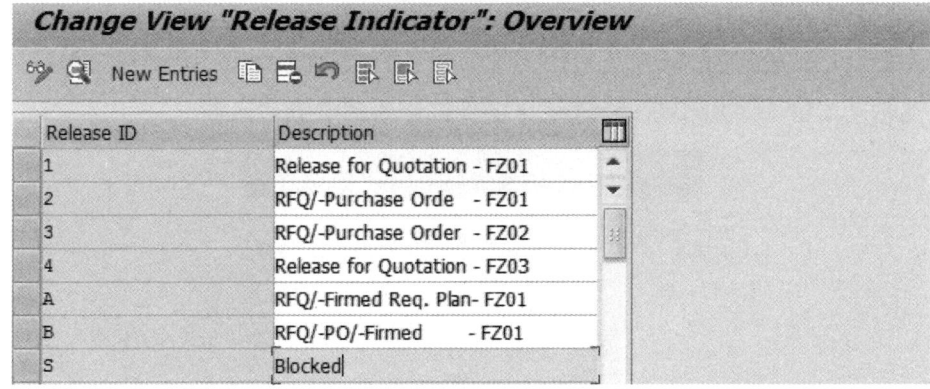

建立审批标志1、2、3、4、A、B、S等。它们的定义，有一定的意义。

审批标志 B 级别最高，允许确认采购请求计划、报价审批、订单发出审批等 3 项权限。

审批标志 A 级别较高，允许确认采购请求计划、报价审批，但是不允许审批订单发出审批。审批标志 S 级别最低，3 项审批都不允许。

审批标志 1 级别较低，只允许确认报价审批。

第四，建立审批策略，点击功能键 Release Strategies。

定义审批策略 AF，审批流程分别为 K1、K2、K3。双击策略 AF。

一要点击功能键 Release prerequisites，定义该策略的审批请求项。

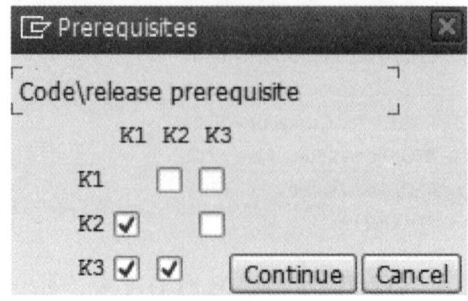

第三章 物料管理（MM 模块）

这里，审批事项要求得到审批者 K1、K2、K3 三者的共同审批。在配置过程中，如果将 prerequisite 中的 3 个勾选项均置空，那么，在 release statuses 下，就会出现 K1，K2，K3 的各种不同组合。对于不同组合的 release indicator 设置，会直接决定 release simulation 之下是 K1，K2，K3 中的哪一个，或者是否三个同时出现。

二要点击功能键 Release statuses，检查该审批策略的状态。

这里，S 表示冻结（blocked），即审批无法通过，显然，三个人都不审批、或者只有 K1 一个审批者同意，都无法通过。1 表示 K1、K2 共同审批后，额度申请（release for quotation）通过，即 K1、K2 有权审批额度。B 表示只有 K1、K2、K3 等三个审批者共同审批同意，采购订单（PO，purchase order）请求才能够获批。

K1	K2	K3	R	Release Indicator Description
☐	☐	☐	S	Blocked
☑	☐	☐	S	Blocked
☑	☑	☐	1	Release for Quotation - FZ01
☑	☑	☑	B	RFQ/-PO/-Firmed - FZ01

三要点击功能键 Classification，定义该策略的技术分类。技术分类，就是按照特征字分类代码下特征字的定义，给相关特征字分配允许的（validity）属性值。

在建立采购请求时，只有在请购单中输入的相关值与这里定义的值一致，才能够获得审批通过。以下选择中，与本人配置相关的物料组、工厂、采购组等三个信息，必须勾选，因为这三个信息与私人配置有关；以下公共信息不必修改：

科目作业类别（account assignment category）。

Field for Selecting an Entry	Characteristic Value	Free Colu...	Description
☑	K		Cost center
☑	A		Assets
☑	X		All auxiliary account assgmt
☑	F		Standard Order

在 Value 取值栏，选择 K、A、F 等作业类别，作为指定审批作业类别。

物料组（material group）。

Field for Selecting an Entry	Characteristic Value	F	Description
☑	YY207		MONITOR

在 Value 取值栏，选择物料类型 YY207 表示显示器（monotor）。

工厂代码（plant）。

Field for Selecting an Entry	Characteristic Value	F	Description
☑	2439		Plant 2439 YHQ LTD

在 Value 取值栏，选择 2439 表示工厂 2439。

采购组（purchase group）。

Purchasing group			
Field for Selecting an Entry	Characteristic Value	F	Description
✓	YYY		PURCHASE GROUP OF 2439

在 Value 取值栏，选择 YYY 表示公司 2439 的采购部 2439 的采购组。

项目总额（total value of item）。

Total value of item					
Field for Selecting an Entry	Characteristic Value	D	Doc.	Doc	Ob..
✓	>= 1,00 EUR				

在 Value 取值栏，选择金额 >1,00 EUR 表示大于 1 欧元。

采购请求凭证（purchase requisition document）。

Purchase requisition document						
Field for Selecting an Entry	Ch...	F	Description		D	Doc. Doc
✓	FO		Framework requisn.			
✓	IN		Internet PO			
✓	MV		Model service specifications			
✓	NB		Purchase requisition			
✓	RV		Outl. agmt. requisn.			

在 Value 取值栏，选择 FO、IN、MV、NB、RV 等。

四要点击功能键 Release simulation，模拟审批状态。

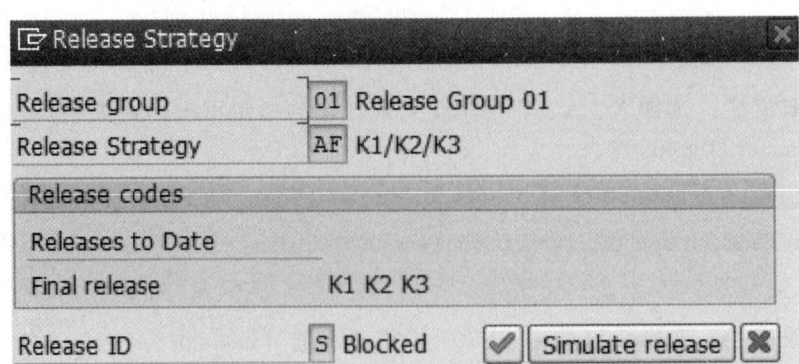

模拟结果为 S，表示冻结（block）。这里的定义，一定要与将来请购时所输入的信息一致，不然，无法产生审批画面。

第五，建立审批流程，点击功能键 Workflow。

Grp	Code	Description	Plnt	O.	Agent ID
01	K1	Purchaser	2439	US	WF-MM-4
01	K2	Cost Center	2439	S	50000001
01	K3	FM Area	2439	S	50000002

建立审批者代码 K1、K2、K3 等与工厂 2439 之间的联系。目标对象类型（OB，object type）取值 US 表示用户识别码（user），S 表示职位（position），A 表示工作中心（work center），C 表示作业（job），具体选择依赖于对审批者的定义。

对于 ASSET 的请购与审批来说，与一般物料采购相比，有如下不同：

一是必须采用 T - CODE ME11 产生 Purchase Information Record Number，不然，该号码在 Purchase requisition 处无法自动产生采购信息记录号码。

二是在 Release Strategy 配置中，那些与 ASSET 相关的项，必须配置清楚，例如：Material Group = "499911"；Account Assignment Category = "A"，等。

三是在 Purchase Requisition 中的操作，都必须在这里配置清楚。

第四章

成本管理（CO 模块）

第一节 建立控制范围

1. 创建运营范围

Menu Path：IMG→Enterprise Structure→Definition→Controlling→Create Operating Concern。

```
Change View "Define Operating Concern": Overview
New Entries
Operating concern | Name of operating concern
IDEA              | Op. Concern IDES Worldwide
```

一个运营范围（operating concern）可有多个成本控制范围（controlling area）；反之，一个成本控制范围只能被指派给一个运营范围。这里，我们采用 SAP 系统已经定义过的运营范围（operating concern）IDEA，不再创建新的运营范围。

2. 分配运营范围给控制范围

Menu Path：IMG→Enterprise Structure→Assignment→Controlling→Assign Controlling Area to Operating Concern。

```
Change View "Assignment Operating concern -> CO Area": Overview
COAr | Name    | OpCo | Name
2439 | YHQ LTD | IDEA | Op. Concern IDES Worldwide
```

分配运营范围（operating concern）IDEA 给控制范围 2439。我们可以分配多个控制范围（controlling areas）给一个运营范围。

3. 为成本控制凭证定义号码段

Menu Path：IMG→Controlling→General Controlling→Organization→Maintain Number Ranges for Controlling Documents。

输入控制范围代码2439，并为其建立凭证号码段，不再重新定义。

4. 维护控制范围

Menu Path：IMG→Controlling→Profit Center Accounting→Basic Settings→Controlling Area Settings→Maintain Controlling Area Settings。

```
Change View "EC-PCA: Controlling Area Settings": Overview

Controlling Area              2439        CONTROLLING AREA 2439
Controlling Area Settings
 Dummy Profit Center
 Standard Hierarchy           YCPC        CONTROLLING AREA 2439
 Elim. of Int. Business Vol.  □
 PCtr Local Currency Type     20          Controlling area currency
 Profit Center Local Currency CNY
 Store Transaction Currency   □
 Valuation View               Legal Valuation
 ALE Distribution Method      No distribution to other systems

Control Indicators
 From Yr   Active Indicator
 2014      ✓
 2015      ✓
 2016      ✓
```

输入控制范围2439。定义利润中心组标准架构YCPC，标准利润中心只有1个，它统领着其他利润中心。利润中心组标准架构是定义利润中心组的前提。激活年度2016年，第一次激活后，自该年度始，之后年度自动激活。

第二节 建立利润中心

1. 定义利润中心组

Menu Path：IMG→Controlling→Profit Center Accounting→Master Data→Profit Centers→Define Profit Center Group。

Create Profit Center Group: Initial Screen

Profit Center Group　YCPC

第一个需要定义的利润中心组必须是YCPC，即利润中心组的标准架构下的标准利润中心组。在这里，我们也可以定义不同于利润中心组标准架构的一般利润中心组。

Change Standard Hierarchy (Profit Center Group): Structure

Same Level　Lower Level　Profit Center

YCPC　　YHQ LTD Controlling Area

2. 定义利润中心

Menu Path：IMG→Controlling→Profit Center Accounting→Master Data→Profit Center→Define Profit Center。

创建利润中心，双击功能键 EC-PCA: Create profit center。定义利润中心 PC01，该利润中心是为生产准备的，隶属于利润中心组 YCPC。

Change Profit Center

Drilldown　Period of Examination　Change Validity Period

General Data
- Profit Center: PC01
- Controlling Area: 2439　CONTROLLING AREA 2439
- Validity period: 01.01.2013　To　31.12.9999

Basic data | Indicators | Company codes | Address | Communication | History

Descriptions
- Profit Center: PC01　Status: Inactive: Change
- Analysis Period: 01.01.2013　to　31.12.9999
- Name: PC01
- Long Text: PROFIT CENTER FOR PRODUCTION

Basic Data
- User Responsible: XNAI　xnai
- Person Respons.: 2439
- Department: 2439
- Profit Ctr Group: YCPC　CONTROLLING AREA 2439
- Segment: MANF

如果我们还定义了其他利润中心组，也可以选择一个利润中心属于其他一般利润中心组，而不是属于标准利润中心组。利润中心一般需要激活，选择功能键。

同样地，再定义 3 个利润中心 PC02、PC03、PC04，它们都从属于利润中心组 YCPC。

3. 激活利润中心

Menu Path：IMG→Controlling→Profit Center Accounting→Master Data→Profit Center→Active Inactive Profit Center。

先测试，如果利润中心组已经被激活，则不必再激活。如果没有激活，则选择激活键，进行激活操作。

4. 维护利润中心组标准架构

Menu Path：IMG→Controlling→Profit Center Accounting→Master Data→Profit Center→Define Standard Hierarchy。

```
Change Standard Hierarchy (Profit Center Group): Structure
  Same Level    Lower Level   Profit Center
YCPC      THQ LTD Controlling Area
  PC01    PC01 - Production
  PC02    PC02 - SERVICE
  PC03    PC03 - Sales
  PC04    PC04 - Administratio
```

很明显，在利润中心组标准架构 YCPC 下，已经定义了四个利润中心 PC01、PC02、PC03、PC04，由于它们都从属于利润中心组 YCPC，所有都列示在 YCPC 下。

第三节 建立成本中心

1. 定义成本中心组（T – CODE KSH1）

Menu Path：IMG→Controlling→Cost Center Accounting→Master Data→Cost Centers→Define Cost Center Group。（T – CODE KSH1）

定义成本中心组，双击功能键 `Create Cost Center Group`。这里可以定义一般的成本中心组。在定义一般成本中心组之前，必须先输入标准成本中心组。

YYCC 就是前面定义的成本中心组标准架构。确认。

```
Display Standard Hierarchy (Cost Center Group): Structure

YYCC        Cost Center Group Standard Hierarchy
   ├─ CCG2     COST CENTER GROUP 2
   └─ CCG1     COST CENTER GROUP 1
```

标准成本中心组 YYCC 在之前的配置中已经建立，所以，这里不需要创建。

除了标准成本中心组之外的其他成本中心组，都是一般成本中心组。如果不定义一般成本中心组，只定义标准成本中心组，也是可以的。

在这里，可以定义不同的成本中心组，例如，CCG1、CCG2 等 2 个一般成本中心组，它们被定义在标准成本中心组 YYCC 之下。

2. 定义成本中心类别

Menu Path：IMG→Controlling→Cost Center Accounting→Master Data→Cost Centers→Define Cost Center Categories。

Change View "Cost center categories": Overview

CCtC	Name	Qty	ActPri	ActSec	ActRev	PlnPri	PlnSec	PlnRev	Cmmt	Func
1	Production	✓	□	□	✓	□	□	✓	□	
2	Service cost center	□	□	□	✓	□	□	✓	□	
3	Sales	✓	□	□	✓	□	□	✓	□	
4	Administration	□	□	□	✓	□	□	✓	□	
5	Management	□	□	□	✓	□	□	✓	□	
6	Research & Develop.	□	□	□	✓	□	□	✓	□	
7	Services	□	□	□	✓	□	□	✓	□	

这里，系统定义了七种类型的成本中心类型。一般用户可以直接使用这些类型，而无需定义新的类型。当然，如果需要，也是可以继续定义新的成本中心类型的。

3. 创建成本中心（T – CODE KS01）

Menu Path：IMG→Controlling→Cost Center Accounting→Master Data→Cost Centers→Create Cost Center。（T – CODE KS01）

第一，按键 Control，检查 Control 项下，是否有锁定（LOCK）项。

Lock
- □ Actual primary costs   □ Act. secondary costs   □ Actual revenues
- □ Plan primary costs   □ Plan secondary costs   □ Plan revenues
- □ Commitment update

一旦勾选了 LOCK 项之下的任意一个项目，则成本中心无法正常使用。因此，要进行检查，如果系统自动设定为 LOCK，则解除勾选标志。

第二，创建成本中心，双击功能键 Create cost center 。

这里，创建了成本中心 CCG1 – C01，其所对应的成本中心组为 CCG1，所对应的利润中心组为 PC01，表示二者互相对应，在某些输入发生时，一旦成本中心被输入，则利润中心会被自动带出。保存 。

由于标准成本中心组、一般成本中心组、成本中心三者之间具有隶属关系，所以，YY-CC – CCG1 – C01 之间就具有紧密联系，层次很分明。

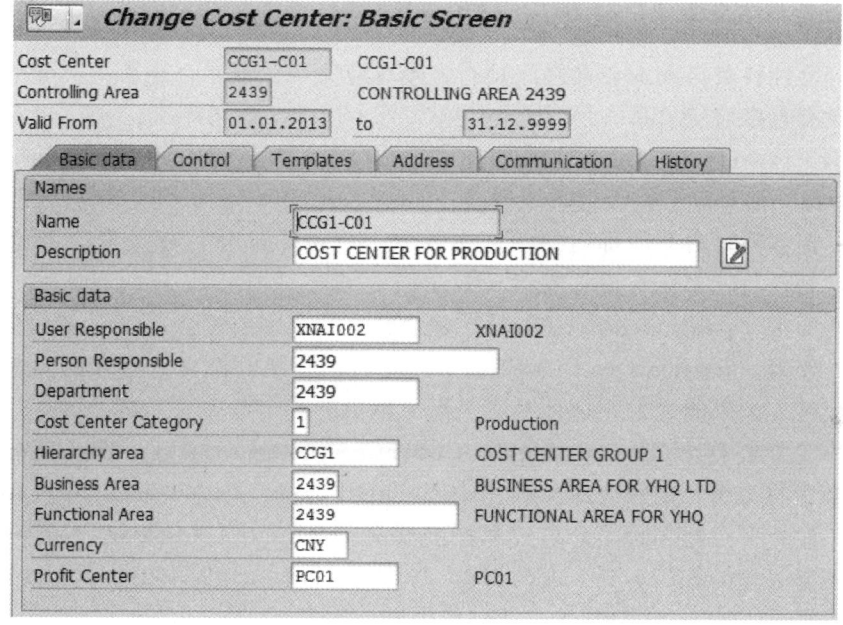

4. 维护成本中心组标准架构

Menu Path：IMG→Controlling→Cost Center Accounting→Master Data→Cost Centers→Define Standard Hierarchy。

输入成本控制范围 2439。确认 。

这里，成本中心组架构包括标准成本中心组、一般成本中心组、所属成本中心。绿灯表示它们的状态都是正常的。在实际中，成本中心主要是方便核算和统计，一旦业务属于同一个成本中心，统计起来非常方便。

第四节 建立成本要素

1. 创建初级成本要素（T – CODE KA01，KA02）

有一部分会计科目与成本要素之间具有直接对应关系，但是，还有一部分会计科目与成本要素之间没有直接对应关系。

凡是成本（expense accounts）和收益（revenue，inventory changes，current internal activity）类会计科目，都对应了初级成本要素（primary cost element），与会计科目之间都有直接的对应关系。损益类科目一般都与初级成本要素（cost element）相关联，不论是费用类科目，还是收益类科目，都会有成本要素。

初级成本要素（primary cost element），是最常见的成本要素。

次级成本要素（secondary cost element），与会计科目之间都没有直接的对应关系。在建立会计科目组时，如果能考虑到这种对应关系，则更有利于业务关系的处理。

成本与收益要素会计（cost & revenue element accounting）与 FI、AA、MM、SD 等模块之间都具有密切的关系。要素会计与利润中心会计（profit center accounting）是成本—利润分析的两端，而介于它们之间的是总成本控制（overhead cost controlling）。成本要素的设计是为总成本控制服务的有效工具，内部订单（internal order）、成本中心（cost center）都是重要的管理工具。

T – CODE：FS00。

建立初级成本要素。这是最简单的一种方法，就是采用 T – CODE FS00 创建一个与成本相关的总账科目的同时，创建与总账科目相对应的初级成本要素。

例如，在创建了总账科目 470000 之后，需要创建一个成本要素，以代表房屋租赁成本要素，则双击功能键 Edit cost element，就可以自动生成同科目名称一致的成本要素。

成本要素类别 1 表示初级成本（primary costs，cost – reducing revenues）。

成本要素类别 11，表示收入类成本要素（revenue）。

有效期一般从年初开始，至某个今后的年度。

也可以直接进入创建初级成本要素的路径，去创建初级成本要素。

Menu Path：IMG→Controlling→Cost Element Accounting→Master Data→Cost Elements→Create Cost Elements。（T – CODE KA01，KA02）

按键 Create Primary Cost Element，采用直接路径，创建初级成本要素。

除了成本要素 1、11 两种类别，其他类别的初级成本要素较少使用，不再说明。

2. 创建次级成本要素（T – CODE KA06）

次级成本要素就是间接成本要素，成本要通过作业分摊或者其他分摊的方式才能够合理分配和控制。例如，在固定资产管理中的间接成本（overhead cost）。

Menu Path：IMG→Controlling→Cost Element Accounting→Master Data→Cost Elements→Create Cost Elements。（T – CODE KA01，KA02）

按键 Create Secondary Cost Element ，采用直接路径，创建次级成本要素。

Create Cost Element: Initial Screen

Master Data
Cost Element: 690011
Valid From: 01.01.2013 to 31.12.9999

创建次级成本要素 690011。

Change Cost Element: Basic Screen

Cost Element: 690011 Internal Activity
Controlling Area: 2439 CONTROLLING AREA 2439
Valid From: 01.01.2013 to 31.12.9999

Basic Data | Indicators | Default Acct Assgnmt | History

Names
Name: Internal Activity
Description: Internal Activity

Basic Data
CElem category: 43 Internal activity allocation
Attribute mix:
Functional Area: 2439 FUNCTIONAL AREA FOR YHQ

次级成本要素类别 43，表示内部作业分配次级成本要素。保存。

对于次级成本要素在成本分摊中的应用，我们在这里不进行仔细介绍。

3. 定义成本要素组

Menu Path：IMG→Controlling→Cost Element Accounting→Master Data→Cost Elements→Create Cost Element Groups。

双击功能键 Create Cost Element Group 。输入成本要素组 2439。确认。点击功能键 Cost Element 。添加已经建立的成本要素到成本要素组 2439。保存。

成本要素组是管理成本要素的一种方式，所有成本要素建成之后，可以组合放在一个成本要素组中，便于检查和管理。

这里列出了一些已经定义好的成本要素。除了 690011、690012 属于次级成本要素之外，其余都属于初级成本要素。

这些初级成本要素在我们的练习中会经常用到，其成本要素与成本科目意义一致。一般要求：先建成本科目或者收入科目，然后再建成本要素或者收入要素。

4. 成本要素缺省设置（T – CODE OKB2）

Menu Path：IMG→Controlling→Cost Element Accounting→Master Data→Cost Elements→Automatic Creation of Primary and Secondary Cost Elements→Make Default Settings。（T – CODE OKB2）

输入会计科目表 YCQC。确认 ✓。开始设置缺省范围。创建完成之后，保存 💾。

成本要素缺省设置就是在成本要素与总账科目之间建立对应关系。成本要素定义了成本的固有意义，在 FI 模块中，所有损益科目在 CO 模块中都可以被创建成初级成本要素，即所有成本科目（expense accounts）都可以被定义为第 1 类成本要素，而所有收益科目（revenue elements）都可以被定义为第 11 类收益要素。

但是，如果成本要素的创建要求手工创建，这里尽管定义，但仍然须手工处理。定义 42、43 类次级成本要素，相应的成本要素也需要手工创建，但不能是成本科目。

由于我们在练习中用到的成本要素较少，所以，这里可以不定义。但是，企业中成本科目、收益科目都需要仔细规划，因此也需要认真定义。

第五节　建立自动关联科目

1. 建立自动科目分配机制（T – CODE OKB9）

Menu Path：IMG→Controlling→Cost Center Accounting→Actual Postings→Mannual Actual Postings→Edit Automatic Account Assignment。（T – CODE OKB9）

双击功能键 `Default account assignment`，`New Entries`。

第一，定义 3 个与利润中心无关的成本要素 400476、476001、476004，它们仅仅与成本中心有关。具体与哪个成本中心有关，用户可以自己定义。

第二，定义 3 个既与成本中心有关、又与利润中心有关的收入成本要素 480201、480204、483001。成本中心和利润中心，用户可以自己定义。

如果成本/收益科目的成本要素与利润分析有关，则必须勾选 PrfSeg，对于收入科目来说，cost center 和 profit center 都是需要的。

CoCd	Cost Elem.	B...	Cost Ctr	Order	PrfSeg	Profit Ctr	Ac...	Acct assignmt detail
2439	400476	☐	CCG1-C01		☐			
2439	476001	☐	CCG1-C01		☐			
2439	476004	☐	CCG1-C01		☐			
2439	480201	☐	CCG1-C01		☑	PC01		
2439	480204	☐	CCG1-C01		☑	PC01		
2439	483001	☐	CCG1-C01		☑	PC01		

一般来说，在成本要素定义环节，可以指定成本中心作为缺省值，但是，为了方便起见，通常都不在成本要素建立过程中设置缺省的成本中心，以便成本要素适合所有成本中心。在需要时，有两种处理方式：一是在 T-CODE OKB9 处定义，这里定义的成本要素与成本中心、利润中心之间的对应关系较为稳定。二是在记账过程中临时输入。

成本要素，由于在定义其屏幕字段组（假如是 G004）时，一般要求成本中心或者利润中心与之对应：如果成本要素已经定义了相对应的成本中心和利润中心，那么在凭证输入时如果用到该成本要素，则成本中心会自动被带出；否则，就需要手工输入。对于固定搭配的"成本中心-成本要素"，可以在这里定义；但是，对于成本中心经常变化，没有固定搭配的"成本中心-成本要素"，则无需在此定义。

2. 定义评估清账科目

Menu Path：IMG→Controlling→General Controlling→Multiple Valuation Approaches / Transfer Prices→Level of Detail→Define Valuation Clearing Account。

在 Posted in company code 下，输入公司代码 2439 作为多币种评估的工作范围。确认 ✓。

Tr.Prt	Company name	Debit	P+L acct:	Short Text	Credit	Cred. acct	Short Text
2439	YHQ LTD	40	299986	Rev. diff. auto. cl.	50	299986	Rev. diff. auto.

Posted in CoCd: 2439 YHQ LTD

这里，分配了一个总账科目 299986 给公司代码（company code of trading partner）2439，作为评估差异清账科目（valuation clearing account）。这里，科目 299986 在创建/修改时，必须勾选 post automatically only 项，该科目币种为 CNY。集团公司之间的业务来往由于货币评估不一致而产生的差异值，不论表现为收益，还是表现为损失，都需要有专门的科目去记账。当使用不同币种评估方法时，由于应收和应付账款在过账时只允许采用法定币种进行评估，因而由于汇率的不同就会产生差异。但是，如果不用法定币种进行评估，而采用其他币种进行评估，就需要将评估差异计入评估清算科目（valuation clearing account），并且在期末过账到公司内部损益科目，表现在集团报表上。SAP 系统允许对每个行项目进行评估，需要为每个公司定义一个评估差异科目，以记录评估产生的差异。

3. 激活统驭科目总账

Menu Path：IMG→Controlling→Cost Element Accounting→Reconciliation Ledger→Activate/Deactivate Reconciliation Ledger。

双击功能键 Activate Reconciliation Ledger。输入控制范围 2439。

执行 Execute。New General Ledger Accounting is active. See long text。

统驭科目总账激活之后，在"Maintain Controlling Area"下产生标志变化。

4. 为统驭科目过账定义调整科目

Menu Path：IMG → Controlling → Cost Element Accounting → Reconciliation Ledger → Define Adjustment Accounts for Reconciliation Posting。

点击 Maintain Clearing Accounts for Business Area/Functional Area，输入科目表 YCQC，确认 ✓。

```
Configuration Accounting Maintain : Automatic Posts - Accounts
   Posting Key
Chart of Accounts      YCQC   2439-Chart of Accountants for YHQ LTD
Transaction            GA0    Clearing account
Account assignment
Account
294500
```

这里，统驭科目的清账科目主要记录与经营范围、功能区域之间的差异。

如果，要实现两个公司之间的应收款和应付款之间的清账，也需要定义差异清账科目，如定义清账科目 294001 给公司 2439，定义清账科目 294002 给公司 1000，如果要实现公司 2439 与 1000 之间应收与应付之间的统驭科目清账，就可以在此定义，需要点击 Maintain Clearing Accounts for Company Codes，逐步定义。

5. 为统驭科目过账凭证建立代码段

Menu Path：IMG → Controlling → Cost Element Accounting → Reconciliation Ledger → Specify Document Number Range for Reconciliation Posting。

输入控制范围 2439，创建了一个号码段 01。号码段无需创建很多。

6. 创建货币评估版本

Menu Path：IMG→Controlling→General Controlling→Organization→Maintain Versions。

点击"Extras→Set Controlling Area→2439"。

版本 0（version 0）会自动产生，并且分配给控制范围（controlling area）2439。

选择 0 Plan/actual version。双击功能键 Controlling Area Settings。

勾选所有四个选项：plant、actual、WIP/RA、variance。

选择 0 Plan/Act - Version。双击功能键 Settings for Each Fiscal Year。

增加年度 2016 到列表。并勾选综合计划键和允许拷贝功能键。

第四章 成本管理（CO 模块）

```
Change View "Settings for Each Fiscal Year": Details
    New Entries

CO Area        2439  CONTROLLING AREA 2439
Version        0     Plan/Act - Version
Fiscal Year    2016

  Planning / Price calculation
  General indicators
    □ Version Locked
    □ Integrated Planning
    ☑ Copying Allowed

  Currency translation
    Exchange Rate Type   M    Standard translation at average rate
    Value Date           01.01.2016

  Orders/projects
    □ Integrated planning with cost centers/bus. processes
    Version for ind.act.alloc.    0    Plan/Act - Version

  Profitability Analysis
    Receiver Version     0    Plan/Act - Version
```

这里，如果保存时会去执行一个作业，选确定执行就可以。

点击 Price calculation ，配置价格信息。

这里，分配 M、或 P 给汇率类型。保存 💾。这样，一般版本 0（version 0）就被分配给了控制范围 2439。汇率类型 M、P 的定义，可以采用 T – CODE OB08。除了版本 0，类似地，还可以创建其他的货币评估版本，这里不再赘述。

T – CODE OKKP 与此节功能类似，平时维护都会用到。

```
  Planning / Price calculation
  □ Purely Iter. Price
  Plan
    Method       Periodic price

  Actual
    Methods      Periodic price
    Revaluation  Do not revalue

  Profitability Analysis
    Procedure Type   D   Overhead costs
```

7. 维护货币评估文档

Menu Path：IMG→Controlling→General Controlling→Multiple Valuation Approaches / Transfer Prices→Basic Settings→Maintain Currency and Valuation Profile。

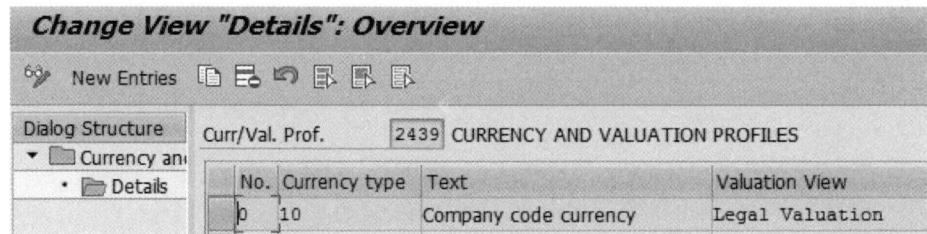

创建一个新的货币与评估文档 2439，定义了货币类别 10 作为货币评估类型。

8. 分配货币评估文档给控制范围

Menu Path：IMG→Controlling→General Controlling→Multiple Valuation Approaches / Transfer Prices→Basic Settings→Assign Currency and Valuation Profile to Controlling Area。

分配货币评估文档 2439 给控制范围 2439，表明可以选择 10 号货币评估类别，表示 CNY。1 表示公司代码与控制范围一致。

9. 激活物料总账评估范围（T – CODE OMX1）

Menu Path：IMG→Controlling→General Controlling→Multiple Valuation Approaches / Transfer Prices→Basic Settings→Check Material Ledger Settings→Activate Valueation Areas for Material Ledger。（T – CODE OMX1）

分配属性，按键 Activate Material Ledger。这里，也可以不做任何配置。

如果勾选 Material Ledger Activate（ML Act），则 Price Determination 可以选择 2，表示 Transaction-Based。

10. 分配物料总账类型给评估范围

Menu Path：IMG→Controlling→General Controlling→Multiple Valuation Approaches / Transfer Prices→Basic Settings→Check Material Ledger Settings→Assign Material Ledger Type to Valueation Areas。

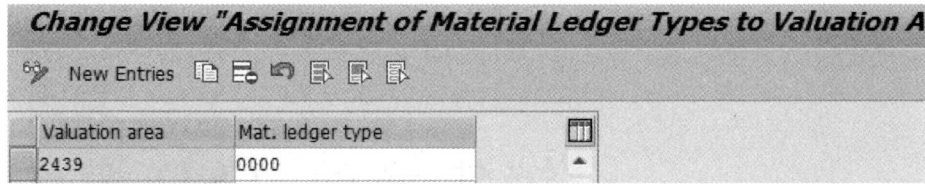

这里，物料总账类型 0000 表示标准类型。

11. 激活物料总账（T – CODE CKMSTART）

Menu Path：SAP Menue→Accounting→Controlling→Product Cost Controlling→Actual Costing/Material Ledger→Envioronment→Production Startup→Set Valuation Areas as Production。（T – CODE CKMSTART）

运行 。 Material ledger already productive in plant 2439。总账已经被激活。

第五章
销售管理（SD 模块）

第一节 建立销售组织

1. 定义、拷贝、检查销售组织

Menu Path：IMG→Enterprise Structure→Definition→Sales and Distribution→Define, Copy, Delete, and Check Sales Organization。

双击功能键 Define Sales Organization。所有销售文件都是为一个销售组织创建的。销售组织的创建主要是基于公司的销售职能部门、子公司等。与公司代码一样，销售组织由 4 位数字、字母组成。

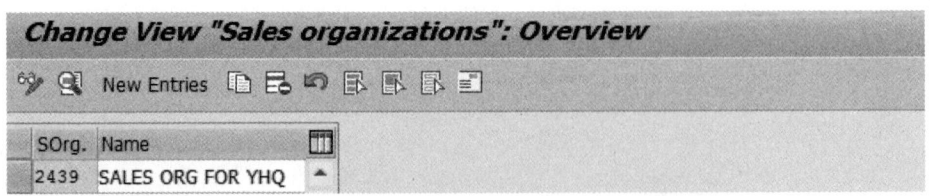

点击功能键 New Entries。定义一个销售组织 2439。保存。

选择销售组织 2439 YHQ LTD，按键，输入相关地址内容。

双击销售组织 2439 YHQ LTD，输入相关联系内容。其中，功能键 □Rebate proc.active 表示是否要激活返利（或折扣）流程，如果激活，则在做返利协议操作，发生预提费用（accrual）时，一旦录入发票就会自动产生返利相关预提会计分录；如果希望采用手工处理预提费用（accrual），那么相关的返利条件类型（rebate condition type）就必须保证返利流程（rebate procedure）为空，即不必激活。这里没有勾选激活键。

在 SAP 系统中，销售组织是负责销售的责任单位。销售组织是销售模块的基本要素。一个公司代码可能会被链接到多个销售组织。例如，IDES 公司代码 1000（Germany）就采用了两个销售组织，包括销售组织 1000（Frankfurt）和销售组织 1020（Berlin）。这就意味着作为会计相关交易，不论发生在 1000、还是 1020 中的哪一个销售组织，都会被过账到公司代码 1000。

销售组织是一个业务单位（business unit），它是从销售点视角来区别公司代码与销售组织。销售组织负责销售产品和提供销售服务。在所有的销售文件中都必须有明确定义的销售组织。销售组织总是被分配给一个公司代码。

2. 维护销售办公室

Menu Path：IMG→Enterprise Structure→Definition→Sales and Distribution→Maintain Sales Office。

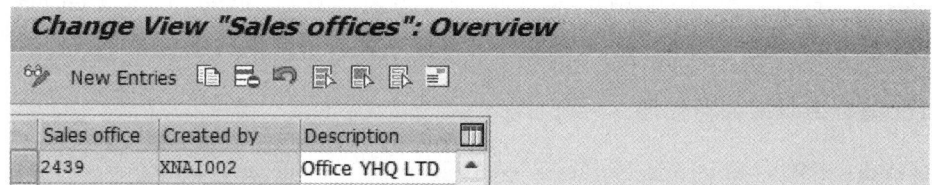

点击 New Entries，创建一个新的销售办公室 2439。XNAI002 是用户代码。保存。销售办公室是 SAP 系统中的一个可选项。用户可以在 SD 模块运行交易程序中不选销售办公室。销售办公室一般被用来管理在一个地理上的特别区域的销售。一个公司的销售办公室可能是一个办公室，它拥有相应的销售人员，拥有一个地址。一个销售办公室可能被分配给超过一个销售地区。

3. 维护销售组

Menu Path：IMG→Enterprise Structure→Definition→Sales and Distribution→Maintain Sales Group。

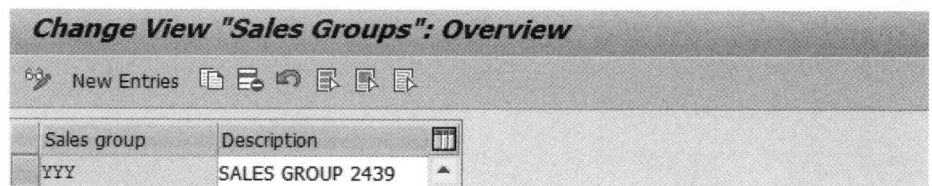

点击 New Entries。创建销售组 YYY。保存。销售组也是 SAP 系统中 SD 模块的一个可选项。它主要被用来管理劳动力（work force）。用户可以分配员工给销售组。一个销售组就是一个小组，在小组中，销售员工对销售订单下的销售项目负责。

4. 定义、拷贝、删除、检查分销渠道

Menu Path：IMG→Enterprise Structure→Definition→Sales and Distribution→Define，Copy，Delete，and Check Distribution Channel。

点击功能键 Define distribution channel。定义分销渠道YY。保存。

分销渠道（distribution channels）是销售管理中的一个专有概念，一般是与销售组织紧密相关的。每个销售组织可以采用不同的销售渠道来销售货物。一个分销渠道也可以被两个不同的销售组织所使用。例如，公司IDES使用的销售渠道有最终用户（final customer sales）、分销商代理销售（resellers）、服务（service）、工厂直销（factory sales）、连锁店（store chains）、行业客户（industrial customers）、医药客户（pharmaceutical customers）等。一个分销链（distribution chain）是一个销售组织和一个分销渠道的组合。

5. 分配销售组织给公司代码

Menu Path：IMG→Enterprise Structure→Assignment→Sales and Distribution→Assign Sales Organization to Company Code。

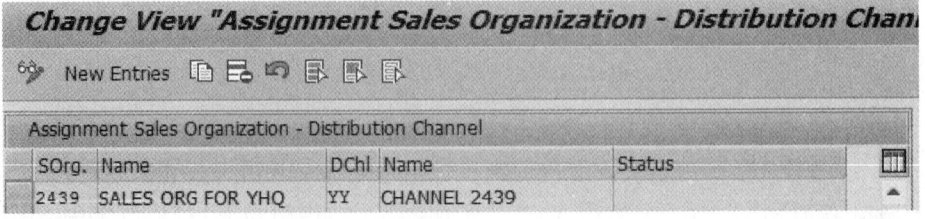

分配销售组织（SOrg.）2439给公司代码2439。

6. 分配分销渠道给销售组织（T – CODE OVXK）

Menu Path：IMG→Enterprise Structure→Assignment→Sales and Distribution→Assign Distribution Channel to Sales Organization。（T – CODE OVXK）

点击 New Entries。分配销售渠道YY给销售组织2439。

7. 分配销售部门给销售组织

Menu Path：IMG→Enterprise Structure→Assignment→Sales and Distribution→Assign Division to Sales Organization。

点击 New Entries。分配销售部门YY给销售组织2439。

SOrg.	Name	Dv	Name	Status
2439	SALES ORG FOR YHQ	YY	DIVISION FOR 2439	

8. 建立销售范围

Menu Path：IMG→Enterprise Structure→Assignment→Sales and Distribution→Set Up Sales Area。

SOrg.	Name	DChl	Name	Dv	Name	St
2439	YHQ LTD	YY	2439's Final Custome	YY	DIVISION FOR YHQ LTD	

点击 New Entries。分配销售部门 YY、分销渠道 YY 给销售组织 2439。一个销售范围（sales area），亦称销售区域，就是一个面向客户的业务安排，涉及部分运输或支付条款。用户可以围绕销售范围建立统计报表。不同的市场活动可以被引入同一个销售范围内。

9. 分配销售办公室给销售范围

Menu Path：IMG→Enterprise Structure→Assignment→Sales and Distribution→Assign Sales Office to Sales Area。

SOrg.	Name	DChl	Name	Dv	Name	Statu
2439	SALES ORG FOR YHQ	YY	CHANNEL 2439	YY	DIVISION FOR 2439	

点击 New Entries。分配销售办公室 2439 给销售组织 2439、部门 YY 和渠道 YY。

10. 分配销售办公室给销售范围

Menu Path：IMG→Enterprise Structure→Assignment→Sales and Distribution→Assign Sales Office to Sales Area。

SOrg.	Name	DChl	Name	Dv	Name	SOff.	Description
2439	SALES ORG FOR...	YY	CHANNEL 2439	YY	DIVISION FOR 2439	2439	Office YHQ LTD

点击 New Entries。分配销售办公室 2439 给销售组织。

11. 分配销售组给销售办公室

Menu Path：IMG→Enterprise Structure→Assignment→Sales and Distribution→Assign Sales Group to Sales Office。

点击 New Entries。分配销售组 YYY 给销售办公室 2439。

12. 分配销售组织和渠道给工厂

Menu Path：IMG→Enterprise Structure→Assignment→Sales and Distribution→Assign Sales Organization – Distribution Channel – Plant.

点击 New Entries。建立销售组织 2439、渠道 YY、工厂 2439 之间的联系。

13. 分配销售范围给信贷控制范围

Menu Path：IMG→Enterprise Structure→Assignment→Sales and Distribution→Assign Sales Area to Credit Control Area。

建立销售组织 2439 与信贷控制范围（credit control area）2439、分销渠道 YY、销售部门 YY 之间的联系。

14. 为销售范围定义规则

Menu Path：IMG→Enterprise Structure→Assignment→Sales and Distribution→Business Area

Account Assignment→Define Rules by Sales Area.

SOrg.	DChl	Dv	Name	Rule
2439	YY	YY	DIVISION FOR 2439	2

Change View "Org.Unit: Sales Area - Business Area Determination"

分配规则代码 2 给销售组织 2439、渠道 YY、和部门 YY。正确输入 2。

规则 1 表示经营范围由工厂来决定；规则 2 表示经营范围由销售范围来决定。

因为在个别配置画面，渠道和部门都是自动带出的，所以，这里的输入很重要。

15. 按销售范围分配经营范围

Menu Path：IMG→Enterprise Structure→Assignment→Sales and Distribution→Business Area Account Assignment→Assign Business Area by Sales Area.

Change View "Sales Area - Business Area Determination SlsOrg/D"

SOrg.	DChl	Dv	Name	BusA	Description
2439	YY	YY	DIVISION FOR 2439	2439	BUSINESS AREA FOR YHQ LTD

一个销售组织（sales organization），加上销售部门（sales division）和销售渠道（sales channel）一起，共同构成了一个销售区域。SAP 系统中的销售部门可能因为产品线（例如纺织品、电子产品等）的不同而不同。

16. 分配经营范围给工厂和销售部门

Menu Path：IMG→Enterprise Structure→Assignment→Sales and Distribution→Business Area Account Assignment→Assign Business Area to Plant and Division。

分配经营范围 2439 给工厂 2439、销售部门 YY。

由于销售订单往往由 Business Area 进行统计，所以，此处定义很关键。

Change View "Org. Unit: Business Area Determination": Overview

Plnt	Dv	Name	BusA	Description
2439	YY	DIVISION FOR 2439	2439	BUSINESS AREA FOR YHQ LTD

17. 分配经营范围给评估范围和销售部门

Menu Path：IMG→Enterprise Structure→Assignment→Logistics – General→Assign Business Area to Plant/Valuation Area and Division。

第一，点击 `Plant - division`。

Change View "Org. Unit: Business Area Determination": Overview

Plnt	Dv	Name	BusA	Description
2439	YY	DIVISION FOR 2439	2439	BUSINESS AREA FOR YHQ LTD

第二，点击 Valuation area - division。

![Change View "Business Area from MM View": Overview]

ValA	Dv	Name	BusA	Description
2439	YY	DIVISION FOR 2439	2439	BUSINESS AREA FOR YHQ LTD

第三，点击 Plant/valuation area - division。

![Change View "Org. Unit: Business Area Determination": Overview]

Plnt	Dv	Name	BusA	Description
2439	YY	DIVISION FOR 2439	2439	BUSINESS AREA FOR YHQ LTD

第二节　建立销售凭证

1. 为销售凭证类型分配号码段

Menu Path：IMG→Sales and Distribution→Sales→Sales Document→Sales Document Header→Define Number Ranges for Sales Document Type。

代码段 01 为内部代码，用于销售凭证。

2. 定义销售凭证类型（T – CODE VOV8）

Menu Path：IMG→Sales and Distribution→Sales→Sales Document→Sales Document Header→Define Sales Document Type。（T – CODE VOV8）

可以双击标准销售订单 OR，以检查其具体配置。这里不需要做任何改变。

第五章 销售管理（SD 模块）

```
Change View "Maintain Sales Order Types": Details
   New Entries
Sales Document Type    OR    Standard Order
SD document categ.     C
Indicator                          Sales document block
Number systems
No.range int.assgt.    01         Item no.increment       10
No. range ext. assg.   02         Sub-item increment      1
```

这里，代码段采用了 01 和 02。我们可以定义自己的销售凭证类型以表示不同的业务交易。SAP 系统提供了多种销售凭证类型。销售凭证类型 OR 代表标准销售订单（standard order for sales）。

3. 定义公共分销渠道（T – CODE VOR1）

Menu Path：IMG→Sales and Distribution→Master Data→Define Common Distribution Channels。（T – CODE VOR1）

```
Change View "Org.Unit: Dist.Channel per Sales Org.- Assign Maste
  SOrg. DChl Name          DCh-Conds Name          DCh-Cust/Mt Name
  2439  YY   CHANNEL 2439  YY        CHANNEL 2439  YY          CHANNEL 2439
```

分配分销渠道 YY 给销售组织 2439。DCh – Conds 表示为价格评估条件而分配的分销渠道，DCh – Cust/Mt 表示为客户和物料管理主记录分配的分销渠道。保存。

4. 定义公共部门（T – CODE VOR2）

Menu Path：IMG→Sales and Distribution→Master Data→Define Common Divisions。（T – CODE VOR2）

```
Change View "Org.Unit: Divisions per Sales Org.- Assign Master D
  SOrg. Dv Name              DivCon Name              DivCus Name
  2439  YY DIVISION FOR 2439 YY     DIVISION FOR 2439 YY     DIVISION FOR 2439
```

将部门 YY 分配给销售组织 2439。其中，DivCon 表示为价格评估条件分配销售部门，DivCus 表示为客户分配销售部门。保存。

5. 分配销售范围

Menu Path：IMG→Sales and Distribution→Master Data→Business Partners→Customers→Customer Hierarchy→Assign Sales Area。

分配销售渠道 YY、部门 YY 给客户标准结构类型（CustHType）A。保存。

6. 分配客户账户组

Menu Path：IMG→Sales and Distribution→Master Data→Business Partners→Customers→Customer Hierarchy→Assign Account Groups。

分配客户账户组（customer account group）YCCC 给客户标准结构类型（CustHType）A。YCCC 是为客户（customer）定义的账户组代码。保存。

7. 分配销售范围给销售凭证类型（T-CODE OVAZ, OVAM, OVAN）

Menu Path：IMG→Sales and Distribution→Sales→Sales Documents→Sales Document Header→Assign Sales Area to Sales Document Types。

第一，综合管理销售组织。点击功能键 Combine sales organizations。

分配参考销售组织（reference organization）2439 给销售组织 2439。保存。

第二，综合管理销售渠道。点击功能键 Combine distribution channels。

分配参考渠道（reference distribution channel）YY 给销售组织 2439。保存。

第三，为销售范围分配允许的销售凭证类型。

双击功能键 Assign sales order types permitted for sales areas。

Ref.S	Name	RefD	Name	Div	Name	SaTy	Description
2439	SALES ORG	YY	CHANNEL 2439	YY	DIVISION FOR 2439	OR	Standard Order
2439	SALES ORG	YY	CHANNEL 2439	YY	DIVISION FOR 2439	CS	Cash Sale
2439	SALES ORG	YY	CHANNEL 2439	YY	DIVISION FOR 2439	ZA	Internet order

为销售凭证类型，例如标准订单 OR，分配销售部门 YY 以及参考销售部门 YY、参考销售组织 2439。保存。其他凭证类型在本课程举例中很少用到。

第四，综合管理销售部门。点击功能键 `Combine divisions`。

SOrg.	Div	Name	RefDivDoc	Name
2439	YY	DIVISION FOR 2439	YY	DIVISION FOR 2439

分配参考销售部门（reference division）YY 给销售组织 2439。保存。

8. 定义销项税决定规则

Menu Path：IMG→Sales and Distribution→Basic Functions→Taxes→Define Tax Determination Rules。

Tax count.	Name	Seq.	Tax categ.	Name
CN	China	1	MWST	Output Tax

分配销项税的类别代码 MWST 给国家 CN，表示销项税的增值税计算规则。

9. 定义拒绝原因

Menu Path：IMG→Sales and Distribution→Sales→Sales Document→Sales Document Item→Define Reasons for Rejection。

Rj	NRP	OLI	BIC	Stat.	Description
01	□	□	□		Delivery date too late
02	□	□	□		Poor quality
03	□	□	□		Too expensive
04	□	□	□		Competitor better
05	□	□	□		Guarantee

SAP 系统已经定义了一些适合销售凭证使用的拒绝原因（Rj，rejection reasons）。NPR 表示是否在拒绝后不打印（not relevant for printing）。OLI 表示是否原项目重新成为未清项

（resource item open again）。BIC 表示是否与出票无关（not relevant for billing）。用户可以根据需要创建自己的拒绝原因并决定是否勾选相关参数。

第三节　建立销售会计凭证决定科目

1. 准备收入决定科目（T – CODE VKOA）

Menu Path：IMG→Financial Accounting→General Ledger Accounting→Business Transactions→Integration→Sales and Distribution→Prepare Revenue Account Determination。（T – CODE VKOA）

Table	Description
1	Cust.Grp/MaterialGrp/AcctKey
2	Cust.Grp/Account Key
3	Material Grp/Acct Key
4	General
5	Acct Key

收入科目的决定，主要用于销售与分销模块 SD。在开展销售业务时，当完成销售凭证输入之后，系统会根据销售凭证中有关销售收入、折让、计税等要求，自动调用会计科目，生成 FI/CO 会计凭证，需要自动调用的总账科目就在这里定义。

第一，双击 1 Cust.Grp/MaterialGrp/AcctKey。配置客户组/物料组/科目键值。

这里，版本 4.7.1 在定义 Account determination with conditional type（CndTy.）的时候，要求以 KOFI 为配置对象；而 ECC6.0 则要求以 KOFK 为配置对象。同学们只要按照要求，配置完全类似的科目就可以，而无须做其他工作。实际配置时，参考 2439 的配置进行配置就可以。这一点，要引起注意。

当然，同时配置 KOFI 和 KOFK 也可以。这主要与关联配置有关。

App	CndTy.	ChAc	SOrg.	AAG	AAG	ActKy	G/L Account	Provision acc.
V	KOFK	YCQC	2439	01	01	ERB	480220	
V	KOFK	YCQC	2439	01	01	ERF	480230	
V	KOFK	YCQC	2439	01	01	ERL	480231	
V	KOFK	YCQC	2439	01	01	ERS	480232	
V	KOFK	YCQC	2439	01	01	ERU	480233	

（1）App（application）代表应用，表示不同的应用领域。例如，这里的v代表销售与分销（sales and distribution），主要是为销售与分销管理这一应用而设的。

（2）CndTy.（condition type）代表科目决定的条件类型。例如，这里的KOFK就代表科目决定（account determination type）。当我们过账一张销售发票时，系统会采用科目决定类型来确定要过账发票金额的总账科目。KOFK与CO相关；KOFI与CO无关。

（3）第一个AAG（customer account assignment group）表示客户组。其取值有01（domestic revenue）、02（foreign revenue）、03（affiliation company revenue）等三种。这里AAG=01，表示在T-CODE VD02修改客户主记录时，在Billing documents画面之下的Account assignment group中，取值为01。

（4）第二个AAG（material account assignment group）表示物料组。其取值有01（trading goods）、02（services）、03（finished goods）等。这里，AAG=01，与T-CODE MM02之下，物料主数据中Sales：sales org.2之下的选项完全一致；如果不一致，则销售业务最后无法产生会计凭证。

这里，系统会首先选择AAG/AAG=1/1的项目。

（5）ActKy表示科目键值（account key）。这里列出了五个主要的科目键代码ERB、ERF、ERL、ERS、ERU。其中：

ERL表示收入（revenue）。科目必须是普通收入账户，才能够在普通销售业务中，形成会计凭证；如果含有asset项，则不能在销售业务中形成会计凭证，例如如果用屏幕组GO28和GO29分别配置普通销售科目和资产科目，一旦用错，则不能在普通销售中形成会计凭证。但是，在资产业务处理中，可以为资产业务专门创建专用科目。

ERF表示运费收入（freight revenue）。

ERS表示销售折扣（sales deduction）。

ERB表示返利销售折扣（rebate sales deduction）。

ERU表示返利计提费用（rebate accruals）。

第二，双击功能键 2 Cust.Grp/Account Key。配置客户组/科目键值。

Change View "Cust.Grp/Account Key": Overview

App	CndTy.	ChAc	SOrg.	AAG	ActKy	G/L Account	Provision acc.
V	KOFK	YCQC	2439	01	ERF	480230	
V	KOFK	YCQC	2439	01	ERL	480231	
V	KOFK	YCQC	2439	01	ERS	480232	
V	KOFK	YCQC	2439	01	MWS	275000	

AAG表示客户组（customer account assignment group）。其取值有01（domestic revenue）、02（foreign revenue）、03（affiliation company revenue）等三种。

Change View "Material Grp/Acct Key": Overview

App	CndTy.	ChAc	SOrg.	AAG	ActKy	G/L Account	Provision acc.
V	KOFK	YCQC	2439	01	ERB	480220	
V	KOFK	YCQC	2439	01	ERF	480230	
V	KOFK	YCQC	2439	01	ERL	480231	
V	KOFK	YCQC	2439	01	ERS	480232	

ActKy 表示科目键码（account key）。MWS 表示销售进项税。其余科目键码定义与之前的定义一样。这里，也可以增加对于 KOFI 类似的配置。

第三，双击功能键 3 Material Grp/Acct Key。配置物料组/科目键码。

这里，也可以增加对于 KOFI 类似的配置。

第四，配置通用科目。双击功能键 4 General。

这里，也可以增加对于 KOFK 类似的配置。

Change View "General": Overview

App	CndTy.	ChAc	SOrg.	G/L Account	Provision acc.
V	KOFI	YCQC	2439	480231	

第五，配置科目键值。双击功能键 5 Acct Key。

Change View "Acct Key": Overview

App	CndTy.	ChAc	SOrg.	ActKy	G/L Account	Provision acc.
V	KOFI	YCQC	2439	ERB	480220	
V	KOFI	YCQC	2439	ERF	480230	
V	KOFI	YCQC	2439	ERL	480231	
V	KOFI	YCQC	2439	ERS	480232	
V	KOFI	YCQC	2439	MWS	275000	
V	KOFI	YCQC	2439	VST	275000	

ActKy 表示科目键值（account key）。EVV 表示现金结算（cash settlement）。VST 表示进项税（income tax）。这里，也可以对 KOFK 增加类似的配置。

2. 为客户创建合作伙伴

Menu Path：IMG→Sales and Distribution→Basic Functions→Partner Determination→Setup Partner Determination。

点击 Set Up Partner Determination for Customer Master，配置商业合作伙伴信息。

第一，建立一个新的伙伴决定过程。

选择 New Entries，产生 AG 这个新的伙伴决定过程。

Change View "Partner Determination Procedures": Overview		
New Entries …	Partner Determination Procedures	
Dialog Structure	Part.Det.Proc	Name
	AG	Sold to party

第二，点击 Partner Functions。

定义 4 个合作伙伴功能 SP、BP、PY、SH。

这里，KU 表示合作伙伴类型为客户，当然，也可以定义其他类型合作伙伴。LI 表示合作伙伴为供应商的合作伙伴，这里的供应商合作伙伴是之前已经定义好的。

Partn.Funct.	Name	PartnerTy.	Err
SP	Sold-to-party	KU	07
BP	Bill-to-party	KU	07
PY	Payer	KU	07
SH	Ship-to-party	KU	07
FA	Forward Agent	LI	
GS	Goods Supplier	LI	
IP	Invoice presented by	LI	
OA	Ordering Address	LI	
VN	Vendor	LI	

第三，点击 Partner Determination Procedure Assignment。

Group	Description	ParPr	Name
YCCC	2439 YHQ LTD	AG	General Partner

分配一般伙伴标志 AG 给客户组名称 YCCC。

第四，点击 Account Groups - Function Assignment。

Partn.Funct.	Name	Account Grp	Name
SP	Sold-to-party	YCCC	2439 YCCC
BP	Bill-to-party	YCCC	2439 YCCC
PY	Payer	YCCC	2439 YCCC
SH	Ship-to-party	YCCC	2439 YCCC

第五，点击 Partner Determination Procedures。

选择伙伴 AG，双击 Partner Functions in Procedure。

Dialog Structure	Partner Functions in Procedure		
▼ ◻ Partner Determination Procedures	Part.Det.Proc	Partn.Funct.	Name
• ◻ Partner Functions in Procedure	AG	SP	Sold-to-party
• ◻ Partner Determination Procedure Assignm	AG	BP	Bill-to-party
• ◻ Partner Functions	AG	PY	Payer
• ◻ Account Groups - Function Assignment	AG	SH	Ship-to-party
• ◻ Partner Function Conversion			

第六，点击 ◻ Partner Function Conversion 。

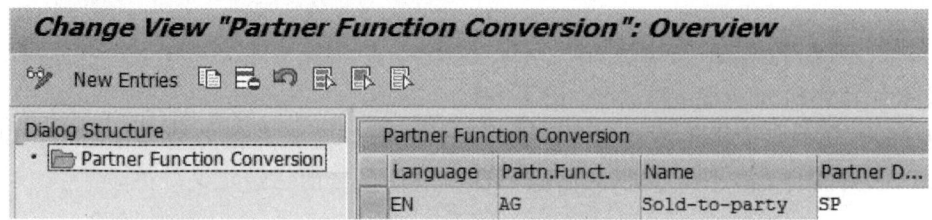

建立 AG 与 SP 之间的对应关系。

第四节　完善客户记录

创建客户主记录（SD 模块）（T‑CODE VD01，XD01）

在 FI 模块，已经创建了客户 400030，但之前只是输入了一般数据、公司相关数据，而没有输入与销售有关的数据。所以，这里创建客户，主要是完善客户主记录中的销售相关数据，为销售业务做准备。

Menu Path：SAP menu→Logistics→Sales and Distribution→Master Data→Business Partner→Customer→Create。（T‑CODE VD01，XD01）

选择已有客户 400030，科目组选择为 2439 公司代码定义的客户组，销售组织为 2439，分销渠道和部门均为 YY。确认 ✓ 。

第一，进入销售画面 Sales ，输入与销售有关的信息。

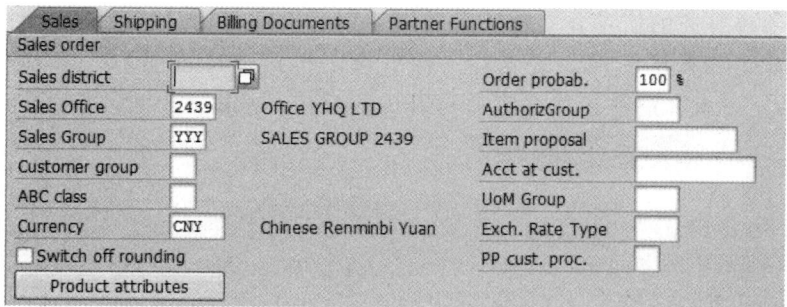

输入销售组等信息。

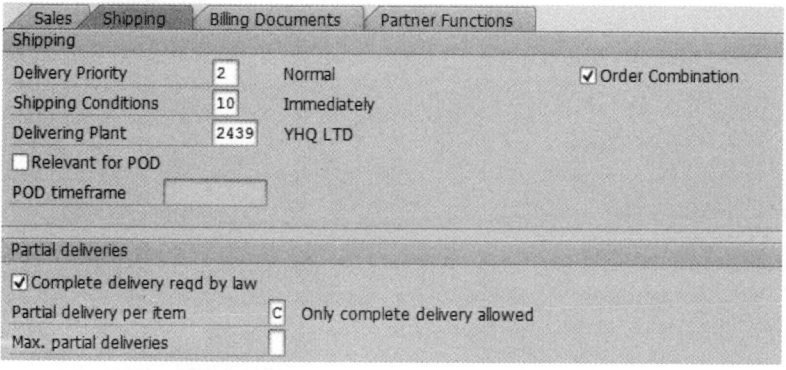

第二，点击功能键 Shipping。输入与运输有关的信息。

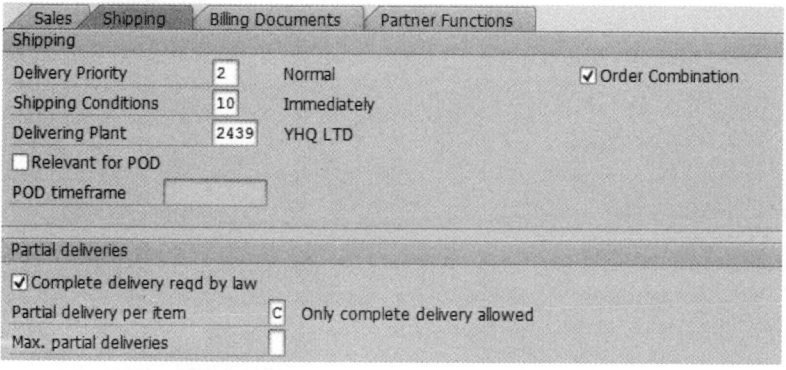

第三，点击功能键 Billing Documents，输入与开票和结算有关的信息。

（1）与销项税有关的信息非常重要，类别1表示销售商品完全应税。

（2）与作业组相关的赋值1表示第一组，即之前配置中的AAG（customer account assignment group），表示客户组，其取值1表示domestic revenue。

第四，点击功能键 Partner Functions 。

PF	Partner Function	Number	Name	Partner Des
SP	Sold-to-party	400030	400030 Customer	
BP	Bill-to-party	400030	400030 Customer	
PY	Payer	400030	400030 Customer	
SH	Ship-to-party	400030	400030 Customer	

合作伙伴功能，与之前关于供应商合作伙伴角色的定义完全一致。保存 。

到此，客户记录数据项就比较完整了。

第六章

资产管理（AM 模块）

第一节 建立资产折旧表

1. 创建资产折旧表、折旧范围（T – CODE OADB）

固定资产折旧表（chart of depreciation），是根据企业需求或法定要求而安排的一个折旧范围（depreciation areas）清单，它是用户在特定国家内管理固定资产评估的全部规则。用户必须将一个固定资产折旧表分配给每个已经在资产会计（asset accounting）中定义的公司代码。

SAP 系统提供了为特定国家定义的、具有预先定义的折旧范围的折旧表。这些样本折旧表，虽然不能在 SAP 系统中被直接使用或者直接被接受，但是，如果作为一个参考系统来帮助用户创建自己的折旧表，还是很有意义的。当用户创建自己的折旧表时，可以通过拷贝的方式，从参考折旧表出发，复制产生自己的折旧表。

当我们通过拷贝的方式创建折旧表时，系统将把参考折旧表所具有的全部折旧范围拷贝到新的通过复制产生的折旧表中。可以删除在拷贝时产生的折旧表中任何我们不需要的折旧范围。不过，在之后的某个时间，不被用到的折旧范围仍然可以被激活。

Menu Path：IMG→Financial Accounting→Asset Accounting→Organizational Structures→Copy Reference Chart of Depreciation/Depreciation Area。（T – CODE OADB）

Activities Performed	Name of Activity
	Copy Reference Chart of Depreciation
	Specify Description of Chart of Depreciation
	Copy/Delete Depreciation Areas

第一，选择功能键 Copy Reference Chart of Depreciation，点击拷贝键。

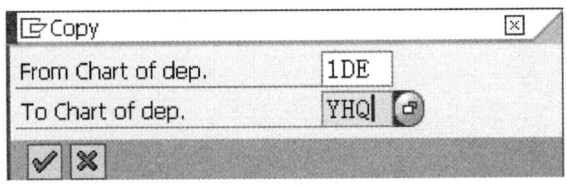

　　一个固定资产折旧表，可以被多个公司所引用，同学们在练习时，如果不创建新的折旧表，也可以直接引用我们已经为公司 2439 专门创建的折旧表 YHQ。选择折旧表 1DE 作为参考折旧表，输入字母 YHQ 作为要新生成的目标折旧表，拷贝并复制参考折旧表 1DE 的全部折旧范围给新折旧表 YHQ。连续点击确认键 ✓，✓，✓。

　　一旦复制完成，屏幕会显示 Chart of dep. 1DE copied to YHQ。折旧表 1DE 被拷贝给 YHQ。

　　第二，选择功能键 Specify Description of Chart of Depreciation。

ChDep	Description
YHQ	Chart of depreciation: 2439

折旧表 YHQ 已经产生，修改其描述文字，正式定义折旧表 YHQ。保存 💾。

　　第三，选择功能键 Copy/Delete Depreciation Areas。

　　输入折旧表代码 YHQ。确认 ✓。为折旧表 YHQ 定义折旧范围。

Chart of dep. YHQ Chart of depreciation: 2439

Define Depreciation Areas

Ar.	Name of depreciation area	Real	G/L	Trgt Group
1	Book depreciation in CNY	✓	1	
2	Book depreciation in EUR	✓	0	
3	Book depreciation in USD	✓	0	
20	Cost-accounting depreciation	✓	3	
60	Book depreciation	✓	0	
61	Special tax depreciation for APC in fin.statement	✓	0	

通过删除、拷贝、修改等操作，这里仅保留折旧范围 1、2、3、20、61。

Change View "Asset Accounting: Define depreciation area": Details

Chart of dep.	YHQ	Sample chart of depreciation: 2439
Deprec. area	01	Book depreciation in RMB
		Book dep.RMB
Real dep. area	✓	
Posting in G/L	1	Post assets in General Ledger realtime

Management of values
| Acquisition value | Only positive values or zero allowed |
| Net book value | Only positive values or zero allowed |

第六章　资产管理（AM 模块）

这里，全部都勾选了实时过账。G/L = 1 表示实时过账；3 表示仅仅过账折旧值。

折旧范围 1 代表以本币表示的账面折旧。双击 `1    Book depreciation`。

账面折旧，一般是指固定资产清单中本期的折旧额，也等于会计科目余额表中累计折旧的增加值，例如，折旧计入费用、存货成本、在建工程折旧值等。勾选实际折旧范围（real depreciation areas）。折旧范围 1 适合币种 CNY/RMB，它们的货币类型（currency type）为 10，被定义为公司代码层次货币。保存。

折旧范围 2 代表第一外币账面折旧。双击 `2    Book Depreciation in 2nd local currency`。

Change View "Asset Accounting: Define depreciation area": Details

Chart of dep.	YHQ	Sample chart of depreciation: 2439
Deprec. area	02	Book depreciation in EUR
		Book dep.EUR
Real dep. area	✓	
Posting in G/L	0	No values are posted in General Ledger

Management of values
| Acquisition value | Only positive values or zero allowed |
| Net book value | Only positive values or zero allowed |

折旧范围 2 除了币种与折旧范围 1 不同外，其他属性跟随折旧范围 1，属于账面折旧。勾选实际折旧范围。折旧范围 2 采用货币 EUR，货币类型为 30。保存。

折旧范围 20 代表成本会计折旧。双击 `20   Cost-accounting depreciation`。

Change View "Asset Accounting: Define depreciation area": Details

Chart of dep.	YHQ	Sample chart of depreciation: 2439
Deprec. area	20	Cost-accounting depreciation
		Cost-acc.
Real dep. area	✓	
Posting in G/L	3	Only depreciation posted in the General Ledger

Management of values
| Acquisition value | Only positive values or zero allowed |
| Net book value | All values allowed |

在 T – CODE OABN 下，将所有折旧范围值设置一致为 "All values allowed"。

成本会计折旧，一般是向总账科目计入存货成本中的折旧值，即计入制造费用中的折旧值，这里，周期性折旧过账码为 3。保存。

不论是账面折旧 01，还是成本会计折旧 20，都将过账折旧值给总账科目，这依赖于科目作业性质，但是，成本会计折旧，由于总账科目所对应的成本要素与成本中心相联系，所以，折旧值还会过账到成本要素及其成本中心。

折旧范围 61 代表特殊税收折旧。双击 61 Special tax depreciation for APC in fin.statement。

保存。在许多国家，普通折旧不允许对在建资产（assets under construction）实施折旧。对于这类在建资产的折旧，特殊税收折旧（special tax depreciation）是允许的，在这种情况下，可以选择适当的资产类别和相应的折旧范围，作为缺省值引入折旧系统。这里，APC 表示原始购置和生产成本（acquisition and production costs）。

2. 选择折旧表（T – CODE OAPL）

Menu Path：IMG→Financial Accounting→Asset Accounting→Valuation→Set Chart of Depreciation。（T – CODE OAPL）

输入折旧表代码 YHQ。确定。一旦选定，折旧表 YHQ 将成为当前折旧表。

当我们配置资产系统时，定位正确的折旧表非常重要。因为折旧表一旦第一次被选定，之后就会被默认为是当前折旧表，而作为当前折旧表被启用。所以，当我们不能确定正确的折旧表时，则必须正确选择折旧表，否则将铸成错误。

3. 为非应税采购分配税率标志（T – CODE OBCL）

Menu Path：IMG→Financial Accounting→Asset Accounting→Integration with the General Ledger→Assign Input Tax Indicator for Non – Taxable Acquisitions。（T – CODE OBCL）

分配进项税标志 Q0 和销项税标志 H0 给公司代码 2439，二者税率均为 0%。

4. 分配折旧表给公司代码（T – CODE OAOB）

Menu Path：IMG→Financial Accounting→Asset Accounting→Organizational Structures→Assign Chart of Depreciation to Company Code。（T – CODE OAOB）

固定资产往往是属于某个公司的，自然，折旧表也只有分配给公司代码才有意义。分配折旧表 YHQ 给公司代码 2439。保存。

在配置操作中可能会遇到不能分配折旧表给公司代码的情况，在绝大多数情况下，这主要是因为折旧表与已经定义的货币之间具有紧密的联系，而货币和折旧表一旦配置妥当，就无法轻易改变，解决的办法是：采用 T – CODE OBY6 先去掉 productive 配置；采用 T – CODE OB22，先将货币第二、第三本币从货币定义表中删除；然后采用 T – CODE OAOB，分配折旧表给公司代码；最后再采用 T – CODE OB22，在货币列表中恢复第二、第三本币。

5. 定义与主资产相关联的跨公司代码

在 SAP 的 FI – AA 模块中，可以分配主资产号码给跨公司代码，因此，对每个公司代码，我们可以确定以哪个公司代码来执行主资产代码分配，在这一步，我们可以决定跨公司代码的主资产号码分配。如果不需要给跨公司代码分配主资产号码，我们就不需要在这里做任何配置；但是，可以输入当前正在编辑使用的一个公司代码作为独立关键值。

Menu Path：IMG → Financial Accounting → Asset Accounting → Organizational Structures → Specify Number Assignment Across Company Code。

以公司代码 2439 作为关键值（No. CoCd），分配给公司代码 2439，表示没有号码分配给跨公司代码。SAP 系统中，跨公司代码的用途可以通过一个例子来解释：例如集中采购，以一家公司代码采购，但是采购来的货物将被分配到许多不同的公司代码去，即一家公司代码可以代记其他公司的账务，记账时，对方公司代码也会产生一张对应的凭证。

6. 定义并行使用货币类别（T–CODE OABT）

Menu Path：IMG→Financial Accounting→Asset Accounting→Valuation→Currencies→Specify the Use of Parallel Currencies。（T–CODE OABT）

分配集团货币类型欧元给折旧范围02，货币代码为30。

分配公司代码货币人民币给折旧范围01、20、61，缺省货币代码为10。接受价值（ValAd，Adoption values）0被分配给折旧范围01。接受价值1被分配给其他折旧范围2、20、61。

7. 检查折旧范围货币分配（T–CODE OAYH）

Menu Path：IMG→Financial Accounting→Asset Accounting→Valuation→Currencies→Define Depreciation Areas for Foreign Currencies。

Menu Path：IMG→Financial Accounting→Preparation for Consolidation→Company Consolidation→Currency Translation→Parallel Currencies in FI–AA Asset Accounting→Check the Currency for depreciation Area。（T–CODE OAYH）

Choose 2439. Click on Depreciation area currency.

账面折旧范围02被分配了集团货币欧元EUR作为结算货币。其余折旧范围01、20、61都被分配了本币人民币CNY/RMB作为结算货币。T–CODE OB22与T–CODE OAYH中所定义的货币必须是一致的。

第二节 建立折旧类别

1. 定义科目决定码

Menu Path：IMG→Financial Accounting→Asset Accounting→Organizational Structures→Asset Classes→Specify Account Determination。

点击 New Entries 。增加代码499911 – 499916 给科目决定码组。这里定义的科目决定码，如同资产的一种分类代码，分别代表了不同类别的资产。保存 。

一个科目决定码必须被存储在资产类别中。科目决定码将资产主文件记录与会计作业过账所采用的资产类别相关总账科目连接起来。通常，当希望拥有总账科目资产余额表时，我们需要至少相同的科目决定码。科目决定码是资产类别、资产折旧范围、资产科目、屏幕字段显示规律之间的衔接代码。

Change View "FI-AA: Account determination": Overview

Acct. determ.	Name for account determination
499911	Real estate and Buildings
499912	Technical assets and machines
499913	Fixtures and fittings
499914	Down payments paid and assets under construction
499915	Low-value assets
499916	Leased assets

2. 创建屏幕层次化结构规则

Menu Path：IMG→Financial Accounting→Asset Accounting→Organizational Structures→Asset Classes→Create Screen Layout Rules。

Change View "Asset Accounting: Screen layout for master record": O

Screen layout rule	Name of screen layout rule
9911	Real estate
9912	General machines
9913	Fixtures and Fittings
9914	Assets under construction
9915	Low Value Assets
9916	Leased assets

创建屏幕层次化结构 9911、9912、9913、9914、9915、9916 等。屏幕层次化结构（screen layout）定义了资产主文件中的字段状态。我们可以采用屏幕层次化结构来决定是否要求输入、选择输入、仅仅显示或者屏蔽字段。这里，我们仅仅是创建代表屏幕层次化结构规则的关键字（keys）和描述（descriptions）。保存 📙。

3. 定义资产号码段

Menu Path：IMG→Financial Accounting→Asset Accounting→Organizational Structures→Asset Classes→Define Number Range Interval。

Number Range Object Overview

No.CoCode 2439

01	000000001000	000000001999	000000001000
02	000000002000	000000002999	000000002000
03	000000003000	000000003999	000000003000
04	000000004000	000000004999	000000004000
05	000000005000	000000005999	000000005000
06	000000006000	000000006999	000000006000

为定义资产号码而设定的号码段。输入公司代码 2439，创建资产号码段 01、02、03、04、05、06 等。因为前面定义的资产科目决定码 499911－499916 分别代表了六类不同资产，所以这里也定义了六个号码段，假设一个号码段适合一类资产。保存 📙。

4. 定义资产类别（T－CODE OAOA）

Menu Path：IMG→Financial Accounting→Asset Accounting→Organizational Structures→Asset Classes→Define Asset Classes。（T－CODE OAOA）

Change View "Asset classes": Overview

Class	Short text	Asset class description
99911	Real estate	Real estate
99912	Machines decl. depr.	Machines declining depr.
99913	Fixture and fitting	Fixture and fittings
99914	Assets under Constr.	Assets under construction
99915	LVA (individ. mgmt.)	Low value assets (individual management)
99916	Leased assets	Leased assets

对于特定资产类别的定义，以资产类别 99911 为例，双击 99911 Real estate。

```
Change View "Asset classes": Details
    New Entries  ...
Asset class      99911      Real estate
Short text                  Real estate

Asset type
  Account determ.   499911    Real estate and Buildings
  Scr.layout rule   9911      Real estate
  Base Unit

Number assignment
  Number range      01
  External sub-no

Status of AuC
  ● No AuC or summary management of AuC
  ○ Line item settlement
  ○ Investment Measure
```

定义资产类别 99911、99912、99913、99914、99915、99916。资产类别就是定义资产的主要标准。每一种资产都必须被分配给一种资产类别。在定义资产类别时，用户可以定义适当的控制参数、缺省折旧值以及其他主要数据。资产类别与科目组类似，在定义过程中，要定义资产主记录的屏幕结构，并分配一个资产号码段。

资产类别 99911 表示以房地产为主的固定资产，定义其科目决定码为 499911，屏幕层次化结构规则为 9911，所属资产号码段为 01 即 1000 – 1999；它们之间具有较好的对应关系。AuC 表示在建工程（asset under construction），在建工程一般不计提折旧，它与一般资产之间具有一定区别；但是，也可以考虑折旧。

5. 分配屏幕结构、科目决定码给资产折旧表

Menu Path：IMG→Financial Accounting→Asset Accounting→Organizational Structures→Asset Classes→Specify Chart – of – Dep. – Dependent Screen Layout/Acct Assignment。

```
Change View "Asset class selection": Overview

Dialog Structure                    | Asset class | Asset class description
▽ ☐ Asset class selection           | 99911       | Asset Class for 2439 YHQ LTD
    ☐ Chart-of-depreciation-dependent data | 1000000 |
```

选择资产类别 99911。双击功能键 ☐ Chart-of-depreciation-dependent data。

[图：Change View "Chart-of-depreciation-dependent data": Details]

点击 New Entries。分配资产类别 99911 给折旧表 YHQ。

双击折旧表功能键 YHQ　Chart of Depreciation: 2439 YHQ LTD。

资产科目决定码 499911、类别 99911、屏幕层次化规则 9911 被分配给了折旧表 YHQ。

6. 定义折旧范围到总账的过账规则（T–CODE OADB）

Menu Path：IMG→Financial Accounting→Asset Accounting→Integration with the General Ledger→Define How Depreciation Areas Post to General Ledger。（T–CODE OADB）

[图：Change View "FI-AA: Set 'post to general ledger' indicator in dep. ar..."]

这里，Po 表示不同资产折旧范围到总账的过账规则。如果为 0，则没有值被直接过账到总账，而是跟随折旧范围 1 变化，即只要此处"posting in G/L = 0"，则在 T–CODE AO90 中的折旧范围下，不会出现需要赋值相关科目号的画面。

第三节　建立折旧科目

1. 分配总账科目给折旧表（T–CODE AO90）

Menu Path：IMG→Financial Accounting→Asset Accounting→Integration with the General

Ledger Accounting→Assign G/L Accounts。(T – CODE AO90)

首先选择资产折旧表 YHQ。确认 ✓。

Change View "Chart of Accounts": Overview

Dialog Structure		
▽ 🗁 Chart of Accounts	Chart of dep.	YHQ Sample chart of depreciation: 24
▽ 🗁 Account Determination		
🗀 Balance Sheet Accounts	Chart of Accounts	
🗀 Depreciation	Chrt/Accts	Descriptn
🗀 Special Reserves	YCQC	Chart of Accounts -YHQ LTD

在资产会计中,因为折旧范围在总账中并不存在,这些与折旧范围相关的值必须被过账给不同的总账科目,用于不同的财务报表版本(financial statement versions)。

选择会计科目表 YCQC。双击科目确定键 🗁 Account Determination 。固定资产折旧科目表会计科目的决定,配置起来较为麻烦,因为每种业务所对应的科目类别有所不同,所以,配置过程中需要仔细甄别不同会计科目所属类别,以便科目与折旧业务之间具有较好的对应性。以下配置供参考。

Change View "Account Determination": Overview

Dialog Structure		
▽ 🗁 Chart of Accounts	Chart of dep.	YHQ Sample chart of depreciation: 24
▽ 🗁 Account Determination	Chart of Accts	YCQC
🗀 Balance Sheet Accounts	Account Determination	
🗀 Depreciation	Account determ.	Name for account determination
🗀 Special Reserves	499911	Real estate and Buildings
	499912	Technical assets and machines
	499913	Fixtures and fittings
	499914	Down payments paid and assets under cons
	499915	Low-value assets
	499916	Leased assets

第一,对于公司 2439,科目表 YCQC,需要分配总账科目给折旧表 YHQ。

Change View "Balance Sheet Accounts": Details

Chart of dep.	YHQ	Sample chart of depreciation: 2439
Chart of Accts	YCQC	Chart of Accounts -YHQ LTD
Account determ.	499911	Real estate and similar rights
Deprec. area	1	Book depreciation

Acquisition account assignment

Acquisition:Acquis. and production costs	209970	office equipment
Acquisition: down payments		
Contra account: Acquisition value	209990	Asset aquisition cle
Down-payments clearing account		
Acquisition from affiliated company	209991	Cle.affili.comp.asse
Revenue frm post-capitaliz:		

Retirement account assignment		
Loss made on asset retirement w/o reven.	209992	Loss on assets scrap
Clearing acct. revenue from asset sale	209993	Suspense a/c - dispo
Gain from asset sale	209994	Profits on disposal/
Loss from asset sale	209995	Loss on disposal/sal
Clear.revenue sale to affil.company	209993	Suspense a/c - dispo

Revaluation account assignment		
Revaluation acquis. and production costs	209970	office equipment
Offsetting account: Revaluation APC	209976	accumulated dep. fix

Account assignment of cost portions not capitalized		
Cost elem. for settlmt AuC to CO objects	209996	External purchase co

第二，选择科目决定码 499911。双击 Balance Sheet Accounts。

分配总账科目 209970 表示购置与生产成本科目，它代表了资产的采购价，在开展采购业务时，采购价就会被自动记入该科目下。

分配总账科目 209990 给购置价值科目，209991 表示关联公司购置科目，209992 表示资产报废损失科目。

总账科目 209993 表示资产销售收入结算科目，在处置固定资产时，处置价格会被记入该科目。

总账科目 209994 表示资产出售收益科目，也就是资产的溢值，被记入该科目。

总账科目 209995 表示资产出售损失科目；209996 表示在建工程结算成本要素科目；209997 表示资本差额或营业外支出。

这里，账号 209970 会被自动地添加到 T – CODE OAMK 的 reconciliation account 列表中，即被自动添加为统驭科目，且科目性质为 balance sheet 科目，关于这一点，必须引起重视。例如，当采用 T – CODE F – 90 向供应商 400001 采购资产时，会计凭证会自动记账，将应付账款记入供应商 400001 的统驭科目；同时，系统会自动调用科目 209970，表示资产购置成本增加。

另外，资产科目必须在 grants 中有定义，不然就有 "G/L account/cost element *** has not been set up for updating in grants"，处理办法是在 T – CODE GM_ UPD_ SETTINGS 下进行配置。

第三，双击 Depreciation，选择适当的折旧范围。

因为在 T – CODE OADB 下，PO（depreciation areas post to general ledger）值定义为：折旧范围 1 的 PO 值为 1，折旧范围 2 的 PO 值为 0，折旧范围 20 的 PO 值为 3，折旧范围 61 的 PO 值为 0，所以，折旧科目仅仅对折旧范围 1、20 有效，只在折旧范围 1 和折旧范围 20 下拥有折旧值科目，但在折旧范围 2、61 下没有折旧值科目。尽管如此，在折旧值范围 2、61 下的科目值会跟随折旧范围 1 发生。

第六章 资产管理（AM 模块）

选择折旧范围 1，双击功能键 `1  Book depreciation`。

选择折旧范围 20，双击功能键 `20  Cost-accounting depreciation`。

对于折旧范围1，总账科目209976表示正常折旧的累计折旧科目，必须是asset reconciliation account；211100表示正常折旧的费用科目；253000表示资产增值收益科目；211200表示计划外折旧费用科目；253000表示计划外折旧增值。

对于折旧范围20，总账科目261000表示正常累计折旧清算科目；208100表示折旧费用估算科目。

以上折旧范围1和20由科目决定码499911决定。保存 📄 。

选择科目决定码499914。双击功能键 📁 Balance Sheet Accounts 。

Change View "Balance Sheet Accounts": Details

Chart of dep.	YHQ	Sample chart of depreciation: 2439
Chart of Accts	YCQC	Chart of Accounts -YHQ LTD
Account determ.	499914	Down payments paid and assets under construction
Deprec. area	1	Book depreciation

Acquisition account assignment

Acquisition:Acquis. and production costs	232000	Assets und.construct
Acquisition: down payments	231100	Capitalized payments
Contra account: Acquisition value	209990	Asset aquisition cle
Down-payments clearing account	231200	Clearing capitalizat
Acquisition from affiliated company	209991	Cle.affili.comp.asse
Revenue frm post-capitaliz:		

Retirement account assignment

Loss made on asset retirement w/o reven.	310010	Inventory - Raw Mate
Clearing acct. revenue from asset sale	209993	Suspense a/c - dispo
Gain from asset sale	209994	Profits on disposal/
Loss from asset sale	209995	Loss on disposal/sal
Clear.revenue sale to affil.company	209993	Suspense a/c - dispo

Revaluation account assignment

Revaluation acquis. and production costs	232000	Assets und.construct
Offsetting account: Revaluation APC	232010	Depreciation asset

Account assignment of cost portions not capitalized

Cost elem. for settlmt AuC to CO objects		
Capital. difference/Non-operatng expense	209997	Non-Affecting Costs

双击 📁 Depreciation 。选择适当的折旧范围。

选择折旧范围1，双击功能键 1 Book depreciation 。

在建科目折旧范围的配置，与非在建科目基本一致。这里，虽然我们有明确定义，但是，在练习中，为简单起见，同学们掌握499911类别就可以。

Change View "Depreciation": Details

Chart of dep.	YHQ	Sample chart of depreciation: 2439
Chart of Accts	YCQC	Chart of Accounts -YHQ LTD
Account determ.	499914	Down payments paid and assets under construction
Deprec. area	1	Book depreciation

Ordinary depreciation account assignment

Acc.dep. accnt.for ordinary depreciation	232000	Assets und.construct
Expense account for ordinary depreciat.		
Expense account for ord. dep. below zero		
Revenue from write-up on ord.deprec.		

Unplanned depreciation account assignment

Accumulated dep. account unpl. deprec.	232000	Assets und.construct
Expense account for unplanned deprec.		
P&Lact.unpl.dep.below 0		
Revenue from write-up on unplnd. deprec.		

选择折旧范围 20，双击功能键 20 Cost-accounting depreciation。

Change View "Depreciation": Details

Chart of dep.	YHQ	Sample chart of depreciation: 2439
Chart of Accts	YCQC	Chart of Accounts -YHQ LTD
Account determ.	499914	Down payments paid and assets under construction
Deprec. area	20	Cost-accounting depreciation

Ordinary depreciation account assignment

Acc.dep. accnt.for ordinary depreciation	261000	Clearing est. deprec
Expense account for ordinary depreciat.	208100	Cost-acctg deprec.
Expense account for ord. dep. below zero	208100	Cost-acctg deprec.
Revenue from write-up on ord.deprec.		

Unplanned depreciation account assignment

Accumulated dep. account unpl. deprec.	261000	Clearing est. deprec
Expense account for unplanned deprec.	208100	Cost-acctg deprec.
P&Lact.unpl.dep.below 0	208100	Cost-acctg deprec.
Revenue from write-up on unplnd. deprec.		

以上折旧范围 1 和 20 由科目决定码 499914 决定。保存 。

2. 为资产报告定义财务报表版本

Menu Path：IMG→Financial Accounting→Asset Accounting→Integration with the General Ledger→Specify Financial Statement Version for Asset Report。

Display View "Company code selection": Overview

Dialog Structure	Company code	Company Name
▽ 🗀 Company code selection	2439	YHQ LTD
🗀 Assign financial statement version		

选择公司代码 2439。点击功能键 ☐ Assign financial statement version。

```
Change View "Assign financial statement version": Overview
Company Code    2439    YHQ LTD
Ar. Name of depreciation area           FS Vers  Financial Statement Version Name
01  Book depreciation                   2439     Commercial Balance Sheet for YHQ LTD
02  Book depreciation in 2nd local currency 2439 Commercial Balance Sheet for YHQ LTD
20  Cost-accounting depreciation        2439     Commercial Balance Sheet for YHQ LTD
61  Special tax depreciation for APC in fin.statemen 2439 Commercial Balance Sheet for YHQ LTD
```

财务报告版本（financial statement version）2439 在之前已经定义，这里，被分配给折旧范围 1、2、20、61，所有 4 个折旧范围都会在财务报告中被报告出来。

第四节　建立折旧凭证

1. 为折旧过账定义凭证类型

Menu Path：IMG → Financial Accounting → Asset Accounting → Integration with the General Ledger → Post Depreciation to the General Ledger → Specify Document Type for Posting of Depreciation。

```
Activities
Perf Name of Activity
     Define Document Types
     Specify Document Type for Posting of Depreciation
```

双击功能键 Specify Document Type for Posting of Depreciation。

```
Change View "FI-AA: "Document type for posting depreciation"": Ov
CoCode Company Name   Doc.type  Description
2439   YHQ LTD        AF        Dep. postings
```

分配凭证类型 AF 给公司代码 2439。AF 表示折旧过账凭证。保存 💾。

关于凭证类型 AF，选择 Define Document Types，双击 AF　Dep. postings。

凭证类型 AF 所适应的会计科目有资产类和总账类会计科目；允许过账借、贷双方的值；其对应的反向记账凭证类型为 AB。

第六章 资产管理（AM 模块）

[Screenshot: Change View "Document Types": Details
- Document type: AF Dep. postings
- Properties:
  - Number range: 06
  - Reverse doc. type: AB
  - Authorization Group:
- Account types allowed: ✓ Assets, ✓ G/L account
- Special usage: (none checked)
- Control data: ✓ Negative postings allowed, ✓ Inter-company postgs
- Default values: Ex.rate type for forgn crncy docs]

凭证所代表的资产代码段为 06，其性质必须是 External 类型，即必须是手工输入类型，而不是自动产生，这一点很特别。

2. 定义折旧范围和类型

Menu Path：IMG→Financial Accounting→Asset Accounting→Valuation→Depreciation Areas→Define Depreciation Areas。

✓	Define Depreciation Areas
✓	Specify area type

定义折旧范围，点击功能键 Define Depreciation Areas。

01	Book depreciation in RMB
02	Book depreciation in EUR
20	Cost-accounting depreciation
61	Special tax depreciation for APC in fin.statement

折旧范围 1、2、20、61 已经定义，不需要再重新定义。

定义折旧范围类型，点击功能键 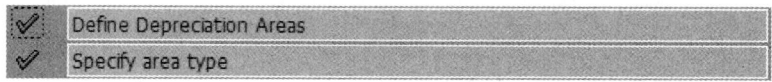。

Change View ""Actual depreciation areas: area type"": Overview

Ar.	Name of depreciation area	Typ	Description
01	Book depreciation in RMB	18	Balance sheet according to other
02	Book depreciation in EUR	18	Balance sheet according to other
20	Cost-accounting depreciation	07	Cost-acc. valuation
61	Special tax depreciation for APC in fin.statement	02	Special dep. reserves (special tax d

Chart of dep. YHQ Sample chart of depreciation: 2439

标准的折旧范围类型（depreciation area type），在 SAP 系统中已经有定义，用户可以依据折旧范围的意义自己选择折旧范围的类型。折旧范围类型属于注释性定义，对于折旧范围的性质影响不大。

3. 定义折旧范围间 APC 价值转移规则（T – CODE OABC）

Menu Path：IMG→Financial Accounting→Asset Accounting→Valuation→Depreciation Areas→Specify Transfer of APC Values。（T – CODE OABC）

Change View "Depreciation areas: Rules for value takeover": Overvie

Chart of dep. YHQ Sample chart of depreciation: 2439

Ar.	Name of depreciation area	ValAd	Ident.
01	Book depreciation in RMB	00	
02	Book depreciation in EUR	01	✓
20	Cost-accounting depreciation	01	
61	Special tax depreciation for APC in fin.statement	01	✓

APC 是 acquisition and production costs 的缩写，表示购置与生产成本。

ValAd 是 adoption of values 的缩写，表示折旧范围的接收值，接收值实际上是一个参考折旧范围，例如，接收值 01 就表示从折旧范围 1 接收 APC 值。

折旧范围 2 的接收值是 1，表示系统可以从折旧范围 1 转移（transfer）过账值到折旧范围 2，这里，转移的过账值（posting amounts）指的是对 APC（acquisition and production costs）有直接或者间接影响的值。折旧范围 20、61 也是类似。

一个折旧范围仅仅能够接收折旧范围比自身小的折旧范围的值，所以，任何其他折旧范围都不可能转移过账值给折旧范围 1。

4. 定义折旧转移条款（T – CODE OABD）

Menu Path：IMG→Financial Accounting→Asset Accounting→Valuation→Depreciation Areas→Specify Transfer of depreciation Terms。（T – CODE OABD）

第六章 资产管理（AM 模块）

Change View "Depreciation areas: Rules for takeover of deprec. terr

Chart of dep.	YHQ	Sample chart of depreciation: 2439		
Ar.	Name of depreciation area		TTr	Identical
01	Book depreciation in RMB		00	☐
02	Book depreciation in EUR		01	☑
20	Cost-accounting depreciation			☐
61	Special tax depreciation for APC in fin.statement			☐

TTr 表示来自不同折旧范围的折旧值的条款转移（terms transfer）。

一个折旧范围可以接收来自另外一个折旧范围的折旧条款。

例如，这里，对于折旧范围 2，TTr = 1，表示折旧范围 2 接收了折旧范围 1 的折旧条款。即折旧范围 2 除了币种为 EUR，与折旧范围 1 的币种 CNY/RMB 不同之外，其他一切折旧规则都是一致的，折旧范围 2 将完全继承折旧范围 1 的折旧条款。

但是，折旧范围 20、61 则不然，它们都有自己独立的折旧条款。关于这一点，在练习中将会明显地看出来。

参考折旧范围，即 TTr 值，必须小于当前折旧范围。

5. 为资产折旧范围定义屏幕结构（T – CODE AO21）

Menu Path：IMG→Financial Accounting→Asset Accounting→Master Data→Screen Layout→Define Screen layout for Asset Depreciation Areas。(T – CODE AO21)

Change View "Screen layout": Overview

Dialog Structure	ScrnLayout	Scrn layout description
▽ ☐ Screen layout	1000	Depr. on main asset no. level
☐ Field group rules	100A	Depr. on main asset (Auc)

SAP 系统已经为折旧范围定义了一些屏幕结构。这里，我们选择屏幕结构 1000 作为缺省屏幕结构。如果拷贝 1000，也可以生成新的屏幕结构。

选择已有屏幕结构 1000。双击功能键 ☐ Field group rules。

如果是选择已有屏幕结构，则不必做任何变化。

字段组（FG, field group）09 表示资产折旧年限索引序列值，这里选择隐藏（no display, suppressed），既不要求强制输入（required），也不要求选择输入（option）或者显示（display）。

Change View "Screen layout for": Overview

FG	Field group name	Req.	Opt.	No	Disp	Class	MnNo.	Sbno.	Copy
01	Depreciation keys	●				☑	☑	☐	☐
02	Useful life	○	●			☑	☑	☐	☑
03	Ord.dep.start date	○	●	○	○		☑	☐	☐
04	Spec.dep.start date	○	●	○	○		☑	☐	☐
05	Int.calc.start date	○	●	○	○		☑	☐	☐
08	Index series Rep.val	○	●	○		☑	☑	☐	☑
09	Index series by age	○	○	●		☐	☐	☐	☐
10	Prop.dep.variable	○	●	○		☐	☑	☐	☑

字段组 01 表示折旧码，属于必须输入（required）的项目。

字段组 02 表示资产生命周期年限，03 表示一般折旧起始日期，04 表示特殊折旧起始日期，05 表示利息计算起始日期，08 表示替代价值（资产残值）序列值，10 表示预定折旧变量，等等。这些字段的屏幕格式一律采用选择输入（option）模式。

字段组表示的是资产折旧主数据的主要栏目属性。

6. 为资产类别定义折旧范围（T – CODE OAYZ）

Menu Path：IMG→Financial Accounting→Asset Accounting→Valuation→Determine Depreciation Areas in the Asset Class。（T – CODE OAYZ）

Change View "Asset class": Overview

Dialog Structure
▽ 📁 Asset class
　　📁 Depreciation areas

Asset class	Asset class description
99911	Real estate
99912	Machines declining depr.
99913	Fixture and fittings
99914	Assets under construction
99915	Low value assets (individual management)
99916	Leased assets

例如，选择资产类别 99911。双击功能键 📁 Depreciation areas。

Area 1 之下，要勾选"Negative value allowed"，便于 T – CODE ABS0 操作。

Change View "Depreciation areas": Overview

Dialog Structure
▽ 📁 Asset class
　　📁 Depreciation areas

Asset class: 99911　　Real estate
Chart of dep.: YHQ　　Sample chart of depreciation: 2439

Ar.	Dep. area	Deact	DepKy	Use	Per	Index	Layou
01	Book dep.RMB	☐	0000	1	0		1000
02	Book dep.EUR	☐	0000	1	0		1000
20	Cost-acc.	☐	0000	1	0	00010	1000
61	Spe.reserves	☐	0000	1	0		1000

Use 表示计划使用年限（planned useful life），如果指定计划使用年限为 1 年，则其折旧年限也为 1 年。因为这里主要是定义屏幕结构，所以，对于具体使用年限，用户还可以在建立资产档案时修改。资产使用年限就等于折旧年限。

Per 表示以一定周期显示的计划使用期限（planned useful life in period），可以是年或者 365 天的倍数。这里以使用年限为准。Index 表示基于购买值、生产成本或者基于上年度代替价值（资产残值）的替换价值指数。如果资产价值使用指数，那么，在计算资产价格时需要考虑该指数值，例如，CPI 价格指数等，这里 10 表示制造类机器产品。Layout 表示资产出现时的屏幕结构，这里选用 1000 作为缺省值。

7. 定义低值资产的最大值

Menu Path：IMG→Financial Accounting→Asset Accounting→Valuation→Amount Specification (Company Code/Depreciation Area)→Specify Max. Amount for Low–Value–Assets + Asset Class。

Perf.	Name of Activity
	Specify LVA asset classes
	Specify amount for low value assets

输入折旧表 YHQ。双击功能键 Specify LVA asset classes。

Change View "Asset class": Overview

Asset class	Asset class description
99911	Real estate
99912	Machines declining depr.
99913	Fixture and fittings
99914	Assets under construction
99915	Low value assets (individual management)
99916	Leased assets

选择资产类别 99911。双击功能键 Low-val. asset check。

Ar.	Dep. area	LVA	Description
01	Book dep.RMB		maximum amount check
02	Book dep.EUR		No maximum amount check
20	Cost-acc.		No maximum amount check
61	Spe.reserves		No maximum amount check

LVA 代表低值资产价值检查（low–value asset amount check）键，这里分配了 0 值，表示不检查。

双击功能键 Specify amount for low value assets。

Change View "Company code selection": Overview

Company code	Company Name
2439	YHQ LTD

选择公司代码 2439。双击功能键 Amount for low-value assets。

LVA amount 表示低值资产检查过账最大值（the maximum amount for checking posting to low value assets）。MaxLVA pur 表示低值资产检查采购订单最大值（maximum amount for checking purchase orders for assets）。

8. 定义账面净值或折旧的小数位截尾规则（T – CODE OAYO）

Menu Path：IMG→Financial Accounting→Asset Accounting→Valuation→Amount Specification（Company Code/Depreciation Area）→Specify Rounding of Net Book Value and/or Depreciation。（T – CODE OAYO）

选择公司代码 2439。双击功能键 Rounding specifications。

选择折旧范围 1，双击功能键 01 Book depreciation。

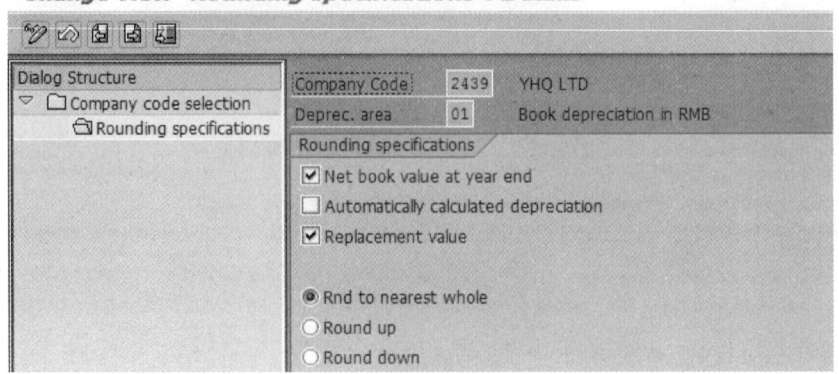

这里，小数位截尾规则采用四舍五入算法（arithmetic rounding/round to nearest whole）。对于其他折旧范围，都是这样处理。

9. 定义折旧方法切换值（T – CODE OAYJ）

Menu Path：IMG→Financial Accounting→Asset Accounting→Valuation→Amount Specification（Company Code/Depreciation Area）→Specify Changeover Amount。（T – CODE OAYJ）

选择公司代码 2439。双击功能键 Changeover amount。

值得注意的是，如果这里定义了切换值，则必须在折旧码（depreciation key）定义中，定义切换方法（changeover method）为 3；否则，这里定义的切换值将被忽略。这里，切换值被定义为 0，即在整个生命周期里，折旧方法不变。

Change. NBV 表示折旧方法切换净账面值（net book value for changeover of depreciation method）。如果我们在此字段输入了一个阀值，那么，一旦净账面值小于这个输入值，则系统就会立刻将折旧计算方法切换到已经在折旧范围里定义了的切换键（changeover key）。

10. 为组合资产定义折旧范围

Menu Path：IMG→Financial Accounting→Asset Accounting→Valuation→Group Assets→Specify Depreciation Area for Group Assets。

一个组合资产（group asset）是多个资产的组合（the combination of a number of assets）。为了报告目的，一个资产的各个组成部分可以被保持在资产的子码（subnumbers）下面，多个资产可以被组合进组合资产。主资产（main asset）的子码一般被安排为 0（subnumber 0），用户可以按照需要分配资产的子码。一个组合资产具有自己的主数据。几个主资产可以被分配给一个组合资产。

组合资产的折旧在组合资产级别进行折旧计算。英国税务制度常常使用 POOL，就是资产摅堆处理的典型。

选择公司代码 2439。双击组合功能键 Group assets。

[图：Change View "Group assets": Overview，显示 Company Code 2439 YHQ LTD，折旧范围列表：01 Book depreciation in RMB、02 Book depreciation in EUR、20 Cost-accounting depreciation、61 Special tax depreciation for APC in fin.statement]

这里，没有勾选组合资产功能框，表示不考虑组合资产。

11. 确定特殊折旧的折旧范围

特殊折旧（special depreciation），就是计算任何超过或者高于普通折旧的附加折旧（any additional depreciation）。特殊折旧也同样会过账到余额表。

Menu Path：IMG→Financial Accounting→Asset Accounting→Depreciation→Special Depreciation→Determine Depreciation Areas。

[图：Change View "Specify depreciation areas for special depreciation"，折旧范围列表同上]

Spec. depr. 表示特殊折旧（special depreciation）。如果在某个折旧范围下允许特殊折旧，则可以勾选功能框。

第五节 建立折旧码

1. 维护折旧码

Menu Path：IMG→Financial Accounting→Asset Accounting→Depreciation→Value Methods→Depreciation Key→Default Values→Maintain Depreciation Key。

Change View "Depreciation Key": Overview

DepKy	Name for whole depreciation	Status
0000	No depreciation and no interest	Active
DG20	Declining balance 2 x	Active
DG25	Declining balance 2.5 x	Active
DG30	Declining balance 3 x	Active
GL10	Buildings straight-line 10.0%	Active
GL20	Buildings straight-line 2%	Active
GL25	Buildings straight-line 2.5%	Active
GL40	Buildings straight-line 4.0%	Active
LINA	Str.-line frm acq.value pro rata w/c	Active
LINB	Straight-line acq.value pro rata to z	Active
LINC	Str.-line acq. val. pro rata w/o curb	Active
LING	Str.-line frm acq.value pro rata w/c	Active
LINI	Str.-line/Acquis. val./pro rata/to 0/r	Active

SAP 系统已经定义了不少折旧码（depreciation keys），我们可以选择从其他折旧表拷贝折旧码给折旧表 YHQ。创建或者复制折旧码之后，激活 Activate。

例如，选择折旧码 GL20，该折旧码折旧类别（class）为直线式（straight line）。

点击 GL20 Buildings straight-line 2%，双击功能键 Assignment of Calculation Methods。

作为普通直线式折旧方法，GL20 的年折旧率为 2%，即资产的生命周期为 50 年。

折旧方法切换键（Chnge. method）如果为 3，则表示一旦净账面值小于切换值，折旧方法就立即被改变。

折旧切换率（Changeover% rate）表示净账面值占折旧切换值的百分比。这里没有赋值，表示折旧方法不变。

折旧方法的切换还依赖于折旧期（depreciation phase）：

当 phase = 1 时，折旧方法从开始起就启用；
当 phase = 2 时，折旧方法切换在资产计划周期内发生；
当 phase = 3 时，折旧方法切换在资产使用周期结束后启用。
本例中，phase = 1，表示折旧方法从开始起就启用。

这里的配置方式，表示在生命周期内折旧方式一直保持 GL20 不变。

2. 为折旧码定义基本折旧方法

Menu Path：IMG→Financial Accounting→Asset Accounting→Depreciation→Value Methods→Depreciation Key→Calculation Methods→Define Base Methods。

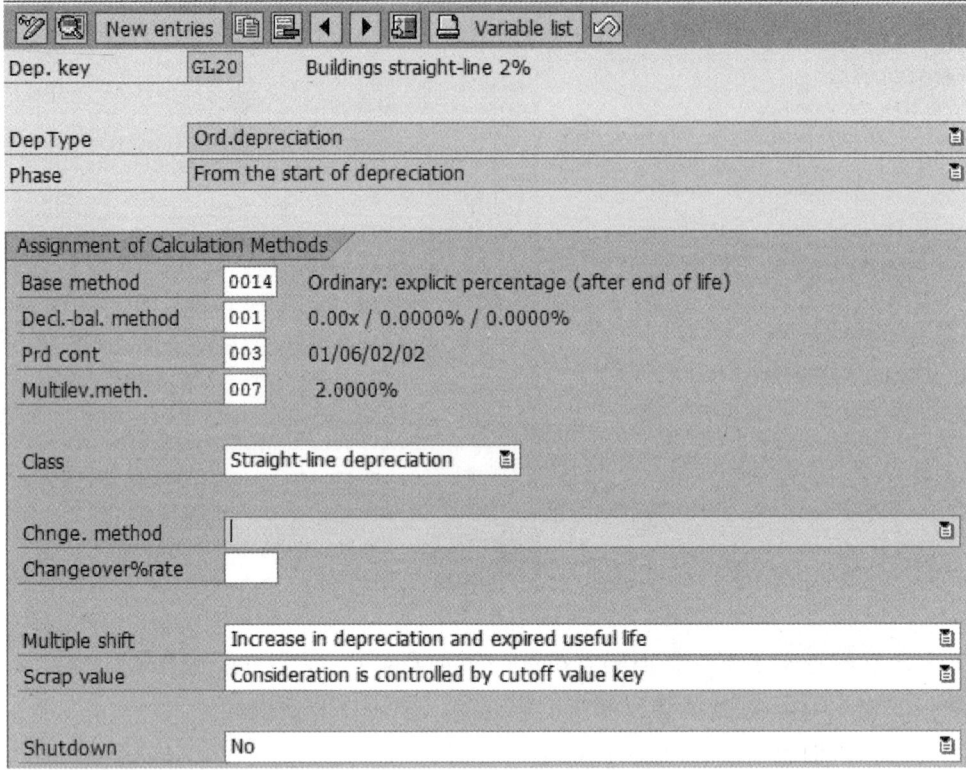

基本折旧方法（base method）是一种表述性方法，它定义了折旧的不同方法，对于不同折旧码，基本折旧方法将把它们加以区别。例如，折旧码 GL20 选择了 0014。

3. 定义余额递减折旧法

Menu Path：IMG→Financial Accounting→Asset Accounting→Depreciation→Value Methods→Depreciation Key→Calculation Methods→Define Declining – Balance Methods.

Change View "Declining-Balance Method": Overview

Decl.-bal.	Description of the method	Dec.factor	Max.perc.	Min.Perc.
001	0.00x / 0.0000% / 0.0000%			
002	2.00x /20.0000% / 0.0000%	2,00	20,0000	
003	2.50x /25.0000% / 0.0000%	2,50	25,0000	
004	3.00x /30.0000% / 0.0000%	3,00	30,0000	

Chart of dep.: YHQ Sample chart of depreciation: Germany

Dec. factor 表示余额递减折旧乘数因子（declining – balance multiplication factor），该乘数因子被用来决定余额递减折旧的百分率。

前例中，GL20 的 Decl. – bal. = 001，由于直线式折旧率为 2%，所以 001 定义不起作用。

4. 定义多层次折旧方法

Menu Path：IMG→Financial Accounting→Asset Accounting→Depreciation→Value Methods→Depreciation Key→Calculation Methods→Define Multi – Level Methods。

Change View "Multilevel Method": Overview

Chart of dep.: YHQ Sample chart of depreciation: 2439

M-lev.meth	Description of the method	Validity st
001	0.0000%	2
002	0.0000%	2
003	10.0000%/ 5.0000%/ 2.5000%	2
004	3.5000%/ 2.0000%/ 1.0000%	2
005	5.0000%/ 2.5000%/ 1.2500%	2
006	7.0000%/ 5.0000%/ 2.0000%/ 1.2500%	2
007	2.0000%	2
008	2.5000%	2
009	4.0000%	2

在多层次折旧方法定义中，有效开始周期（Validity start）有 5 个类别。1 表示有效开始周期开始于资产的资本化日期（capitalization date）；2 表示有效开始周期开始于普通折旧起始日期（ordinary depreciation start date）。这里，绝大多数多层次折旧方法的有效开始周期值选 2。

前例中，GL20 使用多层次折旧方法 007。选择 007 2.0000%。双击 Levels。

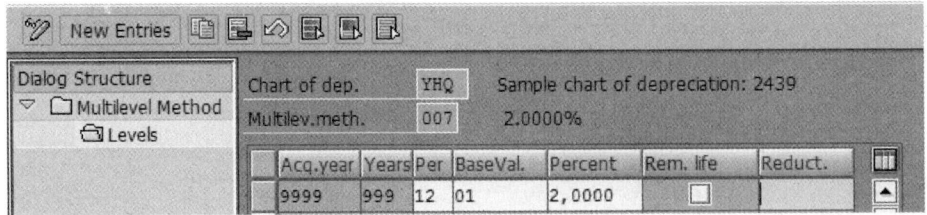

对于多层次折旧方法 007 来说，资产年限无限制，这里取值 999。

周期值 12 表示以月份表示的有效周期。

BaseVal. 表示折旧基值（base values），01 表示采购价值（acquisition value）。

Percent = 2%，表示年折旧率为 2%。

由于 SAP 系统已经定义了较多的多层次折旧方法，这里，不再定义新的。

5. 维护折旧周期控制方法

Menu Path：IMG→Financial Accounting→Asset Accounting→Depreciation→Value Methods→Depreciation Key→Calculation Methods→Maintain Period Control Methods。

Acq 表示周期控制采用资产采购日期（acquisition），或者转账日期，或者资产资本化日期。Add 表示周期控制采用资产采购年的次年（following year）。

Ret 表示周期控制采用资产退出日期（retirement）。Trn 表示周期控制采用转移过账日期（transfer postings）。它们的取值都是从 01 至 08，意义不同，其中：01 表示控制周期与周期开始日期一致；02 表示控制周期与周期开始日期到周期终止日期一致；04 表示控制周期第一年约定从半年开始日期开始；06 表示控制周期从年度开始日开始。

前例中，GL20 采用 Prd. c. meth ＝ 003 ＝01/06/02/02，表示：

01 = 折旧周期开始日期采用资产资本化日期；

06 = 折旧周期次年开始日期为采购年度次年的开始日；

02 = 折旧周期终止日期就是资产退出日期；

02 = 资产转移过账日期与控制周期一致。

一般来说，资产的资本化日期（capitalized on）、第一采购日期（first acquisition on）、

采购年度（acquisition year）、折旧开始期等，都与采购日期（月期）一致。

6. 定义接转日期/最后关账财务年度

Menu Path：IMG→Financial Accounting→Asset Accounting→Asset Data Transfer→Parameters for Data Transfer→Date Specification→Specify Transfer Date/Last Closed Fiscal Year。

假如今天是04.02.2013，那么，上年度接转或者关账日期就是31.12.2012。

7. 有效性检验缺省值

Menu Path：IMG→Financial Accounting→Asset Accounting→Master Data→Automatic Creation of Equipment Master Records→Define Validation。

SAP系统的有效性检验采用程序AA – VAL1。可以采用拷贝方式创建，且激活。

8. 折旧范围的检测（T – CODE AFBN）

Menu Path：SAP Menu→Accounting→Financial Accounting→Fixed Assets→Environment→New Depreciation。（T – CODE AFBN）

如果要检验折旧范围1，则输入折旧范围1，勾选测试键，确认 。如果折旧范围1配置正确，则测试结果显示Define depreciation area correctly。
对于其他折旧范围如2、20、61的测试，也是一样。

9. 激活科目作业对象

Menu Path：IMG → Financial Accounting → Asset Accounting → Integration with the General

Ledger→Additional Account Assignment objects→Activate Account Assignment Objects。

激活科目作业对象（AcctAsgnOb，account assignment object），其中，与成本中心管理相关的科目分配对象 KOSTL 必须激活。

10. 为科目作业对象定义作业类型

Menu Path：IMG→Financial Accounting→Asset Accounting→Integration with the General Ledger→Additional Accounting Assignment Objects→Specify Account Assignment Types for Account Assignment Objects。

选择公司代码 2439，双击 Depreciation Area。

选择折旧范围 1，双击功能键 Account Assignment Objects。

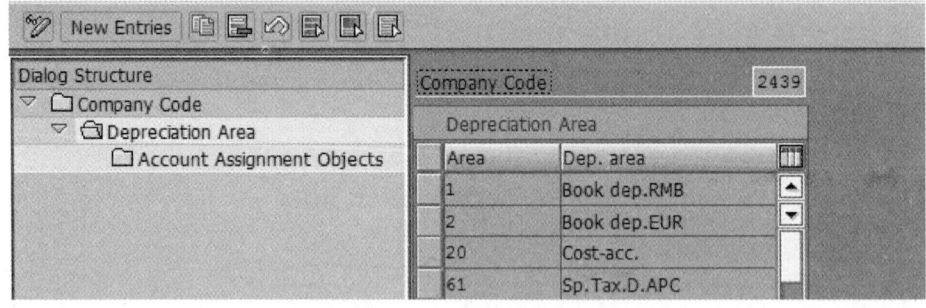

增加科目分配对象 KOSTL，将成本中心科目分配给折旧范围 1。

第七章
总账记账（GL 模块）

第一节　单行与多行输入记账

同学们完成第一章的配置之后，就可以进行本章的练习了。对于所遇到的一些问题，可以按照第一章告诉大家的方法，在雅虎或者谷歌中去搜索别人的一些建议。

不论是资产负债表，还是损益表，都来自于会计凭证；而会计凭证，又来自于日常记账。凭证是与日常记账关系最为密切的会计信息来源。对于一张资产负债表来说，资产、负债、所有者权益，都有 debit、credit 两个方向，记账成功，都必须符合会计平衡方程式，而记账，都需要通过凭证才能够进行。

会计凭证包含了凭证号码、币种、类型等相关属性。

第一，凭证号码段。

会计凭证号码段既可以按照年度连续，也可以与年度无关。如果与年度有关，则在新的年度要重新编号。会计凭证大部分是内部（internal）编号，在记账时号码自动顺序产生；也可以定义外部（external）编号，在记账时，凭证号码要手工输入。

凭证号码段在后台配置时完成，一次配置好之后，平时不动。

第二，凭证类型。

会计凭证类型决定了凭证的性质。在 SAP 中，有多种重要凭证类型，如客户发票 DR（customer invoices）、DG（customer credit memos）、DZ（customer payments），都与客户相关。凭证类型 SA（G/L account postings）、AB（general documents），都与 G/L 总账相关。凭证类型 KR（vendor invoices）、KG（vendor credit memos）、KZ（vendor payments）、KN（vendor net invoices and credit memos），都与供应商相关。客户发票 DR 带来应收账款增加、收入增加。供应商发票 KR 带来应付账款增加、存货/费用增加。

SAP 系统中，代表凭证类型的字母有五个最常见：D 表示客户，K 表示供应商，S 表示总账，A 表示固定资产，M 表示物料。这里，credit memos 表示 invoice 的反向记账，对客户和供应商是一样的。

第三，过账码。

会计凭证记账，都会用到记账码（posting key），或称为过账码。记账码决定了记账行项目中会计科目的类别、借贷双方的区分以及屏幕字段状态的具体安排。不同的记账码还区分了客户、供应商、总账等类别。

记账码 01-09 表示客户 debit 一方；

记账码 11-19 表示客户 credit 一方；

记账码 21-29 表示供应商 debit 一方；

记账码 31-39 表示供应商 credit 一方；

记账码 40/50 记录总账科目 debit/credit 账务；

记账码 70/75 记录资产科目 debit/credit 账务；

记账码 89/99 记录物料科目 debit/credit 账务。

这些都是 SAP 标准的定义，基本不变。

第四，过账周期。

过账周期（posting period），也称为记账期间或记账区间，也是记账常用概念。记账期间一般与会计月度概念一致。记账区间 1—12 表示 1—12 月，而 13—16 是为 12 月底关账后的调账安排的记账期间。一般来说，本期开始后，上个记账区间将已经被关闭。

SAP 的逆向查询功能，不仅有利于我们实现从资产负债表的记录值到会计凭证的查询；而且有利于我们追索每个凭证中的某些属性定义。

第五，缺省配置。

SAP 也给很多记账过程提供了缺省（default）项设置。例如，在 T-CODE FB50 下，点击 Editing options，就可以设置一些缺省项，如使凭证日期与过账日期一致、显示凭证类型等，就可以在这里设置，这样，就大大地简化了操作。

在开始记账之前，首先要保证记账日期正确，T-CODE OX18，OMSY，OB52 都是检查和修改系统记账日期的程序，但是，在日期调整之后，需要恢复 T-CODE OX18 中的 plant 代码，不然，会出现"Valueation area not defined"错误提示。在进行本章练习之前，往往需要配置相应的成本中心，T-CODE OKB9，建立成本要素与成本中心之间的联系。T-CODE KE11 调整收入成本要素。由于部分记账科目建立了与 grants 之间的联系，所以，必须在支付操作之前，将科目号加入到 grants management updating 配置中去，T-CODE GM_UPD_SETTINGS。成本科目，例如，400476 必须开设成本要素。

1. 会计凭证过账业务单行输入（T-CODE：F-02）

在实际中，由于 SAP 是根据银行账户科目所归属的成本中心/利润中心来自动产生系统往来凭证的，所以为了实现资金划拨的准确性，一般统一由收到资金的一方根据银行转账回单联来做模板录入凭证，或由费用实际发生的成本中心方来做模板录入凭证。

一般的会计凭证从结构上来说，主要有两个部分。

一是会计凭证一般都有一个抬头（head data），我们把输入抬头部分的信息称作凭证头信息。抬头信息主要包括记账日期、凭证日期、凭证类型、使用货币、说明文字等与公共事

第七章 总账记账（GL 模块）

项有关的信息，这与一般凭证类似。

二是会计凭证一般都会包含两个以上的行项目（line item information）。行项目包括借方/贷方、客户/供应商，以及与之相关的信息等。多借、多贷，或者一借、多贷，或者多借、一贷都可以，但是，只有借、贷双方平衡才可以过账。

举例：假设公司 2439 采购了 1000 元的办公用品，那么，银行现金支出为 1000 元，费用增加 1000 元。对于这项业务，总账处理较为简单：Debit expense 1000; Credit cash 1000。

Main path：SAP menu→Accounting→Financial Accounting→General Ledger→Document Entry→General Posting。（T-CODE：F-02）

第一，输入凭证头信息（head data）。

凭证头信息是一个凭证的公用信息，主要是日期、公司代码、币种等方面的信息。

输入发票开具日期（document date）18.10.2015，这里采用今日日期。输入过账日期（posting date）18.10.2015，即今日日期。记账日期、凭证日期，都是可以改变的。但是，取自系统日期的输入日期一旦引入，则在凭证形成后就不能再改变。记账期间是根据记账日期引入的，当然也可以输入。输入公司代码 2439。输入币种 CNY。

一旦公司代码确定，币种会被自动引入。输入参考信息，以便提示，当然可以输入任何其他信息。

第二，输入第一行项目（first line item）。

行项目信息是正式的记账信息，第一行是 Debit 方的信息。输入过账码（posting key）40，表示以下信息是 Debit Side 的信息。输入总账科目号 400476，这是一个表示办公用品（office supplies）的科目。

输入以上信息之后，第一行信息尚未完成，但需要翻到下一页。确认✅。

过账码是 40，成本要素为 400476，该成本要素所带的成本科目是 CCG1-C01。

[G/L account document screenshot: Item 1 / Debit entry / 40, G/L Account 400476 Office supplies, Company Code 2439 YHQ LTD, Amount 1000 CNY, Tax Code Q0, Calculate tax ✓, Cost Center CCG1-C01, Business Area 2439, Assignment Purchase CNY1000, Text Purchase CNY1000, Next Line Item PstKy 50 Account 113100]

税率为0%，税率代码为Q0，勾选"Calculate tax"项，但税金为0。一般来说，在采购业务中，金额中包含了应税金额，所以，如果计税，系统会自动分离不含税金额、进项税金额。

输入金额1000元，必须输入，这里的金额一般与货币一致。输入经营范围2439。输入提示文本。提示文本信息均为可选，并非必输，提示信息有利于今后查询。

第三，输入第二行项目（next line item）。

第二行是Credit Side的信息。输入过账码50，表示该行信息是Credit Side的信息。输入总账科目号113100，这是一个银行现金科目。

输入以上信息之后，第二行信息尚未完成，但需要翻到下一页。确认 ✓。

[G/L account document screenshot: Item 2 / Credit entry / 50, G/L Account 113100 China (domestic), Company Code 2439 YHQ LTD, Amount 1000 CNY, Business Area 2439, Plant 2439, Value date 18.10.2015, Assignment Purchase CNY1000, Text Purchase CNY1000]

第七章 总账记账（GL 模块）

输入金额 1000 元表示与之前输入的 Debit Side 的 1000 元相对应，也可以输入"＊"表示使 Credit Side 的金额等于借贷方相加（减）之后余额为零的那个金额。

其他项目如经营范围（business area），可以选择不再输入，不输时，如果利用经营范围统计，则无法统计该科目余额，所以，建议输入。

第四，平衡测试。

在完成过账之前，可以对会计凭证进行对账检查，点击 进行模拟平衡检查。

```
Enter G/L account document: Display Overview
 Display Currency   Park document   Acct model   Fast Data Entry   Taxes

Document Date    18.10.2015   Type    SA      Company Code   2439
Posting Date     18.10.2015   Period  10      Currency       CNY
Document Number  INTERNAL     Fiscal Year 2015 Translatn Date 18.10.2015
Reference                                     Cross-CC no.
Doc.Header Text  Purchase CNY1000              Trading part.BA 2439

Items in document currency
   PK  BusA  Acct                          CNY  Amount       Tax amnt
001 40 2439  0000400476 Office supplies          1.000,00             Q0
002 50 2439  0000113100 China (domestic)         1.000,00-
   D 1.000,00        C 1.000,00                  0,00  *  2 Line items
```

借、贷双方是否平衡，是模拟检查的重要条件。如果试算平衡，可以过账 。
☑ Document 1050 was posted in company code 2439。

第五，凭证查询。

对于产生的会计凭证 1050，可以通过总账凭证查询路径进行查询。

Main path：SAP menu→Accounting→Financial Accounting→General Ledger→Document→Display。（T‐CODE：FB03）

```
Display Document: Initial Screen
 Document List   First Item   Editing Options

Keys for Entry View
Document Number   1050
Company Code      2439
Fiscal Year       2015
```

输入会计凭证号码 1050，公司代码 2439，财务年度 2015，确认 。
凭证显示与前面的对账凭证完全一样，这里不再列示。

第六，查询会计科目。

也可以通过总账科目查询路径，查询具体的会计科目，如查询科目 113100 的余额。

Main path：SAP menu→Accounting→Financial Accounting→General Ledger→Account→Display Balances。(T-CODE：FS10N)

输入会计科目 113100、公司代码、财务年度等相关项，作为查询参数。这里，由于经营范围在之前行项目输入时并未输入，所以这里也不能输入，否则无法统计出来；但是，如果之前已经输入过经营范围，则可以按照经营范围查询。确认 。

```
G/L Account Balance Display
Activate worklist
G/L account      113100
Company code     2439
Fiscal year      2015
Business area
```

对于屏幕列出的查询结果，因为过账日期是 18.10.2015，发生在 10 月，属于周期 10，所以点击周期 10（period 10）所对应的行数字就会发现对应记录。这里，SA 表示总账凭证，如果双击凭证代码 1050，就会展示相应的凭证，与之前的输入完全相同。

第七，查询成本中心。

如果要查询成本中心账务，也可以，查询路径如下。

Menu Path：SAP Menu→Accounting→Controlling→Cost Center Accounting→Information System→Reports for Cost center Accounting→Plan/Actual Comparisons→Cost Centers：Actual/Plan Variance。(T-CODE：S_ALR_87013611)

SAP 系统具有审计线索逆向追溯功能，即可以通过任何已经统计或分析报表中的数据，逐级上溯，一直可以查询到原始输入画面及其相对应的凭证。在查询过程中，有关时间、凭证类别以及其他信息都相当完整。

SAP 的查询功能非常丰富，是常见的审计工具，只要双击相应的数据，就会逐级上溯到最初输入的凭证，并因此可以查询到原始业务单据，这样，就为查询审计提供了非常简便的途径。

在每个模块之下，SAP 系统都有相应的查询功能，用户可以很方便地查询会计总账科目余额、查询客户和供应商的余额、查询余额表，等等，当然，最常见的查询就是凭证查询。只要输入相应的查询项，就可以查询。

T-CODE F-02 是一个传统的总账处理程序，不仅能够处理 G/L 总账科目，对于供应商、客户相关科目，也是可以用的，我们只要区分开不同过账码就行，所以，很多 SAP 用户就使用这一个程序实现总账、应收、应付科目的记账。但是，SAP 为了方便用户，还是设计了应收、应付业务的专用程序，在这种情况下，过账码往往已经由系统自动指定。所以，T-CODE F-02 需要用户自己来判断过账码。

2. 会计凭证过账业务多行输入（T-CODE：FB50）

FB50 是最常用的记账程序，在日常工作中，会计凭证的录入，一般会选择多行输入，因为多行输入与我们平时手工填写凭证非常类似。

练习中，常见的配置问题如出现 "no amount tolerance range entered for company code*****，主要是由于 T－CODE OBA3 中的 tolerance group 配置不正确；另外，T－CODE OBA4、OB57、OBA0、OBA3 都是与此问题有关；SE12 T043G，SE11 T043G 都是与此类问题相关的程序；解决办法：只要同学们在自己的配置下按照自己的登录账号进入，一般不会有问题。

在 SAP 系统中，既可以使用单行输入记账程序，如 T－CODE F－02，完成绝大多数过账操作；在有些情况下，也可以采用传统的多行输入记账程序，来完成过账操作。多行输入下，一贷多借、一借多贷、多借多贷，都是允许的。实际中，用户可以根据自己的习惯来选择采用何种输入方式。

举例：假设公司 2439 为员工租赁了一套宿舍，用于值班员夜间休息，月租赁费 1000 元，通过银行现金账户支出，通过多行输入记账程序完成。

Main path：SAP menu→Accounting→Financial Accounting→General Ledger→Document Entry→Enter G/L Account Document。（T－CODE：FB50）

第一，输入凭证头信息。包括凭证日期、过账日期、参考信息、注释文字等。

第二，输入行项目信息，包括租赁费科目 400476、银行科目 113100、金额 1000。

这里，不需要输入过账码，与传统记账类似，借贷方判断正确即可。

输入完成之后，检查确认 ✓。由于在 T－CODE OKB9 中已经配置成本要素与成本中心之间的关联关系，所以，成本中心自动带出。有两点值得注意：

一是如果不考虑成本中心因素，则需要在系统配置时，对科目账户的屏幕状态组重新进行配置，配置时，将成本中心属性设置为隐藏。

二是如果希望查看成本中心的变化，则需要在成本中心模块去查询，因为相应的成本金额已经被记录在了所定义的成本中心。

如果双击科目号 400476，就进入了一个专门的与成本中心有关的输入画面。

```
Correct G/L account item

G/L Account       400476    Office supplies
Company Code      2439      YHQ LTD
Item 1 / Debit entry / 40
Amount            1.000,00  CNY
Tax Code          Q0                   ☐ Calculate tax
Cost Center       CCG1-C01             Order
                                       Business Area    2439
Profit Center     PC01                 Sales Order
Cost Object                                              More
                                       Quantity
Assignment
Text                                                     Long Texts
```

　　成本中心 CCG1 – C01、经营范围 2439、作业信息、备注文本都可以输入，但是，利润中心自动带出，这是成本中心定义时定义的，T – CODE OKB9 建立起成本要素与成本中心之间的关联，而成本中心又关联了利润中心。这里，如果不输入经营范围，也会自动带出，因为成本中心的配置往往与其相关。如果科目 400476 与成本中心有关，通过右移鼠标，也可以在其对应的行项目上直接输入与成本中心相关的信息，输入成本中心之后，会自动地被带出来。输入完成后，点击功能键 ⬅，回到前一画面。

　　因为输入信息已经基本完备，所以信号灯已经变绿。多行输入不需要平衡检查。

　　保存 💾 。 ☑ Document 1051 was posted in company code 2439。

　　凭证 1051 产生。这里的凭证类型为 SA，表示为总账凭证。凭证查询的办法与之前介绍 F – 02 时一致，同学们可以自己去练习。关于查询、打印结果，这里不再介绍。

　　对于预制凭证（parking document）的处理，在本书中采用了简单的办法，即一般不使用预制凭证，而倾向于一次过账。

第二节　冲销记账

　　会计凭证冲销、更改业务操作（T – CODE：FB08）

　　冲销凭证与传统业务中的红字冲销一致，用于处理应收票据退票业务。

　　前面，我们已经创建了一个会计凭证 1051，表示公司 2439 的房屋租赁费支出业务。假如该笔过账业务是错误的，希望进行一笔红字冲正业务，那么，也是可以的。

　　原来的凭证一旦做错了，就无法再改变，而只能做一笔冲销凭证。

　　Main path：SAP menu→Accounting→Financial Accounting→General Ledger→Document Reverse→Individual Reversal。（T – CODE：FB08）

第七章 总账记账（GL 模块）

```
Reverse Document: Header Data

👁 Display before reversal    📋 Document list    📊 Mass Reversal

Document Details
Document Number    1051
Company Code       2439
Fiscal Year        2015

Specifications for Reverse Posting
Reversal Reason    01
Posting Date
Posting Period
```

输入凭证代码 1051；选择逆操作的原因代码 01，表示逆操作发生的记账周期有问题；财务年度为 2015。在进行逆操作之前，应该先查询一下，点击 👁 Display before reversal，看看要执行逆操作的凭证与你的预期是否一致。这里，当然是一致的，则不再列出显示结果。当确定就是要对该笔业务进行冲正后，则点击 ⬅，回到首页画面。

保存 💾。产生新凭证 1052，✅ Document 1052 was posted in company code 2439。这就是冲销后的凭证 1052。冲销凭证虽然是冲销过去期间的凭证，但是，冲销后的凭证只能发生在本期。冲销其实就是产生了一笔新的记账业务，只是借贷方向相反而已。

通过总账凭证查询路径，可以查看新产生的凭证 1052 的记账情况，结果应该是逆操作，其借、贷方向与原凭证完全相反。如果察看科目 400476 和 113100 的余额，一定会发现，凭证 1051 与 1052 之间由于同科目借、贷不同而使两个科目的余额已经完全抵消。查询总账科目和余额表的结果应该是一致的，这里不再列示。

显然，通过自动冲销方法进行冲销业务，冲销凭证之间是有系统联系的，这是利用系统冲销功能来调账的一个重要特征。当然，也可以采用手工调账的方法进行调账，即就凭证 1052 的记账内容直接再补记一笔新账，使余额为零，这时候，系统内部凭证之间没有联系，这是一种硬改的调账方法，这种方法在实际中也很常见。

T - CODE FB08（individual reversal）处理的是未清项冲销业务。如果是已清项业务需要冲销，那么，就需要另外一个 T - CODE FBRA（reset clearing items），操作时，也是要首先输入在结清未清项时所产生的凭证代码，并选择适当参数，系统会自动进行冲销操作，将已清项还原成未清项，这时，系统会产生一张新的过账凭证。操作完成之后，无法再在已清项清单中找到原来那笔记录。如果要对新产生的凭证进行冲销业务，则需采用 T - CODE FB08 进行冲正。未清项业务主要涉及供应商和客户的业务，由于记账后尚未清理应付、应收事项，所以属于未清项业务；一旦应收、应付处理完毕，则不再属于未清项业务。而总账记账业务，因为不涉及供应商和客户，所以一般不存在未清项处理。

SAP 对更改凭证具有一定的限制：金额不能改，币种不能改，记账期间不能改。但是，主要描述信息可改，例如差旅费描述信息的修改。

SAP 也提供了一些记账技巧或者快捷方式，如参考凭证（reference document）、重复发生的模板记账等，都可以简化记账过程，或者快速输入。关于这一点，可以参考 T - CODE

FKMT（account assignment model），创建凭证输入模板，今后正式做凭证时调用。T-CODE FBD1（recurring entry document）是针对运行频率较高的业务，如租金收入或者支出，可能每个月某个固定时间都要发生，所以可以提前先做好模板，到时候，再运行 T-CODE F.14（execute）去执行。这方面的例子，我们在教材中就不再详细介绍了。不过，我们还是建议大家在工作中尽量以一一输入凭证为主，不要嫌麻烦，一笔一笔做好业务。

第三节 含税凭证记账

1. 含税凭证的单行输入（T-CODE：F-02）

假设公司 2439 采购了 1175 元的办公用品，那么，在银行现金支出为 1175 元时，费用增加 1000 元；如果以 17.5% 的进项税率，税收增加 175 元。

Main path：SAP menu→Accounting→Financial Accounting→General Ledger→Document Entry→General Posting。（T-CODE：F-02）

第一，凭证头项目。凭证头的输入没有任何不同，所以不再显示。

第二，第一行项目。含税项是从成本科目要素 400476 开始的第一行操作。

由于进项税包含在采购项之中，因此，成本科目要素 400476 是含税科目，所以，对于税收的处理，只能在该科目下操作。确认 ✓。

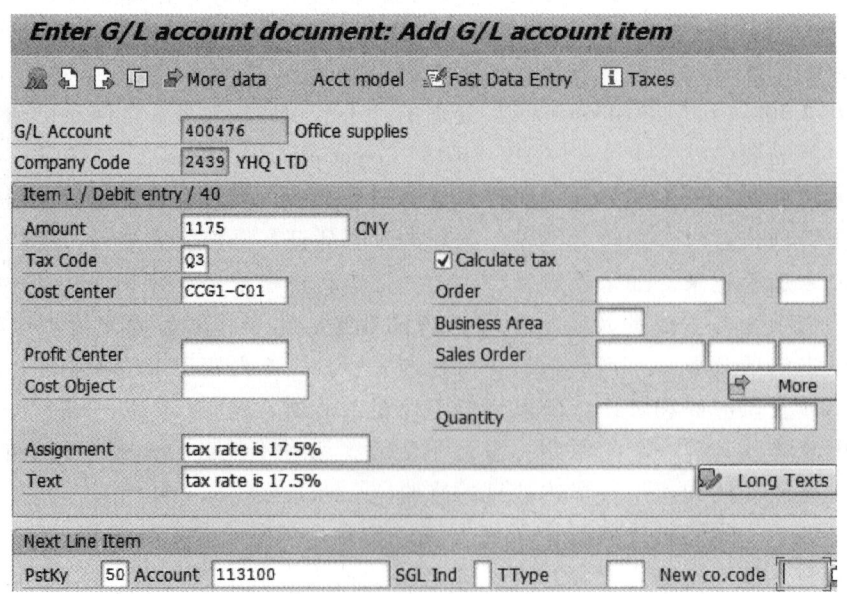

在成本科目要素下，含税金额为 1175 元，勾选计税标志项 ☑Calculate tax，税率代码为 Q3，表示 17.5% 的税率。成本中心由科目要素自动带出。

第三，第二行项目。输入现金科目 113100 是付款项。确认 ✅。

```
Enter G/L account document: Add G/L account item

G/L Account    113100    Bank Account
Company Code   2439      YHQ LTD
Item 2 / Credit entry / 50
Amount         1175                CNY
Business Area  2439
Cost Center
Material                            Plant
Value date     19.10.2015
Assignment     tax rate is 17.5%
Text           tax rate is 17.5%
```

这里的金额是含税金额 1175 元。

第四，检查账务平衡。点击 🔍 进行模拟平衡检查，发现平衡项仅仅为输入项。

```
Items in document currency

     PK  BusA Acct                        CNY  Amount      Tax amnt
001  40  2439 0000400476 Office supplies       1.175,00           Q3
002  50  2439 0000113100 Bank Account          1.175,00-
D 1.175,00       C 1.175,00                         0,00 *  2 Line items
```

试算平衡，可以过账 💾。☑ Document 1053 was posted in company code 2439。

第五，检查进项税科目。对于产生的会计凭证 1053，可以进行税收科目查询。

Main path：SAP menu→Accounting→Financial Accounting→General Ledger→Document→Display。（T - CODE：FB03）

Co	Itm	PK	S	Account	Description	Amount	Curr.	Tx	Cost Center	Order	Profit Center
2439	1	40		400476	Office supplies	1.000,00	CNY	Q3	CCG1-C01		PC01
	2	50		113100	Bank Account	1.175,00-	CNY				
	3	40		275000	Input/Output Tax	175,00	CNY	Q3			

很显然，这里的进项税 175 元被科目 275000 单独开列出来了；采购科目 400476 金额也得到调整，不含税金额为 1000 元。进项税科目 275000 是在后台配置的，这里在记账时自动带出来了。利润中心是由成本中心带出来的。

2. 含税凭证的多行输入（T - CODE：FB50）

假设公司 2439 采购了 1175 元的办公用品，那么，在银行现金支出为 1175 元时，费用增加 1000 元；如果以 17.5% 的进项税率，税收增加 175 元。

Main path：SAP menu→Accounting→Financial Accounting→General Ledger→Document Entry→Enter G/L Account Document。(T – CODE：FB50)

第一，凭证头项目。凭证头输入与之前类似，仅仅介绍行项目输入要点。

S...	G/L acct	Short Text	D/C	Amount in doc.curr.	Loc.curr.amount	Tax code	Tax jurisdic
	400476		Debit	1175	0,00	Q3	
	113100		Cred...	1175	0,00		

第二，行项目。这里，输入项与之前的画面并没有本质的不同，所不同的是，在科目 400476 下，要输入税率代码 Q3，确认。

这个时候，由于没有勾选计税标示，平衡条件还不满足。所以，对于科目 400476 的属性，双击 400476，勾选计税项 ☑Calculate tax，表明金额 1175 元是含税金额。确认。

第三，检查平衡关系。模拟平衡关系 Simulate。

Itm	PK	Account	Account short text	Assignment	Tx	Amount
1	40	400476	Office supplies		Q3	1.000,00
2	50	113100	Bank Account			1.175,00-
3	40	275000	Input/Output Tax		Q3	175,00

显然，进项税 175 元已经从含税采购金额中分离出来了。

过账。☑ Document 1054 was posted in company code 2439。

第八章
应收应付（AR/AP 模块）

第一节 应收记账

SAP 系统的应收账款管理，具有一定的特点，它不仅能够实现与总账系统的实时集成，也能够与资金系统实现实时集成。SAP 具有灵活的客户信用管理功能，对于客户催款管理，SAP 也提供了较好的范例，但是国内的催款处理与国外的催款处理往往在实际中差异很大。不过，催款管理至少是一种欠款提示统计管理。

1. 客户发票单行输入（T – CODE：F – 22）

合同、货物、发票，是应收账款管理的三个重要环节。对于业务过程的监控也是应收管理的重要方面。尽管如此，这里关于应收账款的管理，主要集中于对发票的管理，而不涉及销售过程，即假设销售已经实现，这里仅仅考虑会计账务的发票处理。

一般来说，既可以通过销售流程产生应收账款的会计凭证，也可以通过销售发票输入的方式产生应收账款会计凭证。关于由销售流程产生发票，我们将在 SD 模块进行介绍。这里，采用发票输入的方式产生应收账款会计凭证，这是 SAP – FI 模块应收管理的基本模式，即不考虑销售过程，只关心应收票据处理。

举例：假设公司 2439 销售一批货物，含税销售收入 1175 元，购物客户代码为 400010，销售业务增值税税率为 17.5%。

Main path：SAP menu → Accounting → Financial Accounting → Accounts Receivable → Document Entry → Invoice – General。（T – CODE：F – 22）

第一，凭证头信息。

输入凭证日期、过账日期，为今后查询方便，输入提示信息（text）和公司代码 2439。

第二，输入第一行项目。

Enter Customer Invoice: Header Data

Held document	Acct model	Fast Data Entry	Post with reference	Editing Options

Document Date   19.10.2015   Type   DR   Company Code   2439
Posting Date   19.10.2015   Period   Currency/Rate   CNY
Document Number   Translatn Date
Reference   19.10.2015   Cross-CC no.
Doc.Header Text 19.10.2015
Trading part.BA 2439

First line item
PstKy 01   Account 400010   SGL Ind   TType

其 debit 方应收账款过账码为 01，因为与客户相关，需要输入客户代码 400010，表示应收账款客户账号为 400010。确认 ✓。

Enter Customer invoice: Add Customer item

More data   Acct model   Fast Data Entry   Taxes

Customer   400010   400010 Customer   G/L Acc   500003
Company Code   2439   111-1
YHQ LTD   厦门市

Item 1 / Invoice / 01 / Reconc. acct. rec.

Amount   1175   CNY
            ☑ Calculate tax
Contract   /   Flow Type
Bus. Area   2439
Payt Terms ZB00   Days/percent   /   /
Bline Date 19.10.2015   Disc. amount
Disc. base
Pmnt Block   Pmt Method
Assignment tax rate is 17.5%
Text   tax rate is 17.5%   Long Texts

Next line item
PstKy 50   Account 480201   SGL Ind   TType   New co.code

这里，勾选 "Calculate tax" 标志 ☑ Calculate tax，则表示 sales 账户 480201 中是含税的，金额为 1175 元。不论应收业务、应付业务，此类税率问题，其处理模式是一致的。

收入科目 480201 必须有收入成本要素；且加入成本要素组（T－CODE KAH2），还需要考虑利润处理（T－CODE KEI1，KEI2）；在 T－CODE OKB9 有关联配置。如果一切配置正确，画面中的项目都会自动带出。

第八章 应收应付（AR/AP 模块）

其他需要继续输入的第一行项目信息包括应收账款金额 1175 元，经营范围 2439。

由于客户 400010 主记录中包含了有关支付条款 ZB00 的信息，所以，在第一行信息输入客户账号之后，支付条款 ZB00 会被自动带出。

第三，输入第二行项目。

其 credit 方表示销售收入，过账码为一般总账科目过账码 50，销售收入总账科目成本要素为 480201。确认 ✓。

继续输入第二行项目信息，包括含税的实际销售金额 1175 元。为了成本管理和利润分析方便，收入科目 480201 的科目属性包括成本中心和利润中心，所以需要输入成本中心 YCC1-C03、利润中心 PC03。因为在 OKB9 定义了成本中心，同时定义了对应的利润中心，所以，利润中心、成本中心被成本要素 480201 自动引出。

```
Enter Customer invoice: Correct G/L account item

  More data    Acct model   Fast Data Entry   Taxes

G/L Account     480201    Sales revenues - domestic - finished goods
Company Code    2439      YHQ LTD
Item 2 / Credit entry / 50
  Amount         1.175,00         CNY
  Tax Code       H3
  Business Area  2439
  Cost Center    CCG1-C01    CCG1-C01
  Profit Center  PC01        PC01
                                                          More
  Assignment     tax rate is 17.5%
  Text           tax rate is 17.5%                    Long Texts
Next Line Item
  PstKy   Account             SGL Ind   TType     New co.code
```

第四，检查平衡项。模拟显示将要生成的会计凭证，点击"Document→Simulate"。

```
Items in document currency
     PK  BusA  Acct                          CNY  Amount    Tax amnt
001  01  2439  0000400010  400010 Customer        1.175,00
002  50  2439  0000480201  Sales revenues - do    1.000,00-     H3
003  50        0000275000  Input/Output Tax         175,00-     H3
D 1.175,00         C 1.175,00                        0,00  *  3 Line items
```

过账 💾。✓ Document 2014 was posted in company code 2439。产生凭证 2014。

第五，应收账款未清项查询。

这样生成的会计凭证是一个应收账款凭证，可以检查客户 400010 的未清项记录。

Main path：SAP menu → Accounting → Financial Accounting → Accounts Receivable → Account → Display Balances。（T-CODE：FD10N）

![Customer Balance Display screenshot showing Customer 400010, Company code 2439, Fiscal year 2015]

按键 ⏱，检查客户 400010 的记录项。

Stat	Type	Doc. Date	Net due dt	Clearing	Amt in loc.cur.	LCurr	DocumentNo
◉	DR	19.10.2015	19.10.2015		1.175,00	CNY	2014
◉					1.175,00	CNY	
Account 400010					1.175,00	CNY	

凭证类型 DR，如果双击凭证 2014，就会发现其记录与前面的显示一致。

2. 客户发票多行输入（T – CODE：FB70）

Main path：SAP menu → Accounting → Financial Accounting → Accounts Receivable → Document Entry → Invoice。（T – CODE：FB70）

举例：假设公司 2439 销售了一批货物给客户 400010，含税金额 1175 元，销项税税率为 17.5%。采用多行输入一般可以输入多个收入科目，为了简单起见，这里只选择一个收入科目。

第一，凭证头信息。

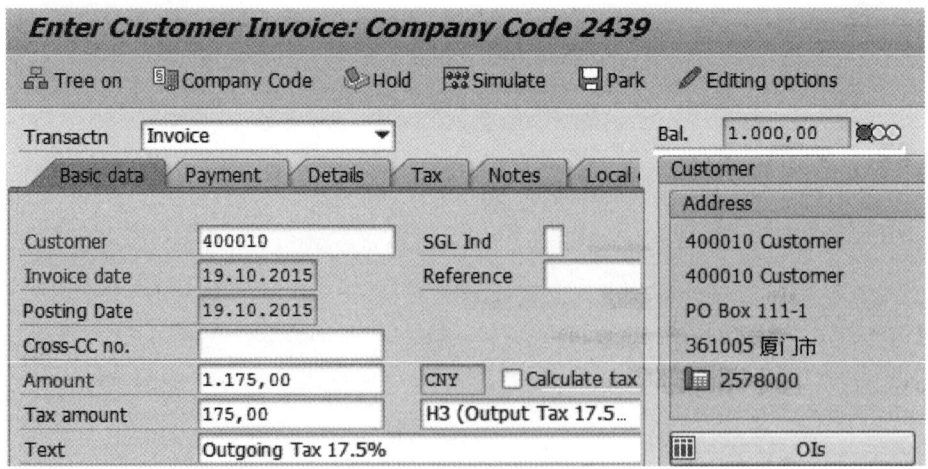

输入客户发票凭证头相关信息。凭证头信息包括凭证日期、过账日期、提示信息等。

第二，输入第一行信息。

第一行信息包括输入客户代码 400010，销项税代码 H3，税率 17.5%，输入后，客户主记录包括银行信息数据会被自动触引出来。输入应收账款金额，即含税金额 1175 元，税额 175 元。

第三，输入第二行信息。

S...	G/L acct	Short Text	D/C	Amount in doc.curr.	Loc.curr.amount	T...	Tax ju
✓	480201	Sales reven...	Credit	1.000,00	1.000,00	H3	

输入收入科目信息。采用总账科目收入成本要素480201。输入销售收入金额1000RMB，不含税。

这里，只有一个行项目，另外一个行项目就是客户相关行信息。

第四，试算平衡检查。

按键 Simulate，试算平衡检查。

Itm	PK	Account	Account short text	Assignment	Tx	Amount
1	01	400010	400010 Customer			1.175,00
2	50	480201	Sales revenues - dom		H3	1.000,00-
3	50	275000	Input/Output Tax		H3	175,00-

平衡检验通过，过账 💾，✓ Document 2015 was posted in company code 2439。

第五，凭证查询。

生成了一个新的会计凭证2015。可以通过总账凭证查询路径，检查会计凭证。

Main path：SAP menu→Accounting→Financial Accounting → Accounts Receivable → Document → Display。（T – CODE：FB03）

第六，客户未清项查询。

可以通过应收账款查询功能，查询客户400010的记录。

Main path：SAP menu → Accounting → Financial Accounting → Accounts Receivable → Account → Display Balances。（T – CODE：FD10N）

Stat	Type	Doc. Date	Net due dt	Clearing	Amt in loc.cur.	LCurr	DocumentNo
○	DR	19.10.2015	19.10.2015		1.175,00	CNY	2015
○	DR	19.10.2015	19.10.2015		1.175,00	CNY	2014
○					2.350,00	CNY	
Account 400010					2.350,00	CNY	

凭证类型DR，凭证号码2015就是刚才建立的凭证，是一个未清项凭证。

第二节 应 收 清 账

1. 应收账款清账支付（T – CODE：F – 28）

未清项（open item），就是一笔业务虽然是一笔应收款业务，但是还未结清，要通过结算程序才能够结清，结清后，就不再是未清项。

举例：对于应收账款的清账，前面，我们已经建立了一个应收账款凭证2014，属于未清项，现在就对该凭证进行收款支付操作。

Main path：SAP menu → Accounting → Financial Accounting → Accounts Receivable → Document Entry → Incoming Payment。（T‑CODE：F‑28）

为了操作方便，可以先修改相关参数，选择功能键 ✎ Editing options，勾选相关参数如 ☑ Selected items initially inactive，即先不激活（拉暗）所有行项目，而是在操作过程中自己仅仅去选择激活（高亮）要清账的行项目。

第一，输入凭证头信息。

凭证日期、过账日期，其中，过账日期采用今日日期，周期为本月，公司代码2439。

Post Incoming Payments: Header Data			
Process open items			
Document Date	19.10.2015	Type	DZ
Posting Date	19.10.2015	Period	10
Document Number			
Reference			
Doc.Header Text	19.10.2015		
Clearing text	19.10.2015		
Company Code	2439		
Currency/Rate	CNY		
Translatn Date			
Cross-CC no.			
Trading part.BA			

第二，输入第一行信息。

输入收款银行科目113100，作为应收账款的收款账户，输入应收账款金额1175元，与目标清账凭证2014的金额一致。

Bank data			
Account	113100	Business Area	2439
Amount	1175	Amount in LC	
Bank charges		LC bank charges	
Value date	19.10.2015	Profit Center	
Text	19.10.2015	Assignment	

第三，输入第二行信息。

输入未清项客户账号400010，表示未清项凭证来源。

Open item selection		Additional selections	
Account	400010	⦿ None	
Account Type	D　☐ Other accounts	○ Amount	
Special G/L ind	☑ Standard OIs	○ Document Number	
Prnnt advice no.		○ Posting Date	
☐ Distribute by age		○ Dunning Area	
☐ Automatic search		○ Others	

第四，未清项检查。

输入以上信息后，继续处理未清项，点击 Process open items 。

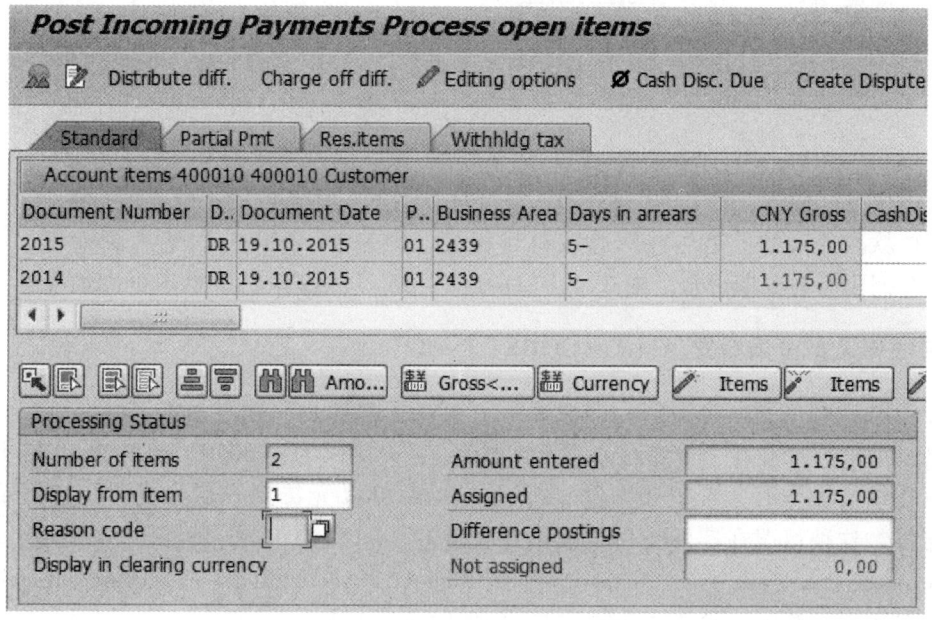

系统客户 400010 下有 2 条未清项，我们要清理凭证 2014，可以采用选择方式，用火柴枝点亮凭证 2014 记录项。因为输入金额与未清项金额都是 1175 元，所以，未分配金额为零。

第五，平衡检查。为了模拟清账平衡结果，点击"Document→ Simulate"。

```
Items in document currency
     PK  BusA  Acct                        CNY  Amount      Tax amnt
001  40   2439  0000113100 Bank Account         1.175,00
002  15   2439  0000400010 400010 Customer      1.175,00-
```

来自客户 400010 的应收账款减少 1175 元，而现金科目 113100 增加收入 1175 元。

过账 ■。☑ Document 3015 was posted in company code 2439。产生凭证 3015。

第六，凭证查询。可以采用应收账款凭证查询程序，查询新产生的凭证 3015。

Main path：SAP menu → Accounting → Financial Accounting → Accounts Receivable → Document → Display。（T – CODE：FB03）

结果与之前的显示一致，这就是清账记录。

第七，未清项查询。

未清项是否已经结清，可以通过应收账款科目查询程序，检查客户 400010 的记录。

Main path：SAP menu → Accounting → Financial Accounting → Accounts Receivable → Account → Display Balances。（T – CODE：FD10N）

显然，凭证 2014 指示灯变绿，已经不再是未清项，已经实现了清账操作。

在实际应用中，有些人喜欢使用 T – CODE F – 36 (bill of exchange payment) 来处理应收账款，在操作时要勾选处理交易为 incoming payment 项，但是与 T – CODE F – 28 不同，过

Stat	Type	Doc. Date	Net due dt	Clearing	Amt in loc.cur.	LCurr	DocumentNo
◉	DR	19.10.2015	19.10.2015		1.175,00	CNY	2015
◉					1.175,00	CNY	
◻	DR	19.10.2015	19.10.2015	19.10.2015	1.175,00	CNY	2014
◻					1.175,00	CNY	
Account 400010					2.350,00	CNY	

账码要由用户自己输入，例如 40 113100，银行存款增加，注意取消特殊总账标志；15 400010，客户应收账款减少（如果是与特殊总账科目相关，则为 19 400010），输入到期日（due on），系统将不会列出所有到期记录。对于 T – CODE F – 36 具体操作，这里不再详细介绍。

2. 应收账款部分清账支付（T – CODE：F – 28）

部分清账，就是不完全清账，即清账后，应收账款的余额并不为零。

举例：前面，产生了一个应收款凭证 2015，客户代码为 400010，金额为 1175 元，如果该未清项在结清操作时，希望只支付 175 元，其余 1000 元待到今后再支付，这样就属于部分清账支付，这种情况在实际支付过程中比较普遍。

Main path：SAP menu → Accounting → Financial Accounting → Accounts Receivable → Document Entry → Incoming Payment。（T – CODE：F – 28）

第一，输入凭证头信息，包括凭证日期、过账日期等。

第二，输入收款银行科目 113100，作为收款科目。部分支付的金额 175 元。

第三，输入客户代码 400010，作为未清项凭证来源。

输入信息完整之后，点击 Process open items 。点击部分支付残值功能键 Res.items 。

Document Number	D..	Document Date	P..	Business Area	Da...	Net Amount	Residual Items	RCd
2015	DR	19.10.2015	01	2439	4-	1.175,00	1.000,00	

Account items 400010 400010 Customer

选定未清项凭证代码 2015。因为实际支付为 175 元，所以，输入剩余值（residual）1000 元。操作要领是按键 Items，点亮记录，在 Residual Items 下输入剩余金额 1000 元，这样未分配作业余额（Not assigned）为零，整个账务系统是平衡的。

第四，平衡检查。模拟一下即将生成的会计凭证。点击"Document→ Simulate"。

```
Items in document currency

     PK  BusA Acct                          CNY   Amount        Tax amnt
001  40  2439 0000113100 Bank Account              175,00
002  06  2439 0000400010 400010 Customer         1.000,00              H3
003  15  2439 0000400010 400010 Customer         1.175,00-
D   1.175,00        C   1.175,00                     0,00  *  3 Line items
```

银行收款 175 元，客户应收款未清项剩余 1000 元；但是，原来的应收款未清项金额 1175 元已经结清。这样，借贷关系达到平衡。

过账 。 Document 3016 was posted in company code 2439。生成凭证 3016。

第五，部分未清项清账过程解释。部分清账操作实际上经过了两个步骤：

一是先结清原未清项凭证 2015，凭证类型 DR，金额 1175 元。

Main path：SAP menu → Accounting → Financial Accounting → Accounts Receivable → Account → Display Balances。(T‑CODE：FD10N)

Stat	Type	Doc. Date	Net due dt	Clearing	Amt in loc.cur.	LCurr	DocumentNo
	DR	19.10.2015	19.10.2015	20.10.2015	1.175,00	CNY	2015

二是产生一张新的未清项凭证 3016，凭证类型 DZ，应收金额减少，现在为 1000 元。

Stat	Type	Doc. Date	Net due dt	Clearing	Amt in loc.cur.	LCurr	DocumentNo
	DZ	20.10.2015	19.10.2015		1.000,00	CNY	3016

第三节　预　付　账　款

1. 客户预付账款处理（T‑CODE：F‑29）

预付款业务必须先在 T‑CODE FBKP 处定义统驭科目与特殊目的总账科目之间的对应

关系，不然，无法正常入账。

例如，与客户相关，特殊总账中间科目 270000 会被自动触发而带引出来，即客户 400010 的预付款与总账科目 270000 相对应。

预付款总账科目 270000 的具体配置，参看 T – CODE FBKP 下关于特殊总账科目（A）下预付款（down payment，advanced payment account）的具体配置。

Main path：SAP menu → Accounting → Financial Accounting → Accounts Receivable → Document Entry → Down Payment → Down Payment。（T – CODE：F – 29）

客户预付款，就是本公司的预收款，它的清账与一般清账程序步骤一致。

举例：客户 400010 向公司 2439 预付货款 500 元，公司 2439 的收款银行科目为 113100。

第一，输入凭证头信息。包括凭证日期、过账日期等，包括简短预付说明文字

```
Post Customer Down Payment: Header Data
New item   Requests
Document Date   20.10.2015   Type   DZ    Company Code    2439
Posting Date    20.10.2015   Period 10    Currency/Rate   CNY
Document Number                            Translatn Date
Reference       Customer Down P.           Cross-CC no.
Doc.Header Text Customer Down Payment
Trading part.BA                            Tax Report Date
```

第二，输入客户信息。

```
Customer
Account        400010              Special G/L ind    A
Altern.comp.cde
```

输入客户代码 400010，作为预付款客户账号。输入了特殊总账标志 A。要注意特殊总账标志 A，这里，客户预付款业务处理也是特殊目的总账的一个用途。

注意：我们仅仅输入了客户代码，而与客户相关的预收款金额这里尚未输入。

第三，输入预收款总账科目 113100，预付款金额 500 元。

```
Bank
Account        113100              Business Area     2439
Amount         500                 LC amount
Bank charges                       LC bank charges
Value date     20.10.2015          Profit Center
Text           Customer Down Payment  Assignment
```

输入完成之后，确认 ✓。

第四，继续完善与客户 400010 的预付款有关的信息。

客户 400010 的预付款金额为 500 元，不考虑税收问题，即税收代码采用 H0，税率 0%。

输入预付款到期日（Due on）为今年的年末最后一天。

第八章　应收应付（AR/AP 模块）

这些信息，就是客户 400010 的特殊总账信息，它们将被打上特殊总账标志 19A。

这里要特别注意，预付款业务在过账时，会自动打上 Payment Block 标志 A，以便今后提示该笔业务是一笔应付款。但是，这样一来，由于支付标志有特殊标志 A，所以在进行未清项清账时，无法正常清账。因此，未清项清账之前，如果要对于预付款或者预收款项目进行清账，就必须先取消掉记录中的锁定标志 A，然后才能够进行未清项的清账处理。这个问题对于初学者往往易于发生，一般来说，消除 A 标志，可以在总账查账记录下清除，也就是直接修改记录，去掉 A 标志，A 标志是可以去掉的。

```
Post Customer Down Payment Add Customer item

Customer      400010       400010 Customer            G/L Acc  270000
Company Code  2439         111-1
YHQ LTD                    厦门市
Item 2 / Down pmnt received / 19 A
Amount        500                        CNY
Tax amount    0
Tax Code      H0      Calculate tax
Bus. Area     2439
Due on        31.12.2015        Pmt Method
Pmnt Block                      Network           /
Order                           WBS Element
Assignment    Due: 31.12.2015   Sales Doc.
Text          Customer Down Payment              Long Texts
```

第五，平衡查询。输入完成之后，模拟会计凭证。点击 。

```
Items in document currency

    PK  BusA Acct                          CNY    Amount        Tax amnt
001 40  2439 0000113100 Bank Account              500,00
002 19A 2439 0000400010 400010 Customer           500,00-              H0
  D 500,00         C 500,00                         0,00  *   2 Line items
```

注意，客户 400010 的预付款 500 元记录前面的过账码 19 之后附加了特殊总账标志 A。

账务平衡，保存 。 Document 3017 was posted in company code 2439。生成凭证 3017。

第六，预付款查询。

客户 400010 账户预付款记录可以在应收账款客户账户查询路径下去查询。

Main path：SAP menu → Accounting → Financial Accounting → Accounts Receivable → Account → Display Balances。（T - CODE：FD10N）

Stat	Type	Doc. Date	Net due dt	Clearing	Amt in loc.cur.	LCurr	DocumentNo
◯	DZ	20.10.2015	31.12.2015		500,00-	CNY	3017

输入客户代码 400010。确认 ⏰。点击特殊目的总账功能键 Special general ledger。该笔预付款业务必须在客户 400010 的特殊目的总账下查询才可以。

继续点击预付款功能键 Down payment。

显然，预付款记录凭证 3017 是一个未清项，凭证类别 DZ。如果双击凭证号，就会看到 BLOCK＝"A"标志，表示特殊总账标志已经加上去了。

第七，预付款记录冻结标志查询。双击该凭证记录，就会看到各个属性值。

```
Display Document: Line Item 002
Customer    400010       400010 Customer        G/L acct  270000
Company code 2439         111-1
YHQ LTD                   厦门市                 Doc. no.  3017
Line Item 2 / Down pmnt received / 19 A
Amount      500,00        CNY
Tax amount  0,00
Tax Code    H0
Additional Data
Due on      31.12.2015    Bus. Area   2439
Pmnt Block  A
```

很显然，这里的预付款被加上了冻结标志 Pmnt Block A。在处理结清预付款时，必须把冻结标志取消掉。因为之后的练习要用到该功能，所以，我们先提前把冻结标志 A 去掉。取消的办法是按键"Document → Display <-> Change"，直接取消 A 标志，复原为 Pmnt Block ☐，保存 💾，凭证其他项目属性没有变化。

2. 具有预付款的应收账款支付（T – CODE：F – 28）

举例：客户 400010 的 1000 元应收款已经在结算之前预付了 500 元的预付款，所以，在支付应收账款时，可以将预付款作为应收账款支付的一部分，参与清账处理。

第一，先检查客户 400010 的未清项记录，找出一条要支付清账的未清项记录。

Main path：SAP menu → Accounting → Financial Accounting → Accounts Receivable → Account → Display Balances。（T – CODE：FD10N）

Stat	Type	Doc. Date	Net due dt	Clearing	Amt in loc.cur.	LCurr	DocumentNo
◯	DZ	20.10.2015	19.10.2015		1.000,00	CNY	3016

查询显示，这里有一笔应收款业务，凭证类型为 DZ，金额为 1000 元，凭证代码为 3016，该笔记录为未清项。已知预付款金额为 500 元，所以，正式支付金额应为 500 元。

第二，未清项清账业务处理。

Main path：SAP menu → Accounting → Financial Accounting → Accounts Receivable → Document Entry → Incoming Payment。（T – CODE：F – 28）

第八章 应收应付（AR/AP 模块）

```
Post Incoming Payments: Header Data
Process open items
Document Date    20.10.2015    Type     DZ    Company Code   2439
Posting Date     20.10.2015    Period   10    Currency/Rate  CNY
Document Number                              Translatn Date
Reference        20.10.2015                  Cross-CC no.
Doc.Header Text  Clearing Down Payment       Trading part.BA
Clearing text    Clearing Down Payment
Bank data
Account          113100                      Business Area   2439
Amount           500                         Amount in LC
Bank charges                                 LC bank charges
Value date       20.10.2015                  Profit Center
Text             Clearing Down Payment       Assignment
```

一是输入凭证头信息。包括今日日期，公司代码 2439。

二是输入银行科目 113100，作为应收账款的收款账户，输入实际收款金额 500 元，与目标清账凭证应收款金额 1000 元相差 500 元，该差额与预付款金额一致。

三是输入未清项客户账号 400010，因为有预付款清账，所以，要注意必须勾选特殊总账标志 A。程序 F-28 的清算功能，在不选择"Special General Ledger Indicator = A"的情况下，就是普通的清账功能。但是，如果选择了特殊目的总账标志"A"，虽然也是清账功能，所不同的是，之前的预付款凭证不能有冻结标志，因为有冻结标志，就不会被清账。所以，清账之前，要仔细检查预付款凭证是否有被冻结的标志。本例中，我们之前已经删除了冻结标志"A"。

```
Open item selection                    Additional selections
Account         400010                 ⦿ None
Account Type    D    ☐ Other accounts  ○ Amount
Special G/L ind A    ☑ Standard OIs    ○ Document Number
Prmnt advice no.                       ○ Posting Date
☐ Distribute by age                    ○ Dunning Area
☐ Automatic search                     ○ Others
```

四是数据输入完成之后，继续处理未清项，点击 `Process open items`。

```
Post Incoming Payments Process open items
  Distribute diff.  Charge off diff.  Editing options  Ø Cash Disc. Due  Create Dispute
  Standard | Partial Pmt | Res.items | Withhldg tax
  Account items 400010 400010 Customer
  Document Number  Do... Document Date  Posting Key  Busin...  Days in arrears  CNY Gross
  3016             DZ    20.10.2015     06           2439      4-               1.000,00
  3017             DZ    20.10.2015     19           2439      72-                500,00-

  Processing Status
  Number of items       2          Amount entered          500,00
  Display from item     1          Assigned                500,00
  Reason code                      Difference postings
  Display in clearing currency     Not assigned              0,00
```

用火柴 ![] Items 点亮 2 笔需要清账的记录 3016、3017，未分配作业余额为零。这样，在未清账清单中，将应收款未清项记录凭证 3016 和预付款记录凭证 3017 双击为高亮。这样，实际支付 500 元加上预付款 500 元就等于应收款 1000 元。

五是平衡检查。为了模拟清账操作是否正确，点击"Document→Simulate"。

```
Items in document currency
      PK BusA Acct                         CNY  Amount       Tax amnt
001   40  2439 0000113100 Bank Account          500,00
002   09A 2439 0000400010 400010 Customer       500,00                H0
003   15  2439 0000400010 400010 Customer     1.000,00-
D 1.000,00         C 1.000,00                       0,00  *   3 Line items
```

模拟显示，客户 400010 清账支付未清项账款 1000 元，其中，已收客户 400010 预付款 500 元，现付 500 元。

保存 ![]。![] Document 3018 was posted in company code 2439。产生凭证 3018。

第三，凭证检查。查询新产生的凭证 3018，查询结果与之前的显示应该一样。

Main path：SAP menu → Accounting → Financial Accounting → Accounts Receivable → Document → Display。（T‐CODE：FB03）

第四，在应收款客户账户查询路径下，继续检查客户 400010 之下的各项记录。

Main path：SAP menu → Accounting → Financial Accounting → Accounts Receivable → Account → Display Balances。（T‐CODE：FD10N）

点击特殊总账功能键 Special general ledger 。

Stat	Type	Doc. Date	Net due dt	Clearing	Amt in loc.cur.	LCurr	DocumentNo
▢	DZ	20.10.2015	20.10.2015	20.10.2015	500,00	CNY	3018
▢	DZ	20.10.2015	31.12.2015	20.10.2015	500,00-	CNY	3017
▢					0,00	CNY	

显然，预付款记录凭证 3017 已经不再是一个未清项，而已经得到清偿。

清偿业务产生的新凭证 3018 有两种表现：

一是在 Special general ledger 之下，记录如上，金额为 500 元，对应预付款。

二是在 Balances 之下，记录如下，金额为 1000 元，对应应收款金额 1000 元。

Stat	Type	Doc. Date	Net due dt	Clearing	Amt in loc.cur.	LCurr	DocumentNo
▢	DZ	20.10.2015	20.10.2015	20.10.2015	1.000,00-	CNY	3018

以上两条记录之间的差额 500 元实际上就是现金银行科目 113100 记录。

3. 催款管理（T‐CODE：F150）

SAP 系统的催款管理功能，虽然对客户和供应商都有用，但是，往往主要是针对客户进行催款。催款管理的本质，就是计算出客户未清项凭证自发生到目前为止的挂账天数，以便提醒客户发生支付逾期或者未结账款的时间长度。

第八章 应收应付（AR/AP 模块）

第一，客户状态。因为催款与客户有关，所以，在操作催款管理业务之前，首先要查询一下客户主记录的催款业务配置。以客户 400001 为例，该客户之前有记录。

Main path：SAP menu → Logistics → Sales and Distribution → Mast Data → Business Partner → Customer → Change → Complete。（T - CODE：XD02）

输入客户代码 400001 和公司代码 2439。确认 ✓。点击 "Company Code Data → Corecepondence"。

确定催款过程（Dunn.procedure）为 0002，催款水平（Dunning level）为 2。这里 0002 为每月催款 1 次，0001 为每 2 周催款 1 次。

第二，开展催款业务。催款业务是应收账款管理的一项基本业务。

Main path：SAP menu → Accounting → Financial Accounting → Accounts Receivable → Period Processing → Dunning。（T - CODE：F150）

输入运行日期（Run on），一般为运行催款程序的日期，或今日日期。
建立识别代码（Identification），表示建立一个催款单代码，这里为 A2010。
一是建立催款参数（Parameter）。点击 Parameter。

输入催款日期（Dunning date），输入今日日期。输入凭证过账截止日期（Documents posted up to），该日期表示用户所要查询或者催款的凭证的时间界限，这里输入了今日日期。

输入公司代码 2439。输入客户代码 400001。输入完成，保存 🖫。

二是建立催款日志（Log）。点击 Additional Log。

Status	Parameter	Free selection	Additional Log
Additional log			
Customer		400001	to
Vendor			to

输入催款客户代码 400001。输入完成，保存 🖫。

三是建立催款计划（Schedule）。点击 🕒 Schedule。

选择虚拟打印机 LP0。勾选立即执行框 Start immediately ☑。

确认 🕒 Schedule。立即执行之后，催款单记录就已经形成。

四是查看、修改催款清单。点击 "Edit→ Referesh"。点击 ✎ Change。

Dunning Proposal

Run date	20.10.2015
Identification	A2010

点击 🕒 确认要查看、修改催款单 A2010。

Che	AccTy	Account	CoCd	Clerk	a		Dun	Du block				
DocumentNo	Year	Itm	Net due date	Arrear	Old	dunLe	Dun	Lock	C	Amount in FC	Crcy
☐ D		400001	2439			1						
50002	2014	1	14.03.2014	585		1			X	2.400,00	CNY
30003	2014	1	01.04.2014	567		1			X	1.175,00	CNY
2001	2015	1	29.03.2015	205		1			X	1.175,00	CNY
5000	2015	1	24.04.2015	179		1			X	1.175,00	CNY
5001	2015	1	24.04.2015	179		1			X	1.175,00	CNY
2011	2015	1	03.05.2015	170		1			X	235.000,00	CNY
2013	2015	1	06.05.2015	167		1			X	235.000,00	CNY
* T										477.100,00	CNY

催款单列出了每一笔业务自凭证过账之日起到现在为止的滞后支付或者欠款（arrear）日数，日数越大表示欠款期越长。合计欠款被列出在表的底部。

第四节 应付记账

供应商发票输入（T - CODE：FB60）

SAP 系统的应付账款管理，不仅与采购系统之间具有很好的集成，而且与总账之间也具

第八章 应收应付（AR/AP 模块）

有很好的集成。这里，应付账款处理的重点，将主要放在凭证与总账之间的关系方面。应付账款的月结、年结，虽然很重要，将不涉及。

一般来说，对于供应商发票的处理有两种情况：一是通过采购流程，由采购订单自动产生会计凭证，间接实现对于供应商应付账款发票的处理；二是通过应付账款模块（payable module），直接输入会计凭证，实现对于供应商发票的处理。

这里，主要介绍如何通过输入会计凭证，来实现对于供应商发票的输入。供应商发票输入之后，并未实现正式付款，即输入的发票成为应付账款未清项。

举例：某公司 2439 通过供应商 400010 购买了一批办公用品，金额为 1000 元，采购税率为 17.5%，办公用品直接列入公司管理成本科目 400476。

Main path：SAP menu → Accounting → Financial Accounting → Accounts Payable → Documents Entry → Invoice。（T‐CODE：FB60）

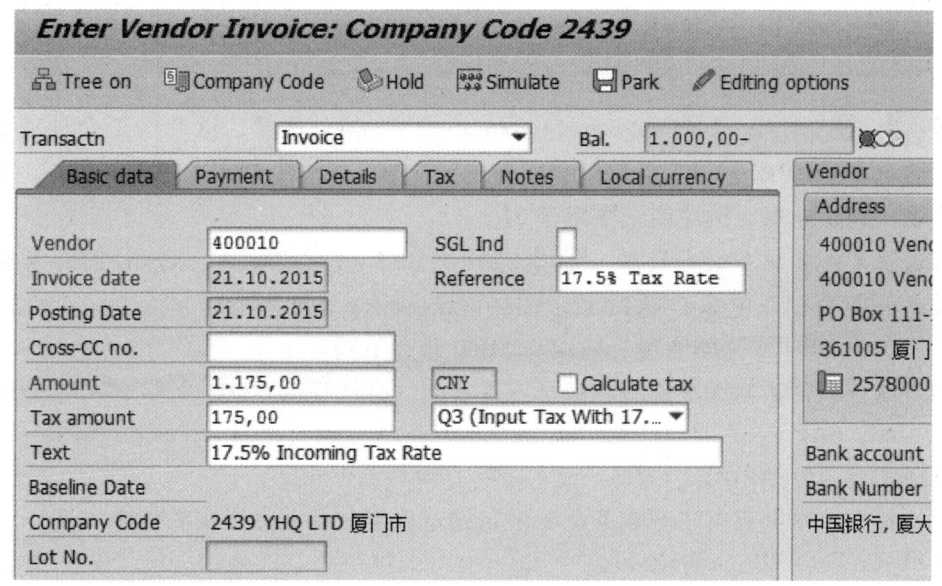

第一，输入供应商信息。

供应商代码 400010。输入应付金额 1175 元，其中包含进项税额 175 元。输入发票日期和过账日期，这里选取了今日日期。继续选择税收代码 Q3，其税率为 17.5%。输入税率之后，系统会自动引出供应商 400010 的有关配置，显示在屏幕上，从而，屏幕内容会发生变化。从供应商主文件中引入的数据有支付条款（payment terms）、供应商地址、开户银行等信息。如果按下屏幕中的功能键 payment、details、tax、notes，则可以看到更多与供应商 400010 相关的信息。由于双向记账仅仅只记了一方，所以余额不为零，信息指示灯为红色。

第二，输入成本科目信息。包括总账科目 400476，采购金额 1000 元（不含税）。

确认 ☑。由于总账科目 400476 是一个成本科目,这里要求输入成本中心。成本中心输入有两种方法,一是在行项目输入时直接选择输入成本中心的位置,直接输入,如上面的形式。二是在确认之后,双击科目代码 400476,进入单独的行输入画面再输入,例如,假如双击科目代码 400476,在这里可以输入成本中心代码,经营范围 2439 和税收代码 Q1 也可以在这里输入。由于成本要素 400476 在 OKB9 处已经有关联定义,所以,成本中心和利润中心会被自动带出。输入完成之后,指示灯变绿 ▢,表示输入正常。

第三,试算平衡。在保存过账之前,可以模拟演示一下试算结果。点击功能键 Simulate。

Itm	PK	Account	Account short text	Assignment	Tx	Amount
1	31	400010	400010 Vendor			1.175,00-
2	40	400476	Office supplies		Q3	1.000,00
3	40	275000	Input/Output Tax		Q3	175,00

过账 ▢。☑ Document 8005 was posted in company code 2439。这样,就产生了会计凭证 8005。实际上,通过 T-CODE F-02 也可以实现应付款记账,与 T-CODE FB60 一样,但是,记账码要注意区别,这里,供应商记账码是 31。

可以通过 F-02 试着记一笔账,☑ Document 1055 was posted in company code 2439。

通过 F-02 再记一笔账,☑ Document 1056 was posted in company code 2439。这种情况下,输入金额时,因为 400476 金额含税,所以与 FB60 稍有不同。

第四,通过应付账款凭证查询路径,可以查询该会计凭证 8005。

Main path:SAP menu → Accounting → Financial Accounting → Accounts Payable → Document → Display。(T-CODE:FB03)

第五,如果要查询成本中心账务,也可以通过成本中心信息查询功能来实现。

T-CODE:S_ALR_87013611。

具体查询结果,这里不再列示。

第五节 应付清账

1. 应付账款周期性清账(T-CODE:F110)

SAP 系统提供了自动支付功能,即可以自动找到已经到期的应付款。当然,企业可以根据其支付计划进行调整,到期是否即期付款、延期应收或应付是否需要计息,都要根据实际情况而定。不论是从采购订单产生的会计凭证,还是通过供应商发票输入产生的会计凭证,都形成了对供应商的应付款未清项。

举例:我们以供应商 400010 为例,说明如何支付应付款。

第一,未清项查询。应付款的支付,在支付之前,必须先检查清楚,都有哪些应付款项目,要逐笔核对,然后确定要支付哪一笔应付款。

一是通过应付账款科目查询路径,可以查询供应商 400010 应付款未清项记录。

Main path:SAP menu → Accounting → Financial Accounting → Accounts Payable → Account → Display Balances。(T - CODE:FK10N)

输入查询要素:供应商代码 400010,公司代码 2439,财务年度 2015。确认 。

St	Assignment	DocumentNo	Type	Doc. Date	S	DD	Amount in local cur.	LCurr
●	20151021	8005	KR	21.10.2015			1.175,00-	CNY
●	F-02	1055	SA	21.10.2015			1.175,00-	CNY
●	F-02	1056	SA	21.10.2015			1.175,00-	CNY
* ●							3.525,00-	CNY

凭证代码 8005 是通过 FB60 记账,凭证类型为 KR;1055、1056 是通过 F - 02 记账,凭证类型为 SA。三条记录显示红灯 ,表示未清项(open)。

二是在我们已经检查供应商 400010 下,有 3 条应付款项目:8005、1055、1056。

假设,这里想支付凭证号码为 8005 的一笔 1175 元。为了防止支付错误,可以给凭证 1055 和 1056 打上支付冻结标志 A,具体办法是双击凭证号码,点击修改键 ,给该凭证加上支付冻结标志 Pmnt block A 。必须注意,要实施支付的应付账款记录,必须先取消掉冻结标志,例如,对于未清项 8005 就不能加冻结标志,因为加上冻结标志就无法支付了。

三是由于周期性清账是对于未清项的一个阶段性集中处理,所以,一般不对当日应付款作周期性处理。一般来说,应付款清账账务日期在 5 天以上。为了便于练习该项操作,我们对支付凭证 8005 的记账基础日期做修改,将今日日期改到 5 天之前。

双击 8005 ,打开记录。按键 ,修改日期为 Bline Date 15.10.2015 ,之前是 21.10.2015。

第二,未清项周期性清账。

Main path:SAP menu → Accounting → Financial Accounting → Accounts Payable → Periodic Processing → Payments。(T - CODE:F110)

支付程序 T - CODE F110 比较特别,与一般的凭证输入程序完全不同,它是通过建立支付参数、提出支付方案、执行支付方案等步骤来实现支付的。

这里要告诉大家,子路径"Environment→ Check Information → Number Ranges"之下,可以查询到支票号码,例如要查询公司代码 2439、开户银行 2439、人民币账户 ID 0001 下的支票号码,就可以输入相应的参数,查询到支票批号和现在正在使用的最大支票号码。关于支票修改和查询,这里不再叙述。

(1)建立支付文件。

```
Automatic Payment Transactions: Status
  Status
  Run Date        21.10.2015
  Identification  A2110
  [Status] Parameter | Free selection | Additional Log | Printout/data medium
  Status
    ● No parameters entered as yet
```

主要是为支付操作定义一个识别代码（identification），这里定义的支付文件识别代码是A2110。识别代码可以自定义，便于识别就行。输入支付文件运行日期（run date）21.10.2015，也即应付款的支付日期，这里取今日日期。

（2）建立支付参数。点击 Parameter 。

```
Automatic Payment Transactions: Parameters
  B.ex./pmt request...
  Run Date        21.10.2015
  Identification  A2110
  Status | [Parameter] | Free selection | Additional Log | Printout/data medium
  Posting Date    21.10.2015   Docs entered up to   21.10.2015
                               Customer items due by
  Payments control
  Company codes                              Pmt meths  Next p/date
  2439                                       C          22.10.2015
  Accounts
  Vendor          400010                     to
```

输入过账日期（posting date），这里取今日日期。

输入凭证截止日期（documents entered up to），这个日期非常重要，直接关系到要支付的凭证的范围，它是要清算凭证的最大截止日期，这里采用今日日期。

输入公司代码2439，支付方式C。

输入下次支付的日期（next payment date），下次支付日期必须是今日之后的日期，一般来说，下次支付日期不会起太大作用，但必须输入。

输入供应商账户（vendor account）400010。

输入完成之后，点击 Status 。确认YES，出现 ☐ Parameters have been entered 。

（3）建立支付日志。支付附加日志（additional log）可以帮助保留支付方案的运行过程，详细记录运行线索，为查错和纠错提供辅助资料。勾选有关选项。

第八章 应收应付（AR/AP 模块）

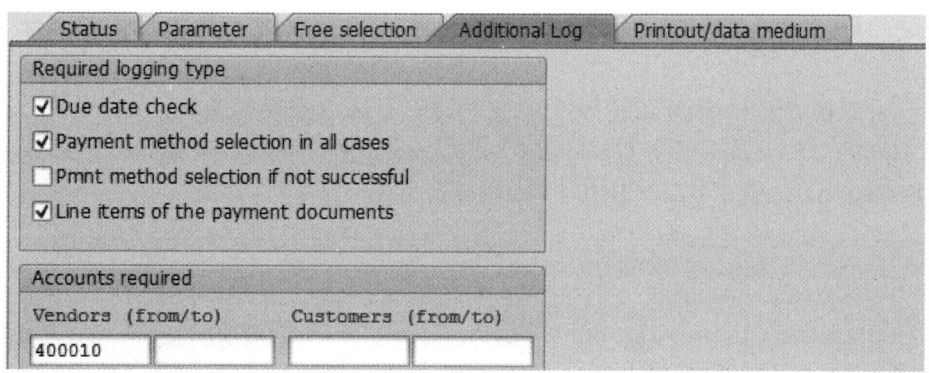

完成之后，点击 Status。确认 YES。

Automatic Payment Transactions: Status

Status Proposal Pmnt Run

（4）建立支付方案。点击功能键 Proposal。

Schedule Proposal
Start date   21.10.2015   ☑ Start immediately
Start time   00:00:00
Target computer

输入支付开始日期（start date），即今日。输入支付开始时间（start time）00：00：00。勾选立刻开始 ☑ Start immediately。

输入完成，确认 ✓。 Proposal run has been scheduled。

按键 Status 。 Payment proposal has been created 。

（5）执行支付程序。按键 Payment Run 。 Payment run has been carried out 。同时，也会显示操作所产生的过账记录的条数， Posting orders: 1 generated, 1 completed ，显然，1 条记录被清账。

按键 Proposal 。

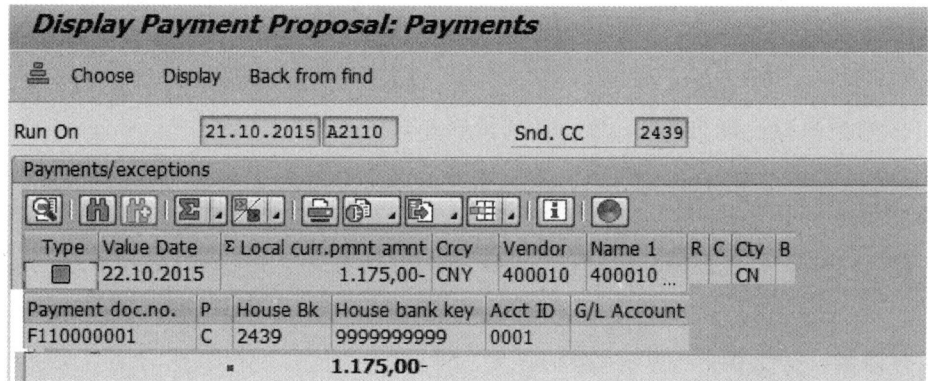

从这里可以看出，供应商 400010 的 3 个未清项，由于其中 2 个被冻结，所以被排除在

247

了清账记录之外（exceptions），而只有 1 个未清项 8005 凭证适合清账支付。至此，支付过程已经完成。

第三，重新检查在供应商 400010 下，支付项目是否已经实现清账。

Main path： SAP menu → Accounting → Financial Accounting → Accounts Payable → Account → Display Balances。（T - CODE：FK10N）

St	Assignment	DocumentNo	Type	Doc. Date	S	DD	Amount in local cur.	LCurr	Clrng doc.
●	F-02	1055	SA	21.10.2015		▲	1.175,00-	CNY	
●	F-02	1056	SA	21.10.2015		▲	1.175,00-	CNY	
●							2.350,00-	CNY	
□	20151021	8005	KR	21.10.2015			1.175,00-	CNY	11010
□							1.175,00-	CNY	

可以看出，凭证 8005 已经由未清项（open）实现清账（cleared），清账作业代码为 20151021，显示灯标志也由红变绿。

同时，特别要注意，在完成支付的同时，系统自动产生了一个 debit side 清账会计凭证 11010，凭证类型是 ZP，清账日期是今日日期。如果采用 FB03 查询，会发现自动清账科目 199995 被自动引用。

行项目显示，供应商 400010 收款，应付账款减少 1175 元，过账码为 25；同时，银行现金科目 199995 支出 1175 元，过账码为 50。这里，银行科目 199995 是在配置环节（T - CODE FBZP）配置上去的，这里会自动引用。

Co.	Itm	PK	S	Account	Description	Amount	Curr.	Tx	Cos
2439	1	25		400010	400010 Vendor	1.175,00	CNY		
	2	50		199995	China Bank domestic	1.175,00-	CNY		

第四，冻结凭证的释放。对于之前被冻结的凭证，为了不影响后续操作，需要释放冻结标志，以方便今后的操作。

Main path：SAP menu → Logistics → Materials Management→Logistics Invoice Verification→Further Processing→Release Blocked Invoices。（T - CODE：MRBR）

输入查询参数，确认 。如果有冻结凭证，则清单会列出所有需要释放的冻结凭证。点击 ，选择所有行。保存 。被冻结凭证将被释放。

造成凭证冻结的原因较多，例如：由于采购凭证检验过程中，在生成发票凭证时，可能会出现支付冻结（blocked for payment）的情况，所以，必须在支付之前予以释放。造成这种情况的原因是由于在进行价格评估时货币金额之间出现差异值。因为之后的会计凭证检查正确，所以可以释放冻结。

2. 应付账款一般性清账（T - CODE：F - 58）

前面，我们已经在举例中采用 T - CODE F - 28 实现应收账款清账。实际上，该程序也

第八章 应收应付（AR/AP 模块）

可以被用来实现应付账款清账，只是这时，凭证类型为 KZ，科目类别为 K。

尽管如此，SAP 系统也有专门程序实现应付账款清账。

应付账款清账的一般性支付方法为 T–CODE F–53（post），或者 T–CODE F–58（post + print forms），它们可以列出所有应付账款的清单，再从其中仅仅选择需要支付的那一笔或者多笔记录，进行支付操作。本节采用 T–CODE F–58。

举例：某供应商 400010 要支付一笔应付账款，凭证号码 1055，发生金额为 1175 元。

Main path：SAP menu→Accounting→Financial Accounting→Accounts Payable→Documents Entry→Outgoing Payment→Post and Print Forms。（T–CODE：F–58）

第一，输入支付方法及相关参数。

输入公司代码 2439，支付方式 C，开户银行 2439，支票本批号 2439。输入打印方式 LP01，表示以 ASCII 码形式输出报告。勾选处理方式及输出控制参数，这里勾选了支付金额计算、收款方语言等属性。

确认 ✓。单击功能键 Enter payments。清账的录入画面与一般输入画面基本一致。

第二，输入凭证头信息。按键 Enter payments。

输入支付凭证头信息，包括与清账日有关的日期、周期、参考、备注信息。这里的凭证日期（document date）是一个截止日期，即到这一日为止所有应付账款记录都会被列示在之后的清单中。凭证类型这里是 KZ。

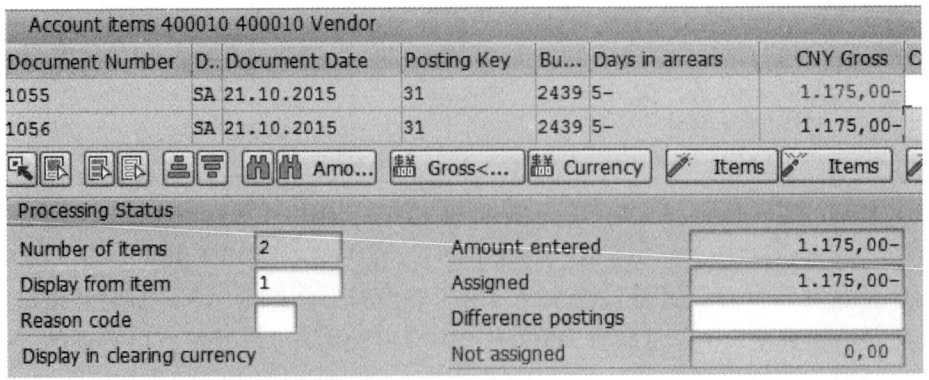

第三，输入支付银行过账信息，包括清账金额1175元、评估日期。这里，如果一时并不完全清楚要支付的金额与客户应付款之间的金额是否完全一致，就可以先给一个金额，继续操作程序，待未清项行项目清单出来之后加以核对，再返回来修改此处的金额，当然，如果支付之前已经查过供应商未付款清单，则一次输入正确金额就好。

第四，输入供应商信息。

输入供应商信息，这里应付款所对应的供应商是400010。

支付项目暂时不考虑特殊总账标志（special G/L indicator），也不考虑附加选项，但是，如果有预付款等特殊事项，则可以勾选特殊总账标志项，这里，暂时按照标准操作信息（standard OIs）处理。

第五，清账处理。输入完成之后，点击 Process open items，处理未清项。

在处理过程中，可以选择编辑参数（editing options），先不高亮所有未清项，即将所有未清项记录设置为非选择项，色彩调暗。这样做，主要是为了在清账时，可以直接选择要清账的未清项就行了，而不必逐条地去隐藏所有其他暂时不去处理的记录。由于到凭证截止日期（document date）21.10.2015之前的所有2条未清项都被列示出来，所以，需要仅仅将凭证 1055 所在的行点亮,作为要支付的行,保留成高亮。

注意余额(not assigned)为零,要支付的金额与凭证待分配金额相等。

过账 🖫 。 Document 6011 was posted in company code 2439 。生成凭证 6011。

第六,检查清账记录。

Main path:SAP menu→Accounting→Financial Accounting→Accounts Payable→Account→Display Balances。(T‑CODE:FK10N)

St	Assignment	DocumentNo	Type	Doc. Date	S	DD	Amount in local cur.	LCurr	Clrng doc.
⊙	F-02	1056	SA	21.10.2015		⚠	1.175,00-	CNY	
⊙							1.175,00-	CNY	
☐	20151021	6011	KZ	21.10.2015			1.175,00	CNY	6011
☐	F-02	1055	SA	21.10.2015			1.175,00-	CNY	6011
☐	20151021	8005	KR	21.10.2015			1.175,00-	CNY	11010
☐	20151021	11010	ZP	21.10.2015			1.175,00	CNY	11010

清账已经完成,清账日期为今日。凭证类型 KZ 表示新产生的清账凭证,点击凭证号 6011,点击 🔍,就可以搞清楚清账的会计处理方式。

Co.	Itm	PK	S	Account	Description	Amount	Curr.	Tx
2439	1	50		199995	China Bank domestic	1.175,00-	CNY	
	2	25		400010	400010 Vendor	1.175,00	CNY	

支付款项来自银行科目 199995。供应商 400010 实现支付,应付款减少 1175 元。

第七,对于打印池(spool)生成的支票(check)和支付通知书(payment advice)。

International Payment Medium - Check (without check managen

Overview of the lists generated

Name	Dataset	Spool number
Check	LIST1S	0000940855

如果双击 **Check**,双击功能键 📋 ,则会显示支票式样。

3. 应付账款部分清账(T‑CODE:F‑58)

对于一笔应付账款未清项,如果只能部分支付,而不能一次全部付清,则可以通过一般付款程序 T‑CODE F‑58 来进行部分支付,处理程序与之前类似。

举例:假设支付一笔凭证未清项,供应商 400010,金额 1175 元,但是,只能支付 175 元,其余 1000 元要等到今后才能支付。仍然采用程序 T‑CODE F‑58。

第一,未清项查询。在进行清账之前,首先必须检查供应商 400010 的应付账款记录,检查究竟要支付哪一笔应付款未清项。

Main path:SAP menu→Accounting→Financial Accounting→Accounts Payable→Account→Display Balances。(T‑CODE:FK10N)

输入供应商代码 400010，公司代码 2439，财务年度 2015。确认 ✓。

St	Assignment	DocumentNo	Type	Doc. Date	S	DD	Amount in local cur.	LCurr
◉	20151021	8007	KR	21.10.2015		▲	1.175,00-	CNY

第二，对凭证 8007 进行部分清账。

查询清楚之后，采用程序 T – CODE F – 58，实现凭证 8007 的清账处理。

Main path：SAP menu → Accounting → Financial Accounting → Accounts Payable → Documents Entry → Outgoing Payment → Post and Print Forms。（T – CODE：F – 58）

Payment with Printout Header Data

Process open items

Document Date	21.10.2015	Type	KZ	Company Code	2439
Posting Date	21.10.2015	Period	10	Currency/Rate	CNY
Document Number				Translatn Date	
Reference				Cross-CC no.	
Doc.Header Text	Partial Payment			Trading part.BA	
Clearing text	Partial Payment				

Bank posting details

Amount	175			Business Area	2439
Value date	21.10.2015			Assignment	
Text	Partial Payment				

Payee

Vendor	400010			Company Code	2439
Customer				Payee	
☐ Payment on acct	Pmnt on acct				

Paid items

☑ Standard OIs
Special G/L ind

Additional selections

◉ None
○ Amount

输入公司代码 2439，输入的其他参数与之前相同，但是，金额为 175 元，即实际要支付的金额只有 175 元。

点击 Process open items，处理未清项。点击 Res.items，进入具有残值的支付环境。

通过双击鼠标，把其他所有未清项的行记录一律置于隐藏情景，仅保留并使凭证代码 8007 所对应的行处于高亮状态，表示要支付该笔未清项。

因为未分配余额（not assigned）必须为零，所以，清掉 175 元未清项之后，剩余残值 1000 元。由于应付账款表现在 CREDIT 一方，所以，残值金额输入为 – 1000，这一点要看清。

第八章 应收应付（AR/AP 模块）

```
Standard  Partial Pmt  Res.items  Withhldg tax
Account items 400010 400010 Vendor
Document Number  D.. Document Date  P.. Business Area  Da... Net Amount  Residual Items
8007             KR  21.10.2015     31  2439               5-    1.175,00-      1.000,00-

Processing Status
Number of items      1              Amount entered        175,00-
Display from item    1              Assigned              175,00-
Reason code                         Difference postings
Currency             CNY
Display in clearing currency        Not assigned            0,00
```

模拟显示部分支付结果，点击"Document→Simulate"，检查平衡项。

```
Items in document currency
    PK BusA Acct                              CNY  Amount         Tax amnt
001 50  2439 0000199995 China Bank domestic        175,00-
002 36  2439 0000400010 400010 Vendor            1.000,00-                Q3
003 25  2439 0000400010 400010 Vendor            1.175,00
D 1.175,00      C 1.175,00                          0,00 *    3 Line items
```

屏幕左下角提示 ✓ Correct the marked line items，要求修改新记录，双击 1.000,00- 行。

输入说明项（text），Text Partial Payment，提供提示信息。

保存 💾。Document 6014 was posted in company code 2439。

Overview of the lists generated		
Name	Dataset	Spool number
Check	LIST1S	0000940987

第三，对于新产生的凭证 6014，可以通过应付款凭证查询路径来查询。

Main path：SAP menu→Accounting→Financial Accounting→Accounts Payable→Documents→Display。（T – CODE：FB03）

通过应付款科目查询路径，可以查询供应商 400010 所对应的未清项记录。

Main path：SAP menu→Accounting→Financial Accounting→Accounts Payable→Account→Display Balances。（T – CODE：FK10N）

St	Assignment	DocumentNo	Type	Doc. Date	S	DD	Amount in local cur.	LCurr	Clrng
●	20151021	6014	KZ	21.10.2015	⚠		1.000,00-	CNY	
●	20151021	8007	KR	21.10.2015			1.175,00-	CNY	6014

凭证号 8017 已经结清，不再是未清项；但是，剩余 1000 元成为新未清项。

第九章
物料采购（PU 模块）

第一节　按流程采购

采购管理在 SAP 系统中，是一个流程化管理过程，其基本流程包括确定需求（demand determination）、采购请求（purchasing requisition）、选择供应商（supplier selection）、提交采购订单（purchasing order）、货物接收（goods receipt）、发票校验（invoice verification）、支付处理（payment processing）等步骤。采购管理是一个循环过程，有些 ERP 系统还有采购合同（purchasing contract）。

为了简单起见，本章首先介绍创建采购订单、接收货物、发票检验等三个主要步骤；对于采购请求和采购审批两个步骤，将放到本章最后再进行介绍。

一般来说，收货时产生一对凭证（debit/credit = material stock or consumption/GR），收到发票时又产生一对凭证（debit/credit = vendor/IR），这里，GR/IR 凭证作为中间过渡凭证起了很大作用，发票校验也主要是在这个环节起作用。

1. 创建采购订单（T – CODE：ME21N）

创建采购订单，是物料管理中的重要一环，但是，该步骤并没有产生 FI 凭证。

Main path：SAP menu→Logistics→Materials Management→Purchasing→Purchase Order→Create→Vendor/Supplying Plant Known。（T – CODE：ME21N）

		S..	Itm	A	I	Material	PO Quantity	O...	C	Net Price	Currency	Plnt	Stor. Location·	B:
				F		Q-1	10			1000	CNY	2439	2439	

Standard PO　　　　　Vendor　400010

第一，输入作业类型和要采购的物料信息。

输入供应商代码 400010，指向那个供应商采购。金额 1000 元为商品原价，不含税。

输入科目作业类型（A，account assignment categories），这里输入标准订单 F（其配置要求参考 T－CODE OME9，有些情况下可以不输入任何标志；或者输入其他标志，具体以系统默认配置为准，例如，如果采购的是固定资产，则要求输入订单标志 A）。

输入物料代码 Q－1，采购数量 10，采购价格 1000 元。输入工厂代码 2439。

输入完成后，确认，与供应商 400010 有关的部分信息将被自动触发并被带出。

第二，输入采购组织信息。选择进入 Org.data，输入采购组织信息。

输入采购机构代码 2439，采购组代码 YYY，公司代码 2439。

输入采购组织信息之后，确认，与物料 Q－1 相关信息被自动带出。

但是，状态栏（status）显示红灯，表示某些信息不正确，还需要逐项去检查。

第三，点击功能键 Account assignment，查看会计科目分配情况。

因为在配置环节已经为货物自动接收配置了会计科目，所以，这里会自动带出默认科目代码 399999，因为根据之前的配置，总账科目 399999 被自动地分配给了采购订单。但是，系统会提示 Account 399999 requires an assignment to a CO object，表示科目 399999 要求分配一个成本中心。按照提示，输入相关信息，包括卸货点 2439，经营范围 2439，成本中心 CCG1－C01。输入完成之后，确认。相应地，成本控制范围 2439 和利润中心 PC01 会被自动带出。如果在 T－CODE OKB9 下已经做了关联配置，则不会出现如上提示，而是直接通过，出现绿灯，不必输入成本中心等信息。

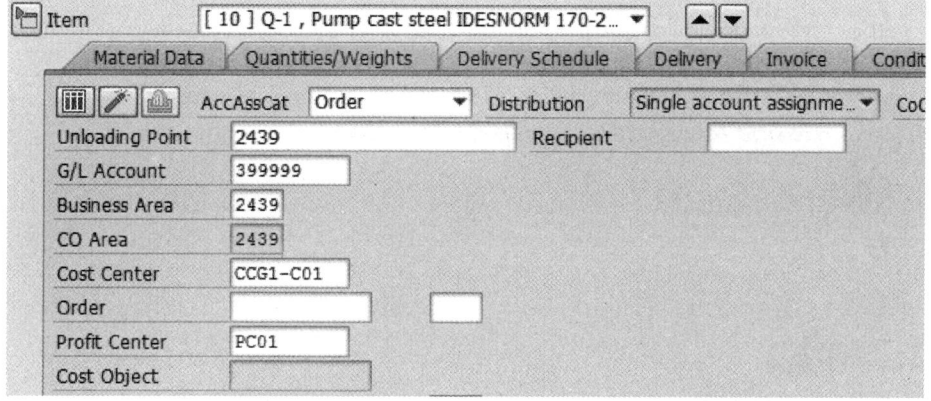

完成之后，所有信息正确，确认。

Status	Item	A	I	Material	Short text	PO quantity	O.	C	Deliv
	10	F		Q-1	Pump cast steel IDESNORM	1 PC	D		26.0

至此，状态栏（status）中的红灯消失。表明输入信息已经正确了。

第四，点击功能键 Conditions ，查看价格信息。

Item	[10] Q-1 , Pump cast steel IDESNORM 170-2...

Material Data	Quantities/Weights	Delivery Schedule	Delivery	Invoice	Cond

Qty		10	PC	Net		10.000,00	CNY

Pricing Elements

N..	CnTy	Name	Amount	Crcy	per	U...	Condition value	Curr.	Status
	PBXX	Gross Price	1.000,00	CNY	1	PC	10.000,00	CNY	
		Net incl. disc.	1.000,00	CNY	1	PC	10.000,00	CNY	
		Net incl. tax	1.000,00	CNY	1	PC	10.000,00	CNY	
	SKTO	Cash Discount	0,000	%			0,00	CNY	
		Actual Price	1.000,00	CNY	1	PC	10.000,00	CNY	

显然，价格净值为1000元，总值均为10000元，由于此时没有考虑折扣和税收，所以，实际采购价格为1000元，价格计算没有发现问题。

保存。 ☑ Standard PO created under the number 4500017532 。

系统自动产生了一个采购订单4500017532。

第五，可以通过采购订单查询路径来检查采购订单4500017532。

Main path：SAP menu→Logistics→Materials Management→Purchasing→Purchase Order→Display。（T - CODE：ME23N）

查询结果与输入是一致的，这里不再解释。记住订单号码，为收货做准备。

2. 接收货物（T - CODE：MIGO）

从业务上来说，许多公司先收货或者先收发票，次序各有不同，在这里，假设先收货。在采购订单产生后，供应商就会发货，货物到达后，采购者会接收货物。

Main path：SAP menu→Logistics→Materials Management→Purchasing→Purchase Order→Follow - on Functions→Goods Receipt。（T - CODE：MIGO）

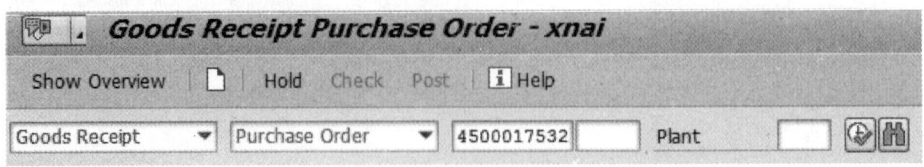

第一，输入采购订单号。之前已经产生了采购订单，所以，只需输入采购订单代码4500017532。确认 。

第二，与采购订单 4500014532 相对应的信息都会被自动带出，检查，确认。

如果所显示的信息与订单 4500017532 输入信息完全一致，则可以确认。勾选行项目正确属性。收货操作时,要注意检查收货仓储位置(where,storage location)。

保存 。 ☑ Material document 5000000160 posted。产生了收货凭证 5000000160。

第三,收货完成之后,物料凭证和会计凭证都已经形成,可以通过查询程序查询。

Main path:SAP menu→Logistics→Materials Management→Purchasing→Purchase Order→Display。(T - CODE:ME23N)

货物接收完成,物料凭证号码 5000000160 在 Purchase Order History 下面可以查询到,注意,在收货没有完成、仅仅形成订单时,该功能项是没有的。

收货后,财务凭证已经形成,但是,它们是分 GR/IR 两种情况形成不同凭证。在形成凭证过程中,按照配置科目,中间科目可能被自动使用。收货之后,会计凭证应该已经可以查到,点击 Doc. info ,继续点击 FI Documents ,就会看到相应的会计凭证,具体显示结果,与下节验证发票时的列示内容一致,这里不再具体列出。实际上,除了会计凭证(accounting document),还可以查询利润凭证(profit center document)、特殊总账凭证(special purpose ledger),这里不再赘述。

3. 验证发票(T - CODE:MIRO)

Main path:SAP menu→Logistics→Materials Management→Logistics Invoice Verification→Document Entry→Enter Invoice。(T - CODE:MIRO)

第一,输入订单号码。

发票检验,仍然以采购订单为基础,输入采购订单代码 4500017532。确认 。

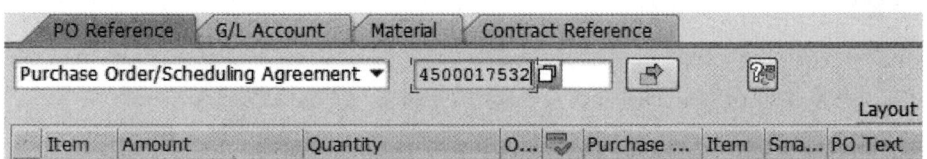

第二，输入开票日期、金额、税额等信息。这里考虑含税情况。

输入发票金额1000元，系统自动引入进项税代码Q0，税率为0%。但是，由于要采用17.5%税率，所以，要求输入正确税收金额1750。正确，信号灯自动转为绿色。

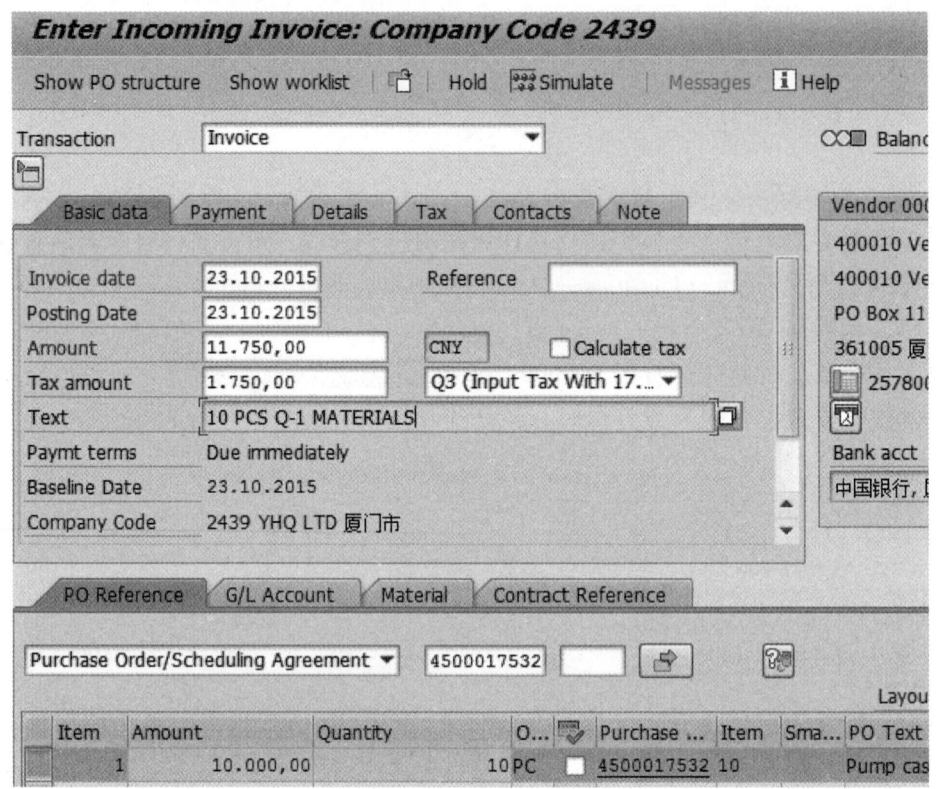

如果信号灯 为红色，主要原因是需要重新输入和确认订单金额与发票金额一致。记账码、会计总账科目、金额等的检查是最常见的验证。SAP有许多验证，用户经常会遇到各种各样的提示，都是系统验证后的结果提示。完成采购订单和收货之后，就会收到发票，发票检验是非常重要的一个步骤。发票校验，会根据收货情况去比较，一是与采购订单对比，一是与收货情况对比，如果有差异，则会指出。如果金额未验证，就会出现红灯情况。

这里要注意的是，如果输入的金额不是11750元，而是其他金额，表示订单金额与发票金额之间不一致，这个差额因为在配置的金额差额范围之内，所以系统会认为属于正确范围，也可以过账，但是系统信号灯为黄色而不是绿色，这时，在会计凭证模拟时，会计凭证会增加一个发票金额与订单金额差异科目，来记录差异金额。这里，输入的金额还与系统价格进行了比较。在产生差异时，系统会发出一个报警信息，支付差异也会被记账到差异科目。本例中，差异金额为零。注意，行记录中的Tax Code也要改成Q3。

第三，平衡检查。点击功能键 Simulate ，模拟会计凭证。

第九章 物料采购（PU 模块）

Position	A	G/L	Act/Mat/Ast/Vndr	Amount	Cu...	Purchasing Doc.	Item	Tax Code
1	K	500001	400010 Vendor / 3...	11.750,00-	CNY			Q3
2	S	291100	Goods Rcvd/Invoice...	10.000,00	CNY	4500017532	10	Q3
3	S	275000	Input/Output Tax	1.750,00	CNY			Q3

显然，供应商账户由统驭科目 500001 来代表，而总账科目 291100 表示库存增加。输入正确，保存 。 Document no. 5105609129 created 。产生凭证 5105609129。

发票检验完成之后，就会生成物料采购相关会计凭证，信息与模拟结果一致。

第四，可以在应付款凭证查询路径查询相关会计凭证。

Main path：SAP menu→Accounting→Financial Accounting→Accounts Payable→Document→Display。（T – CODE：FB03）

点击功能键 Document list。列示凭证清单。

Document List

Company code	2439	to
Document Number		to
Fiscal Year	2015	to
Ledger		
General selections		
Document type		to
Posting date	23.10.2015	to

输入关键查询项，如公司代码 2439，财务年度 2015，过账日期等。确认 。

产生了 2 个会计凭证，一个是 WE 类型凭证，一个是 RE 类型凭证。其中，WE 凭证是收货凭证 WE Goods receipt； RE Gross inv. receipt 凭证是收到发票的凭证。

Document List

CoCode	DocumentNo	Year	Type	Doc. Date	Posting Date
2439	12018	2015	WE	23.10.2015	23.10.2015
	14007	2015	RE	23.10.2015	23.10.2015

（1）双击 WE Goods receipt。物料科目与收料科目金额不含税。

Co...	Itm	PK	S	Account	Description	Amount	Curr.	Tx	Cost Center	Order	Profit
2439	1	81		399999	Consumptn, raw mat.1	10.000,00	CNY		CCG1-C01		PC01
	2	96		291100	Goods Rcvd/Invoice R	10.000,00-	CNY				PC01

（2）双击 RE Gross inv. receipt。应付账款会计凭证被列出。

259

Co	Itm	PK	S	Account	Description	Amount	Curr.	Tx	Cost Center	Order	Profit Ce
2439	1	31		400010	400010 Vendor	11.750,00-	CNY	Q3			
	2	86		291100	Goods Rcvd/Invoice R	10.000,00	CNY	Q3	CCG1-C01		PC01
	3	40		275000	Input/Output Tax	1.750,00	CNY	Q3			

关于应付款未清项相关会计凭证的查询，也可以通过应付账款科目查询功能查询。

第五，对于发票凭证 5105609129，可以通过发票检验查询路径查询。

Main path：SAP menu→Logistics→Materials Management→Logistics Invoice Verification→Further Processing→Display Invoice Document。（T - CODE：MIR4）

具体查询结果，与前面的显示一致，这里不再叙述。

第六，查看与供应商相关会计凭证

Main path：SAP menu→Accounting→Financial Accounting→Accounts Payable→Account→Display Balances。（T - CODE：FK10N）

输入供应商代码 400010，公司代码 2349，财务年度 2015。确认 。

St	Assignment	DocumentNo	Type	Doc. Date	S	DD	Amount in local cur.	LCurr
⊙	20151023	14007	RE	23.10.2015			11.750,00-	CNY

该凭证正是前面在 FB03 下面查询到的 RE 凭证，具体列示不再叙述。

第二节　采购请求与审批处理

1. 采购请求（T - CODE：ME51N）

前面介绍的采购流程是一种简化的采购流程。有些采购流程，需要采购者先填写采购申请书，请求希望得到相关负责人的审批，待审批通过之后才能够进入正式采购流程，即开始下采购订单。SAP 可以通过系统进行采购请求的审批。

采购请求、请求审批，都需要先在后台进行配置。假设，现在后台已经配置好了。

创建一个采购申请书的过程是：从供应商 400010 处采购物料 Q - 1 共 10 件，采购公司为 2439，工厂为 2439，采购组为 YYY，仓储地址为 2439。

Main path：SAP menu→Logistics→Materials Management→Purchasing→Purchase Requisition→Create。（T - CODE ME51N）

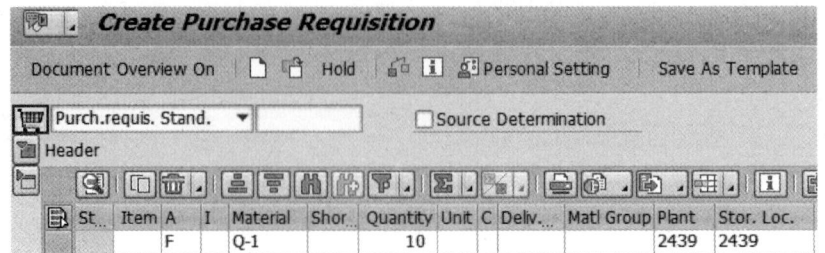

第一，输入科目作业类别（account assignment category）F，表示标准采购订单。输入物料代码 Q-1，数量 10，工厂 2439，存储地址 2439 等。确认。

第二，查看科目作业，点击 Account assignment。总账科目 399999 表示物料库存，应该由科目作业类别码 F 自动带出。

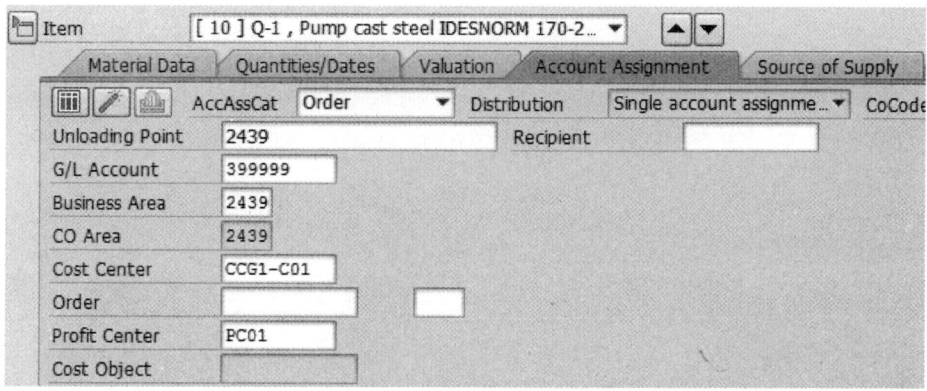

如果之前没有关联配置，其余成本中心等属性值则需要手工输入。

利润中心 PC01 会由成本中心 CCG1-C01 自动带出。

第三，查看供应商信息，点击 Source of supply。这里，vendor 也可以在之前输入。

事实上，采购请求的基本要求与建立采购订单是一致的，输入的基本信息也大致相同，所不同的是，采购请求是企业的业务需求部门向其主管部门或者主管领导提出采购申请报告，而采购订单是采购部门同供应商提出供应货物的请求。

输入供应商代码 400010。输入采购组织 2439。

其他补充信息输入或者不输入，都没有强制性要求。

第四，查看审批信息，点击 Release strategy。这是采购审批最重要的信息。

系统自动带入审批策略 AF，审批组 01。三个审批者 K1、K2、K3 也自动引入，目前审批标志为 S。

输入完成，保存。Purchase requisition number 0010015179 created，产生请购单。这样，就产生了一个请购单 10015179，但是尚未得到批准。

2. 采购审批（T – CODE：ME54N）

对于已经产生的请购单 10015179，需要相关负责人完成批准流程。

Main path：SAP menu→Logistics→Materials Management→Purchasing→Purchase Requisition→Release→Individual Release。（T – CODE ME54N）

这里有三个审批者，点击 K1 签字笔 、K2 签字笔 、K3 签字笔 ，完成审批。

审批完成之后，审批标志由 S 变成了 B，通过。

保存 。 Purchase requisition 0010015179 changed 。

3. 已审批业务的采购订单处理（T – CODE：ME21N、MIGO、MIRO）

之后的流程与之前介绍的简化采购流程一样，只要逐步去完成就行，总结如下。

第一，产生采购订单。

Main path：SAP menu→Logistics→Materials Management→Purchasing→Purchase Order→Create→Vendor/Supplying Plant Known。（T – CODE：ME21N）

按键 Document Overview On，打开屏幕左首列表。按键 ，打开目录树。点击 Purchase Requisitions 。选择请购单号码 10015179，点击 。点选 10015179。点击 。自动调出请购单。

检查相关属性输入值。这里要注意：在审批过程中，并不对金额进行处理，而取物料的原始价格，所以，价格是直到这里才修改。由于价格符合 1000 元要求，我们不再修改采购价格。由于已经审批，项目完整，符合订单要求。

保存 。 Standard PO created under the number 4500017533 。产生订单 4500017533 。

第二，收货操作。与之前的操作完全一致。

Main path：SAP menu→Logistics→Materials Management→Purchasing→Purchase Order→Follow – on Functions→Goods Receipt。（T – CODE：MIGO）

输入订单号码 4500017533。订单数据会自动引出。

检查，保存 💾。 ✅ Material document 5000000161 posted。

第三，发票检验。

Main path：SAP menu → Logistics → Materials Management → Logistics Invoice Verification → Document Entry → Enter Invoice。（T – CODE：MIRO）

输入订单号码 4500017533。订单数据会自动引出。输入开票日期为今日日期，实际含税金额、税金、税率代码等信息。

检查正确，保存 💾。 ✅ Document no. 5105609130 created。

具体过程及画面，与之前的介绍完全一致，不再赘述。

第十章
成本中心记账（CO 模块）

第一节　成本中心记账

与成本中心相关的总账科目记账（FB50，RPC0，S_ALR_87013611）。

一笔费用类记账，既记入了一个成本中心（cost center），又记入了一个成本对象（CO object），这里，必须清楚账务到底记到了哪里去，这是一个真实记账（true CO object）与一个统计意义（statistical CO object）上的记账之间的关系问题。一般来说，真实记账时记到了一个真实的成本要素（cost element）上去，而统计学记账是记到了一个只具有统计学意义上的成本要素（cost element）上去，这样，既实现了真实记账，又实现了统计分析功能。下面，我们举例来说明成本要素的作用。

第一，记一笔与成本要素有关的账。

Menu Path：SAP Menu→Accounting→Financial Accounting→General Ledger→Document Entry→Enter G/L Account Document。（T-CODE：FB50）

Enter G/L Account Document: Company Code 2439			

Basic Data	Details			
Document Date	24.10.2015	Currency	CNY	Amount Information
Posting Date	24.10.2015			Total Dr. 0,00 CNY
Reference	24.10.2015			
Doc.Header Text	24.10.2015			Total Cr. 0,00 CNY
Cross-CC no.				
Company Code	2439	YHQ LTD 厦门市		

0 Items (No entry variant selected)

S...	G/L acct	Short Text	D/C	Amount in doc.curr.	Loc.curr.amount	Tax code
	400476		Debit	1000	0,00	Q0
	113100		Cred…	1000	0,00	

第十章 成本中心记账（CO 模块）

输入成本科目 400476 和现金科目 113100。输入金额 1000 元。

输入进项税率 Q0，表示税率为 0%。确认 ✓。与成本要素 400476 相关的成本中心、利润中心等，因为之前已经做了关联配置，所以，都会被自动带引出来。

双击成本要素科目代码 400476，成本中心为 CCG1 - C01，利润中心为 PC01。

第二，平衡检查。模拟会计凭证，点击 Simulate。

Itm	PK	Account	Account short text	Assignment	Tx	Amount
1	40	400476	Office supplies		Q0	1.000,00
2	50	113100	Bank Account			1.000,00-

保存 💾。 ✓ Document 1057 was posted in company code 2439。产生凭证 1057。

这里，可以选择输入多个行记录，输入多个成本科目，都是可以的。

第三，为成本中心报告的输出设置合适的参数。

Menu Path：SAP Menu→Accounting→Controlling→Cost Center Accounting→Information System→User Settings。（T - CODE：RPC0)

点击 Basic Data，输入成本控制范围 2439。

输入成本中心组代码 YYCC。

还可以选择适当的成本要素组、作业类型组、统计指标组等，可以根据实际需要输入，当不输入时，表示不加限制。

T - CODE RPC0 的主要作用就是为成本中心的显示设置显示格式。

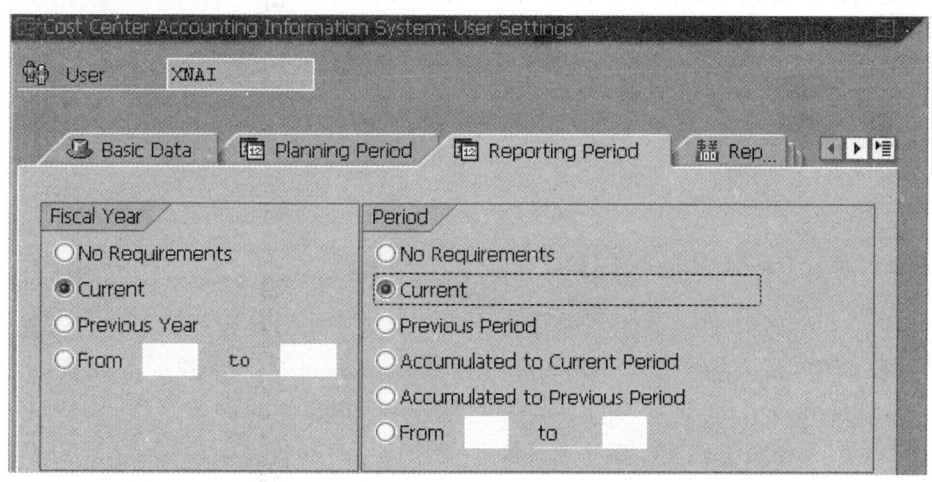

如果点击 Reporting Period，勾选财务年度为当前，勾选周期为当前。

如果点击 Report currency，勾选货币为 ● Controlling Area Currency。

如果点击 Further entries，勾选 ● Legal Valuation 和版本 0。

在这些参数选择中，可以根据用户自己对于报表的不同需求，进行参数配置。

第四，查询成本中心记账结果。

Menu Path：SAP Menu→Accounting→Controlling→Cost Center Accounting→Information System→Reports for Cost center Accounting→Plan/Actual Comparisons→Cost Centers：Actual/Plan Variance。（T - CODE：S_ ALR_ 87013611）

在第一次运行该程序时，可以设置周期参数，这里，选择当期。确认 ✓。

双击成本中心 CCG1-C01 CCG1-C01，就会看到成本中心的账务。

其一，如果双击 400476 Office supplies，就会看到 Cost Centers: Actual Line Items。

双击 Cost Centers: Actual Line Items。可以看到所有账务清单。

Posting Date	Cost Elem.	Cost element name	DocTyp	Σ	Val.in rep.cur.	O	Offst.ac
19.10.2015	400476	Office supplies	AB		1.000,00-	S	113100
21.10.2015		Office supplies	KR		1.000,00	K	400010
24.10.2015		Office supplies	SA		1.000,00	S	113100

其二，双击最后一笔账 24.10.2015 所在行，就会显示该笔业务。

点击路径"Environment→Accounting Documents"。

这里有两个凭证，一个会计凭证，一个成本凭证。

点击 Accounting document，会计凭证显示结果与之前的显示一致。

点击 Controlling Document，成本凭证显示一条成本中心入账记录。

CO 凭证与 FI 凭证之间具有明显的不同：FI 凭证记借、贷方发生额，双方平衡；但是，CO 凭证只记金额，流入或者流出，都没有平衡要求。

第二节 货物出入库记账

1. 货物入库（T - CODE：MB1C）

货物入库，并不会带来成本中心的变化。但是，为了与货物出库相对比，这里介绍一下货物入库操作。值得注意的是，下例中，货物移动类型 501 的屏幕字段配置（T - CODE OMJJ）与 GBB - BSA 中（T - CODE OBYC）的科目 309999 的屏幕字段 G049（T - CODE FS00）配置（T - CODE OBC4）要一致。MV - 501 = GI receipt w/o PO 与 309999 的字段组相同，生成会计凭证 WA。做一笔收货业务，在收货之前，假设要收货的货物是 Q - 1。

第一，检查物料存货数量。采用 T - CODE MM02，查询货物 Q - 1 的库存数量和价格。

Menu Path：SAP menu → Logistics → Materials Management → Material Master → Material → Change（General）。（T - CODE：MM02）

点击 Accounting 1，进入相关画面，查看库存数量。

第十章　成本中心记账（CO 模块）

货物 Q-1 的标准价格、移动平均价格均为 1000 元，库存数量为 0 件。

第二，做一笔收货业务，使仓储直接地接收货物 Q-1，数量为 10 件。

Menu Path：SAP Menu→Logistics→Materials Management→Inventory Management→Goods Movements→Goods Receipt→Others。（T-CODE：MB1C）

这里，最常见的情况是出现错误提示："Field selection for movement type 501/account 309999 differs for cost center CO10"。

这主要是因为 T-CODE OMJJ 下对于 MV 501 屏幕字段的配置与 T-CODE OBC4 下 G049 科目字段组下屏幕字段的配置不一致造成的。

解决的办法也比较简单，就是打开两个配置画面，边对比边修改，只要做到一致输入、一致选择、一致显示或者一致隐藏，就可以了。

入库操作对于销售业务至关重要，因为入库则库存增加，有库存就可以销售货物，如果没有库存，则无法销售货物。

输入货物移动类型 501。501 表示无订单收货及发票（GI receipt w/o PO）。确认。

输入货物代码 Q-1。收货数量 10 件。输入其他相关信息。

因为是收货，所以成本没有任何变化，鉴于此，不必输入成本中心代码。

确认。如果没有错误提示，表示正确。保存。Document 4900000273 posted。凭证代码为 4900000273。

第三，查询库存数量。货物 Q-1 数量增加了 10 件，T-CODE MM02 查询总数为 10 件。

库存数量的核对，这里要注意，在进行采购业务时，有一个收货操作，在那里，收货并没有带来库存的变化，这是因为收货和入库是分开进行的，收货并没有直接入库，所以物料库存数量并没有增加。

所以，要增加库存数量，还必须有专门的物料入库操作，否则，库存数量为零，无法销售物料。

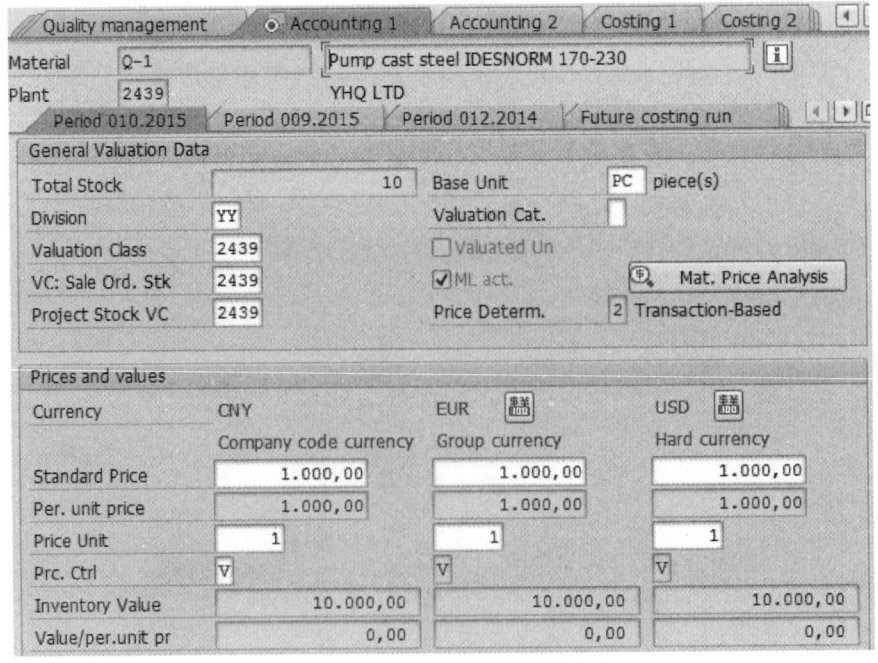

如果查询按键 Plant stock，会发现 Unrestricted 10。

第四，查询入库凭证。凭证代码为4900000273。

Menu Path：SAP Menu→Logistics→Materials Management→Inventory Management→Material Document→Display。（T-CODE：MB03）

点击路径"Environment→Accounting Document"，查询会计凭证。

这里的查询会计凭证，与通过查询凭证来查询会计凭证是一致的，所不同的是这里查询的是当前会计凭证，而查询凭证则可以查询任何凭证，但需要输入凭证号码。

显然，系统直接引入库存单价作为货物入库单价。这里，原料库存科目399997金额增加，库存清算科目309999科目金额减少，两个科目都属于之前专门配置。

会计凭证代码12020。关于总账凭证的显示，这里不再列示。

2. 货物出库（T-CODE：MB1A）

前面已经学习过，T-CODE FB50表现了从FI会计发票记账到CO成本中心记账，反映了FI与CO之间的关系。类似地，T-CODE MB1A发料操作，表现了从MM物料变化到CO成本中心之间的变化，反映了MM与CO之间的关系。

值得注意的是，本例中，货物移动类型201的屏幕字段配置（T-CODE OMJJ）与GBB-BSA中（T-CODE OBYC）的科目399999的屏幕字段G003（T-CODE FS00）配置（T-CODE OBC4）要一致。关于这一点，请查询配置相关章节介绍。

做一笔货物出仓业务，在货物出库之前，假设要发的货物是Q-1。

第一，采用 T－CODE MM02 查询该货物的库存数量和价格。

Menu Path：SAP menu → Logistics → Materials Management → Material Master → Material → Change（General）。(T－CODE：MM02)

点击 Accounting 1。货物 Q－1 标准、移动平均价格均为 1000 元，库存数量 10 件。

第二，货物出库。下面做一笔货物出库业务，假设发货数量为 1 件。

Menu Path：SAP Menu → Logistics → Production → Production Control → Goods Movements → WM Material Staging → Goods Issue。(T－CODE：MB1A)

输入与货物出库有关的信息。这里，货物移动类型选择了 201，其他出库类型也是可以的，只是配置起来比较复杂，要提前准备好。

货物移动类型 201 表示 Consumption for cost center from warehouse，指仓储出货后直接消费形成的成本。

继续输入相关信息，输入完成后，确认。

确认没有出现错误提示，点击。Document 4900000274 posted。

生成凭证 4900000274。

第三，出库凭证查询。查询该出库凭证4900000274。

Menu Path：SAP Menu→Logistics→Materials Management→Inventory Management→Material Document→Display。（T‐CODE：MB03）

这里查询的库存凭证，实际上不是库存数量凭证，而是库存会计凭证。库存金额实际上被存放在会计中间科目，主要是供对账使用。

Item	Quantity	EUn	Material	Plnt	SLoc	Batch	Re	MvT	S	S
		BUn	Material Description			Reserv.No.		Itm		FIs
1	1	PC	Q-1	2439	2439			201		-
			Pump cast steel IDESNORM 170-230							

点击路径"Environment→Accounting Document"，查询会计凭证。

Co.	Itm	PK	S	Account	Description	Amount	Curr.	Tx	Cost Center	Profit Cen
2439	1	99		399997	Inventory - Raw Mate	1.000,00-	CNY			
	2	81		399999	Consumptn, raw mat.1	1.000,00	CNY		CCG1-C01	PC01

会计凭证 0000012021 Accounting document，代码12021。

这里，还可以看到成本凭证 0200000314 Controlling Document。

DocumentNo	Doc. Date	Document Header Text	RT	RefDocNo	Use
PRw OTy Object		CO object name	Cost Elem.	Cost element name	
200000314	24.10.2015	201 GI for cost center	R	4900000274	XNA
CTR CCG1-C01		CCG1 C01	999999	Consumptn, raw mat.	

Name	Rev	RvE			
	Val/COArea Crcy		Total quantity	PUM	O Offst.acc
	1.000,00		1	PC	M 399997

这里，还可以看到总账凭证 1000000191 Material ledger。

Item	Material	Material Description	Plant	ChgTotInv.	Unit	Value chg.	Crcy	It
1	Q-1	Pump cast steel IDESNORM 170-230	2439	1-	PC	1.000,00-	CNY	UP
2	Q-1	Pump cast steel IDESNORM 170-230	2439	0	PC	0,00	CNY	CL

第四，查询货物数量的变化。

Menu Path：SAP menu → Logistics → Materials Management → Material Master → Material → Change (General)。（T‐CODE：MM02）

Inventory Value	9.000,00	9.000,00	9.000,00
Value/per.unit pr	0,00	0,00	0,00

点击 Accounting 1。货物 Q‐1 的库存数量为9件，已经从10件减少了1件。

第五，T‐CODE MB1A 产生的凭证引起了成本中心 CCG1‐C01 的变化。

T‐CODE：S_ALR_87013611

这里，在物料消耗科目399999下有1000元成本支出。

第十一章
物料销售（SD 模块）

第一节 按流程销售货物

销售流程，也可以看成是一个循环过程，一共有6个环节：创建销售订单、创建货物外运单、创建货物提货单、正式提货、发出货物、开具会计发票等。显然，会计凭证到最后一步才能够生成，但各环节可能由不同部门去做。

1. 创建销售订单（T-CODE：VA01）

在创建销售订单之前，必须检查销售的物料是否已经建立起来，客户信息是否完整，仓储信息是否与物料信息一致，以及一些与销售组织、渠道、部门相关的信息，都必须事先保证是完整的，不然，销售活动就不能够正常进行。在销售过程中，财务凭证只有最后开票时才会产生，而之前主要以物流凭证为主。

采用 T-CODE MM02 检查物料信息，本例中，采用物料 Q-1，点击 `Sales: sales org. 1`，对于销项税相关信息进行检查：国家代码 CN 下，Tax category 取值 MWST；Tax classification 值取1时，都会计算税率，而如果取0值，则不会计算税值；`Accounting 1` 下面，物料数量不能为空，否则无法完成销售流程。

Main path：SAP menu→Logistics→Sales and Distribution→Sales→Order→Create。（T-CODE：VA01）

```
Create Sales Order: Initial Screen
 Create with Reference   Sales   Item overview   Ordering party
Order Type            OR
Organizational Data
Sales Organization    2439
Distribution Channel  YY
Division              YY
Sales Office          2439
Sales Group           YYY
```

第一,输入与销售组织相关的信息。

创建销售订单,一般选择订单类型 OR,代表标准销售订单(standard sales order)。

输入销售组织 2439,分销渠道 YY,部门 YY。输入销售办公室 2439,销售组 YYY,这两项可以输入也可以不输入。

输入完成与销售组织相关信息后,确认 ✓。单击功能键 Sales。

第二,输入与销售客户相关的信息。

Create Standard Order: Overview

Standard Order	
Sold-To Party	400030
Ship-To Party	400030
PO Number	400030
Net value	0,00
PO date	07.11.2015

输入销售对象(sold-to party)如客户 400030。输入运输对象(ship-to party),如客户 400030。输入采购订单代码(PO number),如果有采购代码,则可以使用已有采购代码;如果没有,则可以自己随意编制一个代码。

第三,输入与销售货物相关的信息。

Sales	Item overview	Item detail	Ordering party	Procurement	Shipping

Req. deliv.date	D 07.11.2015	Deliver.Plant
☐ Complete dlv.		Total Weight 0,000
Delivery block		Volume 0,000
Billing block		Pricing date 07.11.2015
Payment card		Exp.date
Card Verif.Code		
Payment terms		Incoterms
Order reason		

All items

Item	Material	Un	S	ItCa	D	First date	Plnt	Amount	Crcy	Net price
	Q-1		☐		D	14.11.2015	2439	2000	CNY	

输入物料代码即 Q-1,这里的物料必须是物料主记录中已有的物料。

输入订货数量为 1 件,注意在销售之前,物料主记录库存不能为空。

销售价格为 2000 元,该价格与物料主记录中的价格可以不一致。

第四,输入与运输日期相关的信息。

输入订单日期(PO date)、请求运输日期(request delivery date)、价格评估日期(pricing date)、发票日期(first date)等,这里一律采用当日日期。

由于物料主记录中已经有运输、支付条款等相关信息,所以,系统在调入物料相关信息时,往往会自动将请求运输日期(request delivery date)设置为今天之后的某个日期,例如为 4 天以后的某个日期。一般来说，运输日期也可以选择当日日期，或者修改为一个合适的日期。这里选择了当日日期。

以上信息输入完成后，确认 ✓。 ☑ 000010 : PR00 2.000,00 CNY OK，表示正确。

双击物料代码 Q-1 。之后点击功能键 Conditions。

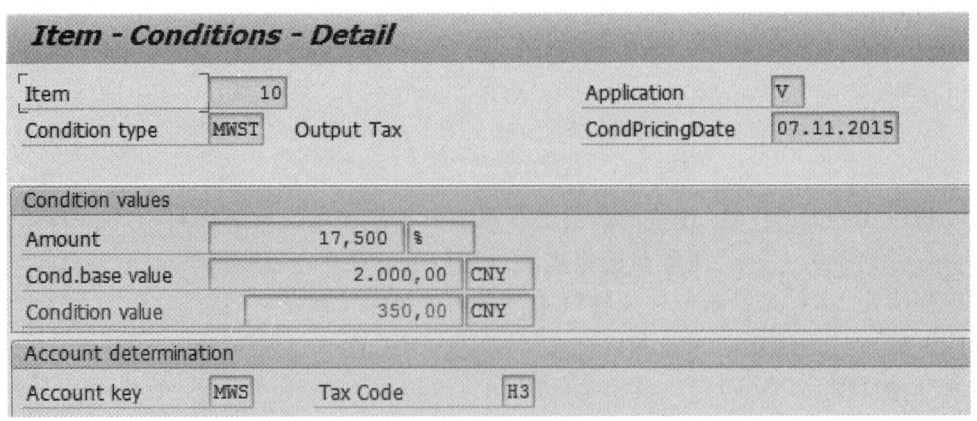

注意，税率既可以在这里处理，也可以不在这里处理，都可以把价格当成含税价格。如果双击 MWST，会发现这里显然是采用了税收代码 H3，税率为 17.5%。这个自动引出的税率是在配置部分产生的，具体配置，以后将详细解释。

点击功能键 Schedule lines，查看计划运输日期安排。

第十一章 物料销售（SD 模块）

这里的运输日期（delivery date）为今日日期，这是因为一开始就输入了今日日期，如果没有输入，则系统会根据客户 400030 定义，安排 4 天运货期，至 7 天后日期。

因为运输计划日期在之后的步骤中会被检查，所以特别指出，必须引起重视。

输入正确，保存。 Standard Order 13940 has been saved。产生了一个销售订单 13940。

2. 创建货物外运单（T – CODE：VL01N）

在销售订单创建完成之后，就要创建外运单据，即货物外运单或者货物运单。

Main path：SAP menu→Logistics→Sales and Distribution→Shipping and Transportation→Outbound Delivery → Create → Single Document → With Reference to Sales Order。（T – CODE：VL01N）

货物运单主要是根据货物销售订单来建立，所以，建立运单时，需要输入运输点代码（shipping point）2439，输入销售订单代码（order）13940。

输入运输日期（selection date）与创建订单时定义的运输日期（delivery date）是同一个日期，二者必须一致。如果不一致，则无法进行下去。如果在创建订单时，系统自动以 7 天之后的日期作为运输日期，那么这里输入的日期就必须是那个由系统指定的运输日期。这一点非常重要，不然，无法创建货物运单。

输入完成后，确认。检查所有信息与订单信息是否一致。

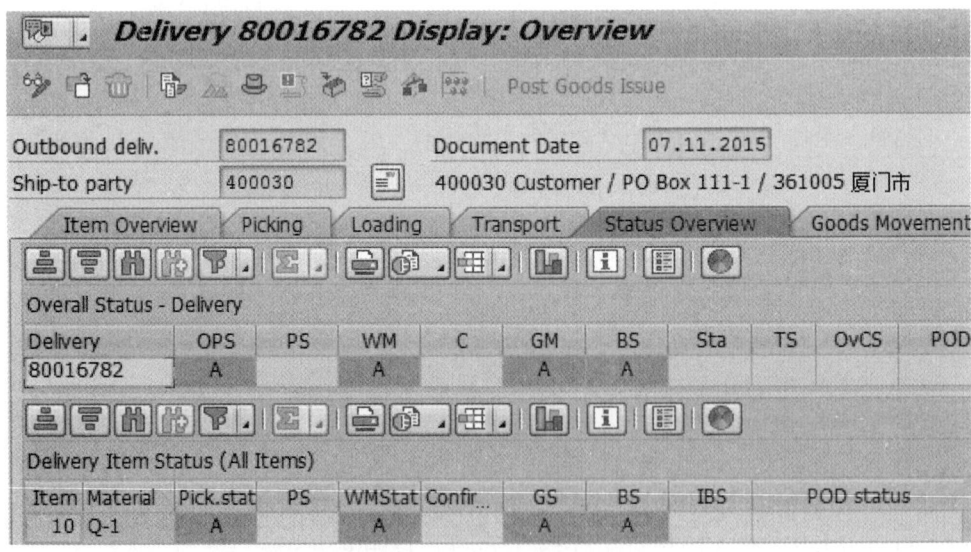

如果所有信息与订单信息完全一致，则保存 。 Delivery 80016782 has been saved。这样，系统就自动生成了一个销售物料外运单，货物运单代码为 80016782。

外运单创建完成之后，可以查看凭证信息流运行的状态。

Main path：SAP menu→Logistics→Sales and Distribution→Shipping and Transportation→Outbound Delivery→Change→Display。（T－CODE：VL03N）

点击功能键 Status Overview，显示凭证信息处理流程状态。

这里，四种状态的意义是：空表示不相关（not relevant），A 表示还未处理（not yet processed），B 表示部分处理（partially processed），C 表示已经完全处理（completely processed）。显然，四个 A 表示有四项操作步骤还未被处理。

如果点击"Environment→Document Flow"，则可以检查凭证流状态。

第十一章 物料销售（SD 模块）

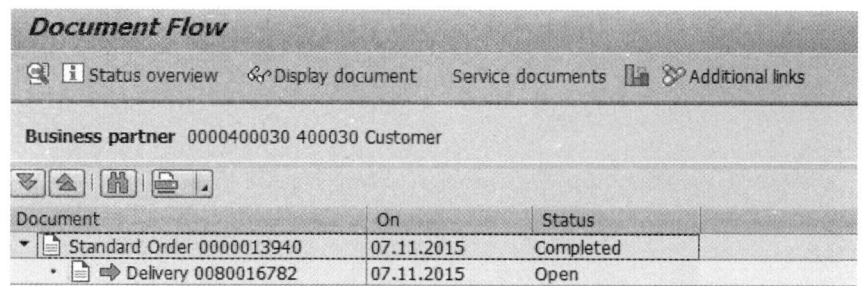

标准订单 13940 已经完全生成（completed）。

货物外运单 80016782 已经生成，但是还未形成实际运输（open）。

3. 创建货物提货单（T – CODE：LT03）

货物外运单生成之后，就可以组织商品出库，创建正式提货单。

Main path：SAP menu → Logistics → Sales and Distribution → Shipping and Transportation → Picking → Create Transfer Order → Single Document。（T – CODE：LT03）

第一，输入提货点仓储信息。

输入提货仓库代码 HHH。输入出货工厂代码 2439。如果没有，也可以空缺。输入货物外运单号码 80016782。这里，"Foreground/Backgrnd = Foreground" 可以作为常规选择，特别是在 ECC6.0 系统之下。

输入完成后，勾选激活控制项目，确认。

由于之前定义的物料 Q-1 的仓储类型是 005，而不是 001 和 002，所以，必须先删除仓储类型 001 和 002，输入 005。这里货物移动类型为 601，目标货物移动类型为 916，物料移动类型都是系统自动产生的。保存 💾 。

第二，输入提货点仓储的仓位信息。

输入仓储单元类型 BX1，也可以根据实际选择不同的仓储单元。

输入仓储类型 005，仓储仓位 001，仓储箱/桶位 01-01-1。

这些信息，与物料 Q-1 中的定义完全一致。

数据输入正确，检查无误，确认 ✓ 。 ☑ Transfer order 0000000041 created。

产生提货单 41，这个提货单就是正式的提货单。

提货单创建完成之后，可以查看凭证流运行的状态。

Main path：SAP menu→Logistics→Sales and Distribution→Shipping and Transportation→Outbound Delivery→Change→Display。（T-CODE：VL03N）

点击功能键 Status Overview，显示处理流程状态。

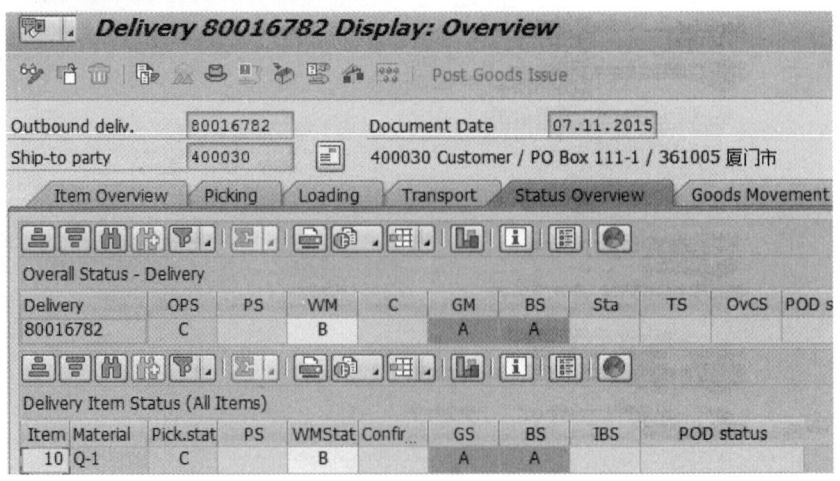

这里，物料移动状态（WM）是 B，表示部分处理，还未完全处理完成。

如果点击"Environment→Document Flow"，则可以检查凭证流状态。

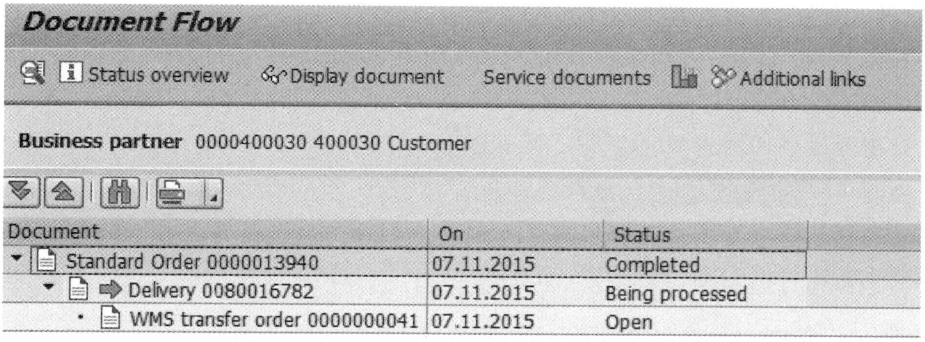

货物外运单 80016782 正在被处理；但是，提货单已经正式生成（C）。

4. 正式提货（T‑CODE：LT12）

在货物外运单生成并且产生提货单之后，就可以组织商品出库，正式提货。

Main path：SAP menu→Logistics→Sales and Distribution→Shipping and Transportation→Picking→Confirm Transfer Order→Single Document→In One Step。（T‑CODE：LT12）

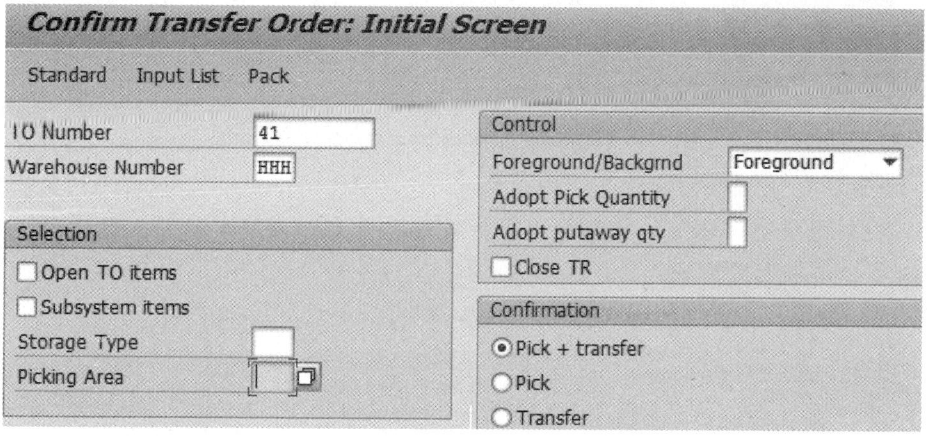

输入提货单号码 41。输入提货仓库代码 HHH。确认。

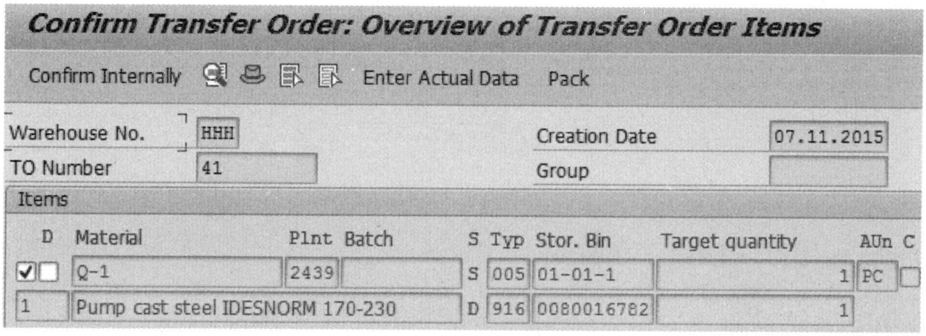

279

提货单内容确认无误后，保存 ![save]。 ![Transfer order 0000000041 confirmed]。表明正式提货已经完成。这里，正式提货其实就是提货单的一个确认过程。

正式提货之后，可以查看凭证流运行的状态。

Main path：SAP menu→Logistics→Sales and Distribution→Shipping and Transportation→Outbound Delivery→Change→Display。（T－CODE：VL03N）

输入货物外运单代码为80016782，确认 ![confirm]。

点击功能键 ![Status Overview]，显示处理流程状态。

状态栏的提示信息主要是提醒用户进行到哪个步骤，是否已经完成，但是，由于过于繁琐，实际操作时，可以省略。

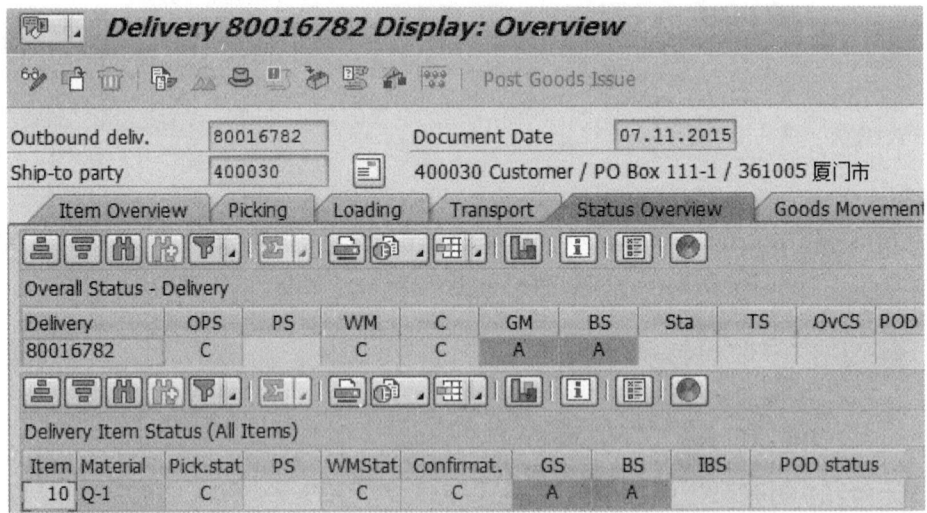

这里，物料提货单（OPS）状态是C，货物移动状态（WM）是C，提货确认（C）状态是C，这三个过程已经完成。

如果点击"Environment→Document Flow"，则可以检查凭证流状态。

外运单80016782正在被处理，但是货物已经完成移动（completed）。

5. 发出货物（T－CODE：VL02N）

Main path：SAP menu→Logistics→Sales and Distribution→Shipping and Transportation→Post

Goods Issue→Outbound Delivery Single Document。(T – CODE：VL02N)

输入货物外运单号码 80016782。如果没有什么要修改，点击 Post Goods Issue。Delivery 80016782 has been saved。这样，发货操作就正式完成。生成会计凭证类别为 WL。

货物正式发出之后，可以查看凭证流运行的状态。

Main path：SAP menu→Logistics→Sales and Distribution→Shipping and Transportation→Outbound Delivery→Change→Display。(T – CODE：VL03N)

输入外运单代码为 80016771，确认。点击功能键 Status Overview，显示流程状态。

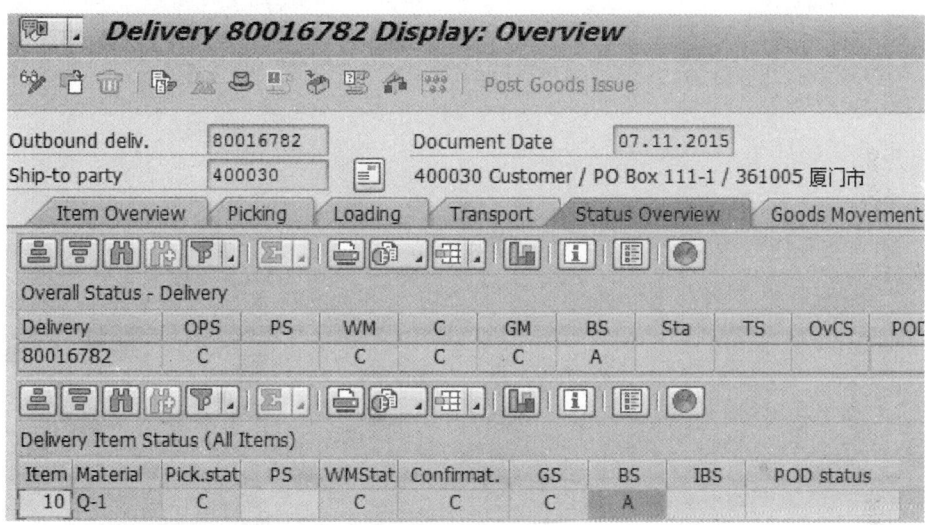

如果点击"Environment→Document Flow"，则可以检查凭证流状态。

外运单 80016782 正在被处理，但是货物已经发出（complete）。

到此为止，货物发运状态（GM/GS，goods movement status）已经变成了 C。

6. 产生会计账单（T – CODE：VF01）

在进入本节操作之前，我们先介绍一下定义销售会计凭证的操作。

实际上，在这里所使用的会计凭证类型是 OR，后台配置为：T – CODE VOV8。

Menu Path：IMG→Sales and Distribution→Sales→Sales Document→Sales Document Header→

Define Sales Document Type。（T – CODE VOV8）

```
Shipping
  Delivery type          LF      Delivery              Immediate delivery  [ ]
  Delivery block         [ ]
  Shipping conditions    01      As soon as possible
  ShipCostInfoProfile    STANDARD    Standard freight information

Billing
  Dlv-rel.billing type   F2   F2             CndType line items    EK02
  Order-rel.bill.type    F2   F2             Billing plan type     [ ]
  Intercomp.bill.type    [ ]                 Paymt guarant. proc.  01
  Billing block          [ ]                 Paymt card plan type  03
                                             Checking group        01

Requested delivery date/pricing date/purchase order date
  Lead time in days      7                   [✓] Propose deliv.date
  Date type              [ ]                 [ ] Propose PO date
  Prop.f.pricing date    [ ]
  Prop.valid-from date   [ ]
```

这里，会计发票类型是 F2，系统已经自动定义了出来，在之后的发票业务操作中，不论输入还是不输入发票类型（billing type），系统都会自动采用发票类型 F2。

另外，系统定义的订单运输提前日期是订单下发当日之后第 7 天。

而关于发票类型，系统有专门的配置。

Menu Path：IMG→Sales and Distribution→Billing→Billing Documents→Define Billing Document Type→Define Billing Types。

这里，发票类型 F2 得到定义。

在以上说明之后，下面继续看如何产生销售业务发票。

Main path：SAP menu→Logistics→Sales and Distribution→Billing→Billing Document→Create。（T – CODE：VF01）

进入销售业务发票处理画面。

```
Create Billing Document
  Billing due list   Billing document overview   Selection list

Default data
  Billing Type   [        ▼]          Serv.rendered  [        ]
  Billing Date   07.11.2015           Pricing date   [        ]

Docs to be processed
  Document    Item    SD document categ.    Processing status
  80016782
```

选择开票类型。如果不选择，系统默认为之前配置的类型 F2。输入外运单号码

80016782。输入开票日期（billing date）和价格评估日期（pricing date），这里为当日日期。也可以根据实际情况输入相应日期。输入完成之后，保存。Document 90038633 has been saved。这样就产生了一个开票凭证号 90038633。但是，这里的开票凭证并不是真正的财务凭证，而是由一个会计凭证和一个成本凭证共同构成的凭证。开票完成之后，可以查看凭证运行的状态。会计凭证类别为 RV。

Main path：SAP menu→Logistics→Sales and Distribution→Shipping and Transportation→Outbound Delivery→Change→Display。（T－CODE：VL03N）

输入外运单代码 80016782，确认。点击功能键 Status Overview，显示流程状态。

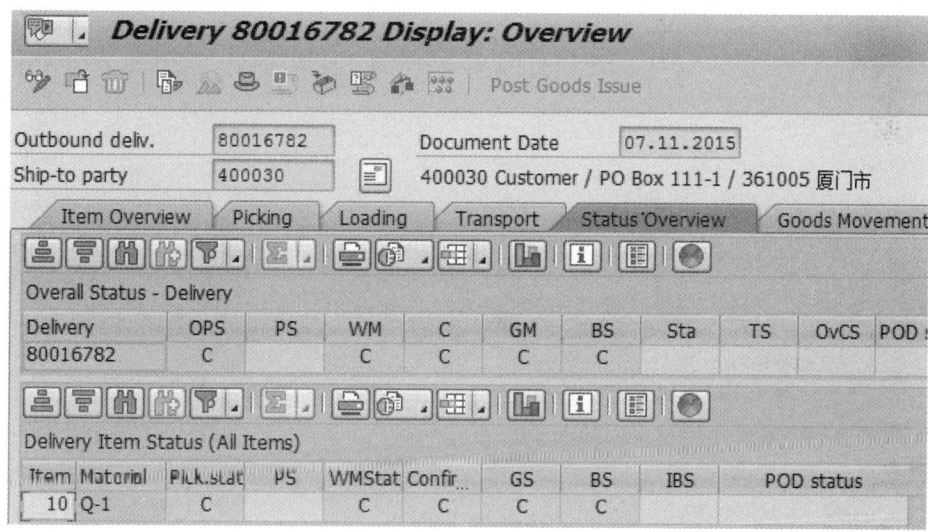

如果点击"Environment→Document Flow"，则可以检查凭证流状态。

货物外运单 80016782 已经处理完成，发票开具完成（但是，会计凭证尚未清账）。

现在开票凭证号 90038633 已经生成，可以查看会计凭证。

Main path：SAP menu → Logistics → Sales and Distribution → Billing → Billing Document → Change。（T－CODE：VF02）

输入凭证代码 90038633。查看会计凭证，点击功能键 Accounting。

Doc. Number	Object type text	Ledger
0000005002	Accounting document	
0100065235	Profitab. Analysis	

这里会计凭证代码为 5002。双击。

Display Document: Data Entry View

Document Number: 5002　Company Code: 2439　Fiscal Year: 2015
Document Date: 07.11.2015　Posting Date: 07.11.2015　Period: 11
Reference: 0090038633　Cross-Comp.No.:
Currency: CNY　Texts exist:　Ledger Group:

Co.	Itm	PK	S	Account	Description	Amount	Curr.	Tx
2439	1	01		400030	400030 Customer	2.350,00	CNY	H3
	2	50		480231	Sales revenues - dom	2.000,00-	CNY	H3
	3	50		275000	Input/Output Tax	350,00-	CNY	H3

因为考虑销售税项，所以，会计凭证包括了税金。

会计凭证 5002 也可以通过应收款系统来查询，显示结果与前面的结果一致。

Main path：SAP menu→Accounting→Financial Accounting→Accounts Receivable→Documents→Display。（T－CODE：FB03）

第二节　销项税讨论

1. 销售计税问题讨论（T－CODE：XD02，MM02，VA01，VK11）

当建立一个销售订单时，销售业务就开始了。销售业务的销项税处理非常重要，所以需要重点讨论。销项税在销售业务中的定义与进项税在采购业务中的定义不同。

第一，客户主文件中有关价格评估条件的配置属性。

Menu Path：SAP menu→Logistics→Sales and Distribution→Master Data→Business Partner→Customer→Change。（T－CODE：XD02）

输入客户代码 400030，公司 2439，销售组织 2439，分销渠道 YY，部门 YY。确认点击功能键 Sales Area Data，进入与销售管理属性有关的画面。选择页面 Sales。

```
| Sales | Shipping | Billing Documents | Partner Functions |
Pricing/Statistics
Price group       01    Bulk buyer
Cust.pric.proc.   1     Standard
Price List        03    Industry
Cust.Stats.Grp    *
```

这里，Cust.pric.proc. 表示客户定价过程决定项（customer pricing procedure）。SAP 系统设计了多个选项，用户也可以定义自己的价格过程，一般来说，有两种计价过程，一是不含税的标准价格计价过程（0，standard but not including sales tax），二是含税的标准价格计价过程（1，standard including sales tax）。事实上，用户也可以定义自己的计价过程，这里选择计价过程1。

点击 Billing Documents，对于是否计税予以澄清。

```
| Sales | Shipping | Billing Documents | Partner Functions |
Taxes
| Country | Name  | Tax categ... | Name       | Tax classification | Description    |
| CN      | China | MWST         | Output Tax | 1                  | Liable for Tax |
```

第二，计价过程专门程序。

Main path：IMG→Sales and Distribution→Basic Functions→Pricing→Pricing Control→Define and Assign Pricing Procedures→Define and Pricing Procedure Determination。（T‑CODE：OVKK）

```
Change View "Pricing Procedures: Determination in Sales Docs.":
New Entries ...
| SOrg. | DChl | Dv | DoPr | CuPP | PriPr. | Pricing procedure | CTyp | Condition type |
| 2439  | YY   | YY | A    | 1    | RVAA01 | Standard          | PR00 | Price          |
```

DoPr 表示凭证价格计算过程（document procedure），A 表示标准模式（standard）。CuPP 表示分配给客户的计价过程（pricing procedure assigned to this customer）。其中，取值1表示含税标准计价（standard including sales tax）。PriPr. 表示计价过程（pricing procedure），其中，计价过程取值1采用计价过程 RVAA01。CTyp 表示价格条件过程（condition type），其中，计价过程取值1采用价格条件类型 PR00。

第三，物料主文件计税标志。

Menu Path：SAP menu → Logistics → Materials Management → Material Master → Material → Change (General)。（T‑CODE：MM02）

以物料 Q‑1 为例。输入物料 Q‑1，工厂 2439，仓储地址 2439，销售组织 2439，销售渠道 YY，仓储代码 HHH，仓储类型 005。确认 ✓。选择功能单元 Sales: sales org. 1。

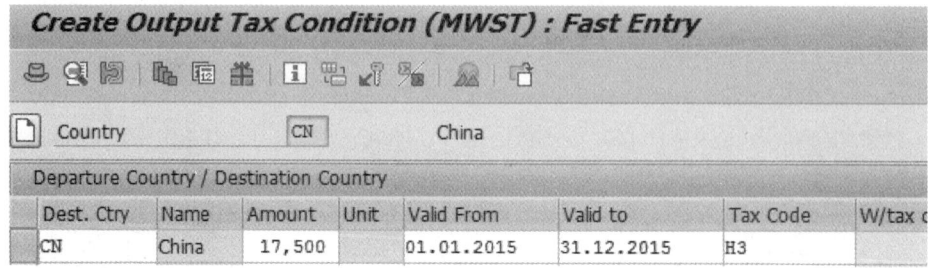

这里税收类别（tax classification）1 表示计税。

第四，销项税的税收代码确定。

前面关于客户和物料的配置情况，仅仅说明计税、或不计税，但并未说明税收代码是如何确定的。假设 H3 表示税率为 17.5% 的销项税代码。

当然，也可以采用其他的税率代码。

SAP Menu→Logistics→Customer Service→Service Agreements→Environment→Sales and Distribution→Master Data→Conditions→Select Using Condition Type→Create。（T‑CODE：VK11）

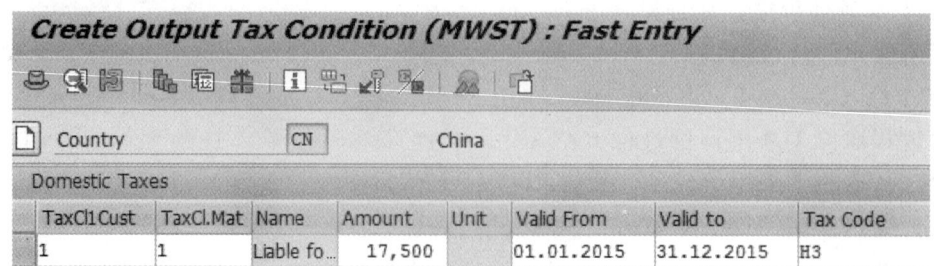

输入销项税条件类型代码 MWST。确认。

勾选 ⊙ Departure Country / Destination Country，确认。

输入税率代码 H3 和税率 17.5%。保存。

勾选 ⊙ Domestic Taxes，确认。

这里，Tax classification material 取 1 值表示计税。

输入税率代码 H3 和税率 17.5%。保存。

如果之前不配置（T‑CODE：VK11），则在建立销售订单时，无法自动带出税收代码为 H3。当然，这里的说明必须与第一、第二两种情况对比下才可以正确理解和使用，特别是物料主记录中税收类别（tax classification）的选定。

2. 销售信贷管理（T – CODE：FD32）

信贷控制是销售管理的一个重要方面，符合信贷额度要求的客户才可以授予应收款额度，不然，公司就要承担风险。企业的销售信用额度管理与银行的贷款额度管理本质上是一回事，都是以客户的信用度为依据，设定一个投放信贷的上限，以便控制信用风险。那些信用程度好的客户，一般会得到较高的信贷额度；反之，那些信用程度差的客户，只能得到较低的信用额度。

我们以客户 400030 为例来说明信贷管理。

Main path：SAP menu→Logistics→Sales and Distribution→Credit Management→Master Data→Change。（T – CODE：FD32）

输入客户代码 400030。输入信贷控制范围 2439。勾选信贷控制范围数据状态属性和支付历史属性。确认。

查询发现，客户 400030 的信贷额度（credit limit）使用率还没有达到 1%，这是因为在之前的配置中，信用限额设置很大，即可以几乎是无限制地销售货物给客户。

假如信用额度有限，已经超标，在这种情况下，对客户 400030 的信用销售将无法再继续下去。要解决这个问题，有一个很简单的方法，就是扩大信贷额度。

正常情况下，信贷额度使用率应该小于 100%。

第十二章
资产记账（AM 模块）

第一节 建立资产台账

SAP 系统的资产管理，也包括在建工程的管理，主要包含在固定资产模块，与采购、销售、财务、成本模块都具有很强的集成性。SAP 系统的折旧方法很灵活，例如直线式折旧、快速递减折旧、依照工作量折旧等，都是有参考价值的折旧方法。

SAP 系统具有多种折旧表，并且已经集成了不同国家的政策以及不同企业的成功经验，参考这些样本折旧表，很容易建立用户自己的折旧表。

资产管理的后台配置与其他模块区别很大，自成体系，本章中的所有操作都是以后台的配置为基础的，特别是内置资产科目的配置，将在前台练习中完全表现出来。由于内置科目数量较多，所以，当它们在练习中出现时，可以参照配置去理解。

创建资产台账（T – CODE：AS01）

每一个资产，都属于一个公司代码及其经营范围（business area）。

所有与资产的采购（acquisitions）、处理（retirements）、折旧（depreciation）等操作相关的记账业务，其过账操作都将与为其所分配的公司代码和经营范围相关。

资产可以被分配给不同的成本对象（例如成本中心、内部订单、活动类型等）和后勤组织单元，以便于报告和统计。

一个新的资产一旦建立，其主记录的建立与资产台账的建立就是一回事。

Main path：SAP menu→Accounting→Financial Accounting→Fixed Assets→Asset→Create→Asset。（T – CODE：AS01）

Create Asset: Initial screen

Master data	Depreciation areas	
Asset class		99911
Company Code		2439
Number of similar assets		1

输入资产类别99911，它代表建筑地产。资产的科目确定码（account determination）将由资产类别自动带出来。

输入公司代码2439，资产将被分配给该公司代码。系统会自动为类似资产的数量赋值1。即该资产将被当成独立资产对待。输入完成后，确认 ✅。

Create Asset: Master data

Asset	INTERN-00001 0
Class	99911 Real estate Company Code 2439

General | Time-dependent | Allocations | Origin | Net worth tax | Deprec. areas

General data
- Description: Asset - Real Estate
- Asset main no. text: Asset - Real Estate
- Acct determination: 499911 Real estate and Buildings
- Serial number:
- Quantity:
- ☐ Manage historically

Posting information
- Capitalized on: Deactivation on:
- First acquisition on: Plnd. retirement on:
- Acquisition year: 000

输入资产说明（description），可以输入任何代表资产名称的字符。

这里，资产代码 **INTERN-00001** 仅仅是一个临时代码，待保存之后，就会被换成新的正式代码。由于资产类别为99911，所以，与之相对应的科目确定代码499911被自动索引出来。资产数量（quantity）、资本化日期（capitalized on）等，暂时不必输入。

点击功能键 **Time-dependent**。

Create Asset: Master data

Asset	INTERN-00001 0 Asset - Real Estate
Class	99911 Real estate Company Code 2439

General | Time-dependent | Allocations | Origin | Net worth tax | Deprec. areas

Interval from 01.01.1900 to 31.12.9999
- Business Area: 2439
- Cost Center: YCC1-C04
- Plant: 2439
- Location: 2439
- Functional Area: 2439

输入成本中心YCC1-C04，这是必输项目。其他项目，属于选择输入项目，如果事先未定义好，则可以选择不输入。

点击功能键 Deprec. areas，设置折旧范围。

为折旧范围 01、20、61 定义折旧码（depreciation key），这里选择折旧码 GL25，即直线式折旧，年折旧率为 2.5%，也就是说，折旧年限（useful life）为 40 年。

输入完成之后，保存 。 The asset 1015 0 is created。资产 1015 – 0 产生。

资产创建之后，可以进行检查和修改。

Main path：SAP menu→Accounting→Financial Accounting→Fixed Assets→Asset→Change→Asset。（T – CODE：AS02）

输入要检查或者修改的资产代码和子码：1015 – 0。点击功能键 Master data。

如果继续点击功能键 General，可以看到其项目内容与输入内容一致。特别要注意的是，由于资产尚未进入台账系统，所以其属下资本化日期（capitalized on）仍然为空，同时采购日期（acquisition year）也为空。

如果点击功能键 Deprec. areas，可以看到，折旧范围 02 跟随 01，将折旧码更改为 GL25；同时，折旧范围 61 的屏幕索引（index）项也被自动地更改为 00010。

这样，一个资产台账就建成了。这里，创建了资产 1015 – 0。

第二节　资产采购

1. 在资产模块下采购资产 — 税率设为零（T – CODE：F – 90）

Main path：SAP menu→Accounting→Financial Accounting→Fixed Assets→Posting→Acquisition→External Acquisition→With Vendor。（T – CODE：F – 90）

Acquisition from purchase w.: Header Data

Held document	Acct model	Fast Data Entry		Editing Options	

Document Date	08.10.2013	Type	KR	Company Code	2439
Posting Date	08.10.2013	Period	10	Currency/Rate	RMB
Document Number				Translation dte	
Reference	08-10-2013			Cross-CC no.	
Doc.Header Text	Purchasing a new asset				
Trading Part.BA	2439				

First line item

| PstKy | 31 | Account | 400001 | Sp.G/L | | Trans.type | 100 |

向供应商采购资产与采购货物一样，可以通过两种途径来实现：一是在物料管理模块（MM）下，进行采购；二是在资产模块（AM）下，直接输入采购发票。

这里，T – CODE F – 90 采用的是第二种方式，即通过直接输入发票来进行资产采购。

假设资产代码为 1015 – 0，采购资产数量为 1，供应商为 400001。

第一，输入凭证头信息。

输入凭证日期、过账日期 08.10.2013，即今日日期。

输入参考信息，这里取日期代码，便于记忆。输入文字表述。

输入经营范围 2439。凭证类型自动为 KR，与一般应付类似。

在实际输入时，除了必须项，选择项可以不输入。

第二，输入第一行项目信息。

过账码 31 直接与供应商相关，所以，这里要输入的科目号是供应商代码 400001。

输入交易类型 100，表示外部资产采购（external asset acquisition）。

输入正确后，确认 ✓。

[图: Enter Vendor invoice: Add Vendor item 界面截图]

输入采购资产金额：10000 元（RMB）。

支付条款 ZB00 是供应商代码 400001 自动带入的，这里，因为 ZB00 表示立即付款，所以不输入与折让等相关信息。输入作业说明和文字说明。

第三，输入第二行项目信息。

过账码选择 70，直接与资产有关，所以这里的科目号输入的是资产代码 1015-0。

交易类别仍然选择 100，表示外部资产采购（external asset acquisition）。

公司代码可以输入 2439。输入完成后，确认 ✓。

[图: Enter Vendor invoice: Add Asset item 界面截图]

继续输入相关信息。资产金额为10000元（RMB）。进项税代码Q0表示税率为0%，即不考虑税收问题。作业及文字说明，可以输入记忆字符。至此，所有信息输入完毕。

Display Document: Overview

Document Number	200000043	Company Code	2439	Fiscal Year	2013
Document Date	08.10.2013	Posting Date	08.10.2013	Period	10
Reference	08-10-2013	Cross-CC no.		
Currency	RMB	Texts exist		

Items in document currency

Itm	PK	BusA	Acct no.	Description	TC	Tax	Amount in	RMB
001	31	2439	400001	Vendor 400001	Q0		10.000,00-	
002	70	2439	209970	000000001015 0000	Q0		10.000,00	

Item   1 / 2   Debit/Credit   10.000,00

点击功能键 🔍 模拟现实会计凭证平衡情况。这里，资产 1015 – 0 被自动记入科目 209970，是在资产后台配置时定义的科目号。余额平衡。保存 💾。

产生凭证 200000043。该凭证也可以通过会计凭证查询功能来查询。

Main path：SAP menu→Accounting→Financial Accounting→General Ledger→Document→Display。（T – CODE：FB03）

查询结果与之前的会计凭证对账显示一致，这里不再列出。

采购完成之后，可以检查资产台账是否产生变化。

Main path：SAP menu→Accounting→Financial Accounting→Fixed Assets→Asset→Change→Asset。（T – CODE：AS02）

Change Asset: Master data

Asset 1015 0   Asset - Real Estate
Class 99911   Real estate   Company Code 2439

General | Time-dependent | Allocations | Origin | Net worth tax | Deprec. areas

General data
Description: Asset - Real Estate
Asset main no. text: Asset - Real Estate
Acct determination: 499911 Real estate and Buildings
Serial number:
Quantity: 1   EA
☐ Manage historically

Posting information
Capitalized on: 08.10.2013   Deactivation on:
First acquisition on: 08.10.2013   Plnd. retirement on:
Acquisition year: 2013 010

显然，资产的资本化日期（capitalized on）、第一采购日期（first acquisition on）已经被刷新成采购日期，而采购年度（acquisition year）也与采购日一致。点击功能键 Asset values，就可以查询资产1015-0的资产价值、折旧价值等信息。资产价值的查询，也可以通过菜单路径来进行。

Main path：SAP menu → Accounting → Financial Accounting → Fixed Assets → Assets → Asset Explorer。（T-CODE：AW01N）

[Asset Explorer 界面截图：Company Code 2439 YHQ LTD, Asset 1015 0 Asset - Real Estate, Fiscal year 2013, Planned values Book depreciation in RMB, APC transactions 10.000,00000 / 10.000,00000, Acquisition value 10.000,00000 / 10.000,00000, Ord.depreciation 62,00000- / 62,00000-]

选择折旧范围 01 Book，点击功能键 Planned values。这里，对于折旧范围01，资产1015-0的采购价值是10000元（RMB）。因为折旧率是直线式2.5%，则40年中，年折旧费用为250元（RMB），月折旧费用为21元（RMB）。而采购日期为2013年10月8日，表明2013年折旧期只有3个月，3个月折旧费用为62元（RMB）。

折旧范围02与01非常类似，所不同的是02用EUR计算，而01用RMB计算。

折旧范围20考虑了成本账户的折旧：假设投资成本每年增加2%，那么第一年购买资产时的价值10000元（RMB）在第二年即2014年就应该是10200元（RMB），那么，折旧值就是在考虑了投资成本之后重新计算的值，相应地，资产残值也会不同。

Planned values是预估在资产生命周期以及一年中，资产的价值和计划折旧值。Posted values是已经折旧的金额以及累计折旧的金额。

一般情况下，只有折旧范围01被经常用到，而其他折旧范围就较少使用；尽管如此，常常被用来加以相互对比，起参考作用。

注意，采购发票也附在后面。

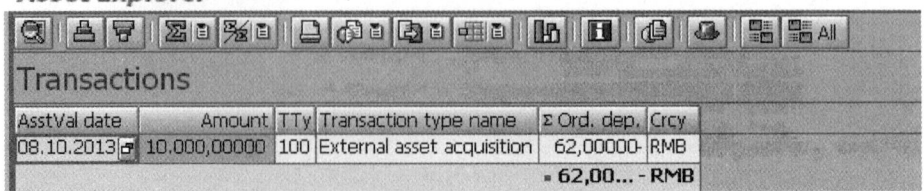

双击资产评估日期08.10.2013，会计凭证就会显示出来，这里不再列出。

2. 在资产模块下采购资产—税率不为零（T – CODE：F – 90）

与创建资产1015 – 0 一致，采用 T – CODE AS01 创建一个新资产1016 – 0。之后，采用 T – CODE F – 90 完成对资产1016 – 0 的采购，采购资产数量为1，供应商为400001。

T – CODE F – 90 的具体采购凭证输入过程如下：

Acquisition from purchase w.: Header Data

| Held document | Acct model | Fast Data Entry | Editing Options |

Document Date	08.10.2013	Type	KR	Company Code	2439
Posting Date	08.10.2013	Period	10	Currency/Rate	RMB
Document Number				Translation dte	
Reference	Asset acquisitio			Cross-CC no.	
Doc.Header Text	Asset acquisition				
Trading Part.BA	2439				

First line item

| PstKy | 31 | Account | 400001 | Sp.G/L | | Trans.type | 100 |

仍然向供应商400001采购，过账码31，交易类型为100，即外部采购。确认 ✓。

Vendor	400001	Vendor 400001		G/L Acc	500001
Company Code	2439	111-3 大学路			
YHQ LTD		Xiamen			

Item 1 / Invoice / 31 / TL/LO:Recfro.Oth.Pay

Amount	11000	RMB
	☑ Calculate tax	
Bus. Area	2439	Dunning Area	
Payt terms	ZB00	Days/percent	/ / /
Bline date	08.10.2013	Fixed	
Disc. base		Disc. amount	
		Invoice ref.	/ /
Pmnt block		Pmt Method	
Assignment	Asset acquisition		
Text	Asset external acquisition		Long text

Next line item

| PstKy | 70 | Account | 1016-0 | Sp.G/L | | Trans.type | 100 | New co.code | 2439 |

含税金额为11000元，过账码为70，资产代码为1016 – 0，交易类型为100。确认 ✓。

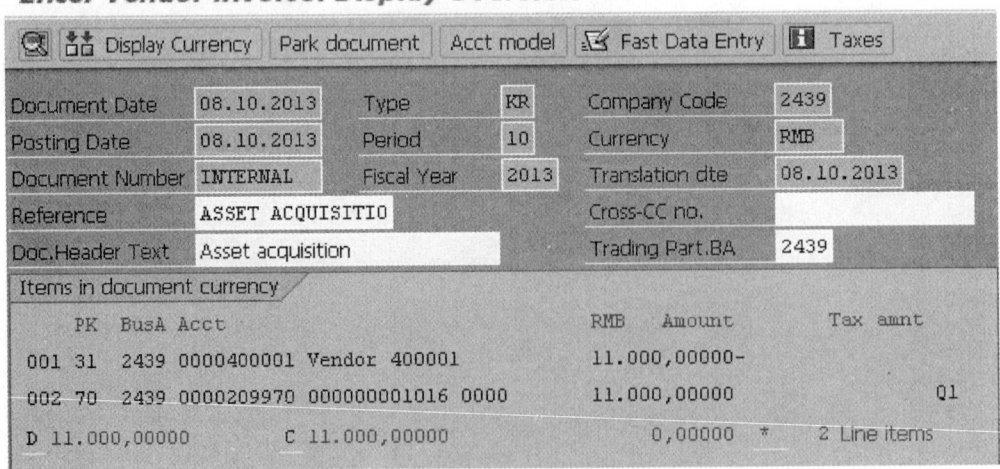

假设进项税率为10%，则采购价为11000元（RMB），其中税金为1000元（RMB），输入Debit side 金额11000元（RMB），包含税率10%，进项税代码Q1。

保存。Document 200000044 was posted in company code 2439。产生凭证200000044。这里要特别注意，资产科目209970金额增加。

Main path：SAP menu→Accounting→Financial Accounting→General Ledger→Document Display。（T‑CODE：FB03）

查询该凭证，主要查询有关税收项目。

第十二章 资产记账（AM 模块）

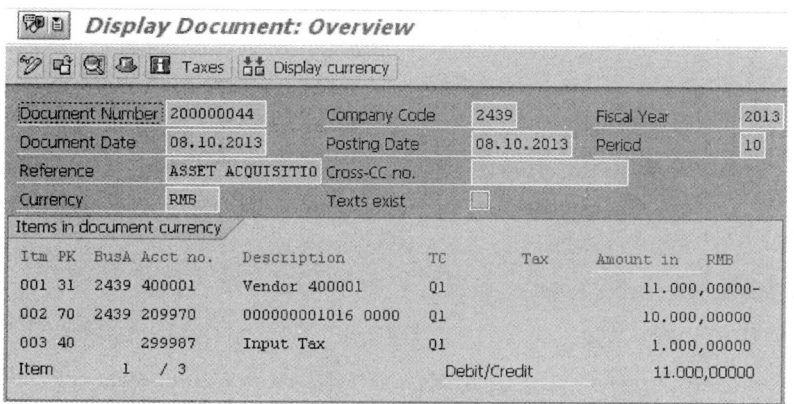

Main path：SAP menu→Accounting→Financial Accounting→Fixed Assets→Asset→Change→Asset。（T – CODE：AS02）

继续查询资产 1016 – 0 的变化情况。点击 Asset values，会发现，系统中的过账日、折旧起始日都已经自动产生，采购价值是 10000 元（RMB），而不是含税值 11000 元（RMB）；折旧金额也是在采购价值 10000 元（RMB）基础上计算的。这是含税与不含税的最大区别。

关于资产采购之后，应付账款未清项的处理，这里不再叙述。

3. 在 MM 物料模块下采购资产（T – CODE：ME21N，MIGO，MIRO）

固定资产的采购，也可以通过物料采购路径来采购，但是，与物料采购不同，作业类型必须是 A 而不是之前介绍的 F。固定资产采购，下订单之前，一般会有一个采购请求审批过程（T – CODE ME51N），由于采购请求审批与预算控制有关，为了简化流程，这里我们直接从采购订单开始。

为了能够完成采购业务，需要先有一个资产，所以先创建一个新的资产。

Main path：SAP menu→Accounting→Financial Accounting→Fixed Assets→Asset→Create→Asset。（T – CODE：AS01）

输入完成，保存。The asset 1017 0 is created。产生资产 1017 – 0。

下面，就通过物料模块的物料采购功能来采购该资产 1017 – 0。

第一步，创建采购订单。资产被作为一个与物料类似的对象来下采购订单。

Menu Path：SAP menu→Logistics→Materials management→Purchasing→Purchase Order→Create→Vendor/Supplying Plant Known。（T – CODE：ME21N）

297

这里，与一般货物采购不同，会计作业类型（account assignment category）必须输入 A，表示资产采购。不必输入物料代码。

短文提示必须输入。这一点，与一般货物采购不同。

选择物料组（material group），这里选择资产科目确定码 499911，表示房地产。

输入供应商代码 400001。输入采购组织 2439。

输入公司代码 2439。确认 ✓。

点击功能键 Account assignment。在资产提示下，输入资产代码 1017-0。

输入其他选择项。确认 ✓。

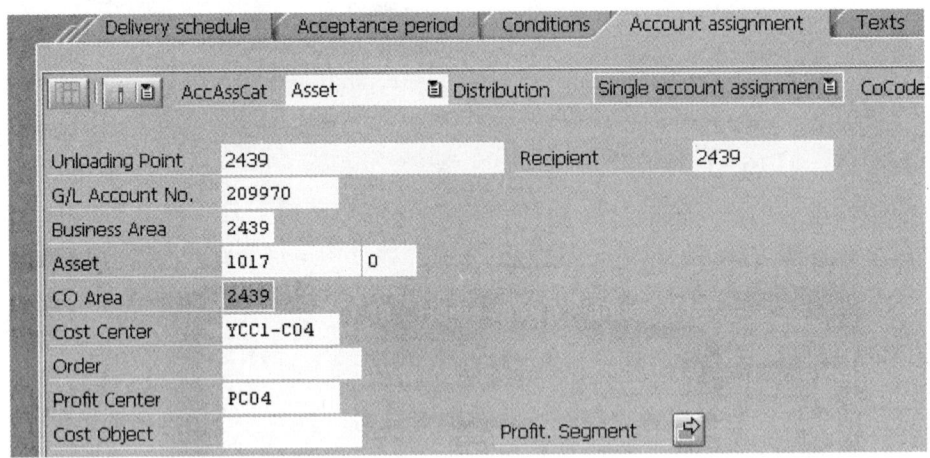

成本控制范围 2439 和总账科目 209970 会自动地被带出来，显示在屏幕上。

点击 Conditions。输入资产价格 10000 元（RMB）。确认 ✓。

点击功能键 Org.data，输入采购组织 2439；输入采购组 YYY；输入公司代码 2439。输入完成后，确认 ✓。检查信息提示，如果没有问题，就可以保存了。

保存 💾。✓ Standard PO created under the number 4500014538。产生采购订单 4500014538。

第二步，接收资产。资产到达即可接收，保证与订单一致。

Menu Path：SAP menu → Logistics → Materials Management → Purchasing → Purchase Order →

Follow – On Functions→Goods Receipt。(T – CODE：MIGO)

输入采购订单代码4500014538。确认。与订单相关的信息被引领出来。

如果所有信息正确，则勾选屏幕底部的项目正确选项。

保存。Material document 5000060050 posted。收货单5000060050产生。

资产采购订单4500014538的历史可以通过查询采购订单T – CODE ME23N来查询，选择功能键 Purchase order history ，就可以看到GR/IR的不同过程和凭证代码。

这种查询随时都可以进行，还有一些其他查询，但不同步骤的项目值是不同的。

第三，发票校验。主要是检验发票与收货、订单之间的数据项取值是否一致。

Menu Path：SAP menu→Logistics→Materials management→Purchasing→Purchase Order→Follow – On Functions→Logistics Invoice Verification。(T – CODE：MIRO)

输入采购订单代码4500014538。确认。

输入采购金额10000元（RMB）。确认。

标示余额为零。标志灯为绿色。金额、日期、数量等，都是验证项目。

点击模拟功能键 Simulate，显示会计凭证对账。

保存。Document no. 5105606322 created。

采购发票验证完成，产生凭证号码5105606322。

注意，这里资产项下的科目号为291100，它是之前已经配置好的，科目自动带出。

会计凭证也可以查询。

Menu Path：SAP menu→Logistics→Materials management→Logistics Invoice Verification Purchasing→Further Processing→Display Invoice Document。（T‐CODE：MIR4）

其中，`Follow-on documents` 下可以查询会计凭证。

第四，资产检查。检查资产 1017‐0 是否已经采购建账成功。

Menu Path：SAP menu→Accounting→Financial Accounting→Fixed Assets→Asset→Change→Asset。（T‐CODE：AS02）

输入资产编号 1017‐0。点击 `Master data`。点击 `General`，会发现资本化日期为今日。

点击 `Deprec. areas`，检查与折旧范围相关的信息。

这里，折旧期限由于之前已经配置为 40 年，采用 GL25，所以自动带出。

General	Time-dependent	Allocations	Origin	Net worth tax	Deprec. areas

Valuation

Area number	Depreciation area	DepKy	Usfl life	Per	O.dep. start	Index
01	Book dep.RMB	GL25	40		01.10.2013	
02	Book dep.EUR	GL25	40		01.10.2013	
20	Cost-acc.	GL25	40		01.10.2013	00010
61	Spe.reserves	GL25	40		01.10.2013	00010

点击 `Asset values`，或者运行 T‐CODE AW01N。

点击交易凭证，就会看到与采购资产相关的该笔交易的会计凭证。

Display Document: Overview

Document Number	2000020036	Company Code	2439	Fiscal Year	2013
Document Date	08.10.2013	Posting Date	08.10.2013	Period	10
Reference		Cross-CC no.			
Currency	RMB	Texts exist			

Items in document currency

Itm	PK	BusA	Acct no.	Description	TC	Tax	Amount in RMB
001	70	2439	209970	000000001017 0000			10.000,00000
002	96	2439	291100	Invoice not yet del			10.000,00000-
Item	1	/ 2				Debit/Credit	10.000,00000

该会计凭证的 Credit side 采用了过渡科目 291100，而不是前面直接输入采购发票所反映的供应商代码 400001。关于供应商应付账款的会计凭证已经在物料采购时生成了，这个可以在供应商 400001 代码下查询出来。

这是两种资产采购模式在会计凭证处理上的最大不同。

第三节 资产出售

没有折旧值过账的资产退出（T‐CODE：F‐92）

一项资产如果出售给客户，就会退出资产管理系统，并获得收益。

第十二章 资产记账（AM 模块）

以资产 1015-0 为例，采购日为 2013 年 10 月 8 日，采购价格为 10000 元（RMB），年折旧率为 2.5%，折旧期 40 年。假如今日为 2013 年 10 月 9 日，公司 2439 想要出售资产 1015-0，那么，就要进行资产 1015-0 的退出操作。

Menu Path：SAP menu→Accounting→Financial Accounting→Fixed Assets→Posting→Retirement→Retirement w/Revenue→With Customer（T-CODE：F-92）

```
Asset Retire. frm Sale w/ Cus:Header Data
Held document  Acct model  Fast Data Entry  Editing Options

Document Date   09.10.2013    Type      DR    Company Code   2439
Posting Date    09.10.2013    Period    10    Currency/Rate  RMB
Document Number                               Translation dte
Reference       09-10-2013                    Cross-CC no.
Doc.Header Text asset retirement
Trading Part.BA 2439
First line item
PstKy  01  Account  400001    Sp.G/L       Trans.type  210
```

第一，输入凭证头信息。包括凭证日期、过账日期、参考信息、头文字信息、经营范围、公司代码、币种等。

```
Enter Customer invoice: Add Customer item
More data  Acct model  Fast Data Entry  Taxes

Customer       400001      Customer 400001         G/L Acc  500003
Company Code   2439        111-1 大学路
YHQ LTD                    Xiamen
Item 1 / Invoice / 01 / TL/LO:Recfro.Oth.Rec
Amount         11000                   RMB
               ☐ Calculate tax
Contract               /          Flow Type
Bus. Area      2439               Dunning Area
Payt terms     ZB00               Days/percent        /        /
Bline date     09.10.2013         Disc. amount
Disc. base                        Invoice ref.        /        /
Pmnt block                        Pmt Method
Assignment     Retirement w/reven
Text           Retirement with revenue              Long text
Next line item
PstKy  50  Account  483001   Sp.G/L    Trans.type  210  New co.code  2439
```

第二，输入第一行项目信息。过账码 01 表示客户发票（debit side）应收账款。科目号为客户代码，这里选择客户 400001。

交易类型 210 表示有偿出售（retirement with revenue）。确认。

继续输入第一行项目信息。假设销售金额为 11000 元（RMB）。与客户 400001 相关的支付条款 ZB00 表示立即付款，被自动带出。输入其他选择信息。

第三，输入第二行项目信息。过账码 50 表示总账科目（credit side）过账。科目号必须输入总账科目，这里输入 483001，表示资产收入科目。

交易类型仍然为 210，表示有偿退出。公司代码为 2439。确认 ✓。

继续输入第二行项目信息。由于资产原价为 10000 元（RMB），销项税代码 H1 表示税率 10%，所以输入金额为 10000 元（RMB）。

该行项目均与科目 483001 有关（在 T-CODE FS00 下，科目 483001 的字段组为 G029，其资产信息要求 asset number 和 asset requirement 标志为 required entry）。

勾选资产退出选项 Asst retirement ✓。确认 ✓。

在弹出与资产退出有关的数据框后，输入资产代码，勾选全部退出 ✓ Compl.retiremnt。点击继续键 Continue。

返回主画面后，点击 Taxes，检查税收项。

税收金额 1000 元（RMB）。确定 ✓。模拟会计凭证，点击 📊。

```
Enter Customer invoice: Display Overview
  🔍  📊 Display Currency | Park document | Acct model | 📊 Fast Data Entry | 📋 Taxes

Document Date     09.10.2013    Type     DR        Company Code     2439
Posting Date      09.10.2013    Period   10        Currency         RMB
Document Number   INTERNAL      Fiscal Year  2013  Translation dte  09.10.2013
Reference         09-10-2013                       Cross-CC no.
Doc.Header Text   asset retirement                 Trading Part.BA  2439

Items in document currency
  PK  BusA Acct                         RMB  Amount         Tax amnt
001 01  2439 0000400001 Customer 400001      11.000,00000
002 50  2439 0000483001 Pre. value ass. rev  10.000,00000-              H1
                       Other line items       1.000,00000-
D  11.000,00000    C 10.000,00000              0,00000  *  2 Line items
```

综合余额为零。保存 💾。✓ Document 3000010025 was posted in company code 2439。

产生凭证 3000010025。

可以通过凭证显示，来查询凭证具体项目。

Menu Path：SAP menu→Accounting→Financial Accounting→General Ledger→Document→Display。（T_CODE：FB03）

这里，客户 400001 应收账款增加 11000 元（RMB）；收入账户 483001 增加收入 10000 元（RMB），税收增加 1000 元（RMB）。同时，资产科目 209970 减少 10000 元（RMB）；间接余额科目 209993 增加 10000 元（RMB）。

如果再查询该资产，会发现资产台账明显变化。

```
Display Document: Overview
  ✏️ 📋 🔍 📋 Taxes  📊 Display currency

Document Number   3000010025    Company Code  2439       Fiscal Year  2013
Document Date     09.10.2013    Posting Date  09.10.2013 Period       10
Reference         09-10-2013    Cross-CC no.
Currency          RMB                          Texts exist

Items in document currency
Itm PK  BusA Acct no.  Description          TC   Tax    Amount in   RMB
001 01  2439 400001    Customer 400001      H1              11.000,00000
002 50  2439 483001    Pre. value ass. rev  H1              10.000,00000-
003 50       275000    Output tax           H1               1.000,00000-
004 75  2439 209970    000000001015 0000                    10.000,00000-
005 40  2439 209993    Suspense a/c - disp                  10.000,00000
Item    1    /    5                         Debit/Credit    21.000,00000
```

Menu Path：SAP menu→Accounting→Financial Accounting→Fixed Assets→Asset→Change

→Asset。(T-CODE：AS02)

资产退出之后，记录中采购和折旧计划金额消失；但是，增加了资产处置记录。具体显示内容，这里不再表列。

第四节 资产折旧

1. 资产计划折旧值的周期性过账（T-CODE：AFAB）

资产折旧值的过账，一般来说是周期性（periodic processing）、按计划（planned）、批处理（batch）、顺序（sequence）执行的。就是说，对于资产台账下已经按照折旧规则计划计算折旧的所有资产，可以按照每月折旧一次的办法，依次按照月份、批量处理所有资产的折旧过账。如果上个月的资产折旧值未过账，就无法处理紧接着的下个月的资产折旧值过账。因为是批量处理，所以难免有个别资产因为某种错误在批量处理时未正常过账，这时，可以选定该资产，进行重复（repeat）过账处理。

由于在准备该课程的过程中，在之前的记账周期也已经建立了一些资产，且资产折旧值过账已经做到6月份，即6月份的折旧值已经过账，而7月份的折旧值尚未过账，所以，这里以7月份为例进行折旧值过账处理。

以资产1008-0为例，来说明资产折旧过账的处理流程。先检查资产1008-0。

Menu Path：SAP menu→Accounting→Financial Accounting→Fixed Assets→Asset→Change→Asset。(T-CODE：AS02)

选择资产1008-0，检查资产价值。点击 Asset values 。选择 01 Book depreciation 。该资产购买值为50000元（RMB），10年期直线式折旧，年折旧值5000元（RMB），月折旧值为417元（RMB），因为有小数，所以，每3个月有一个月折旧值为416元（RMB）。

点击 Posted values 。可以看到逐月的计划折旧表。

Asset Explorer

Depreciation posted/planned

Per	Status	Σ Ord.dep. TBP	ΣUpInd dep.	Σ Reserves	Σ Interest	ΣReval.dep.	Crcy
4	Posted	417,00000-	0,00000	0,00000	0,00000	0,00000	RMB
5	Posted	416,00000-	0,00000	0,00000	0,00000	0,00000	RMB
6	Posted	417,00000-	0,00000	0,00000	0,00000	0,00000	RMB
7	Planned	417,00000-	0,00000	0,00000	0,00000	0,00000	RMB
8	Planned	416,00000-	0,00000	0,00000	0,00000	0,00000	RMB

很显然，6月份以前的计划折旧值已经过账，指示灯为绿色。而7、8月份的折旧值仍然为计划折旧值，指示灯为黄色。下面来看折旧值过账的具体操作。

Menu Path：SAP menu→Accounting→Financial Accounting→Fixed Assets→Periodic Processing→Depreciation Run→Execute。(T-CODE：AFAB)

Depreciation Posting Run

Parameter	
Company Code	2439
Fiscal year	2013
Posting Period	7

输入资产所隶属的公司代码 2439。输入财务年度 2013。输入过账周期，因为是 7 月份的资产折旧值过账，所以输入 7。

Reason for posting run
- Planned posting run ●
- Repeat ○
- Restart ○
- Unplanned posting run ○

对于每月一次的按计划过账，就可以勾选运行计划过账 Planned posting run ●。

在计划过账结束之后，如果要重复执行，则要勾选 Repeat。

如果在正式执行之前，想查看一下，到底对那些资产进行折旧过账，则勾选 Unplanned posting run。

Further options
- ☑ List assets
- ☐ Display all values
- ☐ List of manual depreciation
- Layout
- Server Group

这里勾选资产清单项，在测试运行时可以看到资产清单。

Parameters for Test Run
- ☑ Test Run
- Main asset number ___ to ___
- Asset subnumber ___ to ___

如果勾选测试运行 ☑ Test Run，则运行结果仅仅为测试，而不正式运行；如果不勾选测试运行 ☐ Test Run，则为正式运行。

在按照计划过账运行情况下，即勾选 Planned posting run ●，资产代码选项就一定不加限制，即适合所有资产。

如果限制资产代码的选项，则仅仅适合 Repeat 的情况。

这里，选择勾选 Planned posting run ●，☑ List assets，☐ Test Run，即在计划情况下正式运行。注意过账周期为 7。

点击功能路径"Program→Execute in background"。

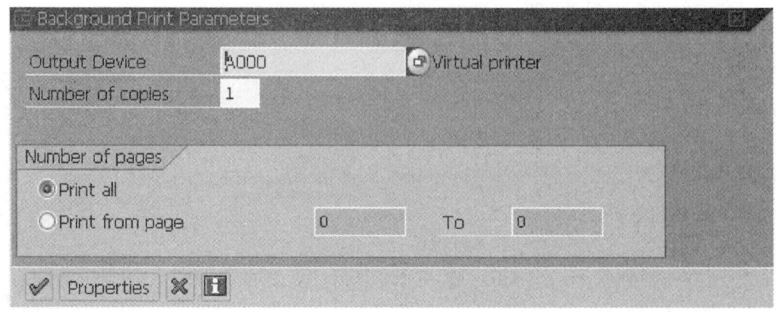

输入 A000 作为虚拟打印机（virtual printer）。确认 ✓。

点击 Immediate。（这里必须注意的是，这里的 Immediate 能够立即执行的前提是在 T-CODE SP02 下，修改用户 XNAI 的状态项为 Immediate，具体做法是执行 T-CODE SP02，点击"System→User Profile→Own Data→Defaults"，勾选立即输出选项。✓ Output Immediately 这样配置之后，就不会再有问题。）

保存 💾。✓ Background job was scheduled for program RAPOST2000。

这样就产生了一个作业 RAPOST2000，该作业就是折旧过账处理作业。

要执行该作业，点击路径"System→Services→Jobs→Job Overview"。

输入作业代码 RAPOST2000。执行 ⊕ Execute。

显然，作业 RAPOST2000 已经执行结束。一般来说，执行区间（duration）应该为 1。如果执行不正确，可以检查 Job log，作业日志会显示有关运行情况。标志 表示有凭证生成，是作业成功的主要标志。

折旧值过账结束后，可以查询资产的过账状态。

Menu Path：SAP menu→Accounting→Financial Accounting→Fixed Assets→Asset→Change →Asset。（T – CODE：AS02）

输入资产代码1008 – 0。点击 Asset values，01 Book depreciation，Posted values。

Asset Explorer

Per	Status	Σ Ord.dep. TBP	ΣUpInd dep.	Σ Reserves	Σ Interest	ΣReval.dep.	Crcy
4	Posted	417,00000-	0,00000	0,00000	0,00000	0,00000	RMB
5	Posted	416,00000-	0,00000	0,00000	0,00000	0,00000	RMB
6	Posted	417,00000-	0,00000	0,00000	0,00000	0,00000	RMB
7	Posted	417,00000-	0,00000	0,00000	0,00000	0,00000	RMB
8	Planned	416,00000-	0,00000	0,00000	0,00000	0,00000	RMB

显然，资产1008 – 0 的7月份的折旧值已经过账。双击 Posted，就可以查看过账凭证及其代码，按照凭证代码，也可以在总账凭证查询账户下查询。

2. 资产折旧值过账后的对账（T – CODE：AFAB）

与一般过账不同，由于资产计划折旧值过账一般来说是每月做一次，批量对所有资产的计划折旧值进行过账，所以，在过账时，系统首先将所有资产的当期计划过账值合计之后，再统一产生一张凭证，即所有过账资产在当月的折旧过账值都具有相同的凭证号码。为了说明这一点，假设到2013 年10 月为止，系统中已有的所有资产的计划折旧值都已经过账。例如，查询资产1017 – 0。

Menu Path：SAP menu→Accounting→Financial Accounting→Fixed Assets→Asset→Change →Asset。（T – CODE：AS02）

输入资产代码1017 – 0。点击 Asset values，01 Book depreciation，Posted values。

Asset Explorer

Per	Status	Σ Ord. dep.	ΣUpInd dep.	Σ Reserves	Σ Interest	ΣReval.dep.	Crcy
10	Posted	21,00000-	0,00000	0,00000	0,00000	0,00000	RMB
11	Planned	21,00000-	0,00000	0,00000	0,00000	0,00000	RMB

因为是新资产，折旧从10 月份开始，10 月份折旧值为21 元（RMB），且已经过账。双击 Posted，检查过账日志情况。

Log of Posting Run for company code 2439

Asset	SNo.	Acct.det	BusA	Name	DocumentNo	Description	Σ	Plan.Amt	Σ
1017	0	499911	2439	Asset - Real Estate	2000040017	Ord.depreciation		62,00000-	
						Ord.depreciation		62,00000-	
Depreciation area 1								62,00000-	
1017	0	499911	2439	Asset - Real Estate	2000040018	Ord.depreciation		62,00000-	
						Ord.depreciation		62,00000-	
Depreciation area 20								62,00000-	

对于折旧范围1，产生的过账凭证为2000040017；对于折旧范围20，产生的过账凭证为2000040018。这里，62 元（RMB）为10、11、12 总共3 个月的折旧额合计。

如果点击凭证代码,则可以看到过账凭证。两个凭证的内容类似。

以凭证 2000040017 为例,来了解折旧过账凭证。

```
Display Document: Overview
Display currency

Document Number  2000040017    Company Code  2439         Fiscal Year  2013
Document Date    31.10.2013    Posting Date  31.10.2013   Period       10
Reference                      Cross-CC no.
Currency         RMB           Texts exist

Items in document currency
 Itm PK BusA Acct no.  Description           TC   Tax   Amount in    RMB
 001 40 2439 211100    Ordinary depreciati                    2.581,00000
 002 40 2439 211100    Ordinary depreciati                    3.542,00000
 003 75 2439 209976    accumulated dep. fi                    2.581,00000-
 004 75 2439 209976    accumulated dep. fi                    3.542,00000-
 Item     1 / 4                              Debit/Credit     6.123,00000
```

显然,当期折旧发生额为 6123 元(RMB),当期累计折旧额为 6123 元(RMB)。但是,资产 1017-0 的当月折旧值仅为 21 元(RMB),这里为什么二者的值不相等呢?原因是这里的凭证过账值是该批过账资产折旧值的总和。

关于这一点,可以还原之前的操作,通过显示之前的记录,可以给予说明。

Menu Path:SAP menu→Accounting→Financial Accounting→Fixed Assets→Periodic Processing→Depreciation Run→Execute。(T-CODE:AFAB)

在该路径下运行程序,当选择公司代码 2439,年份 2013,周期 10,勾选 Unplanned posting run,☑List assets,☑Test Run 等项目,即只显示,不执行时,会发现资产清单如下。

```
Depreciation Posting Run for company code 2439
Asset SNo. Acct.det BusA Na  DocumentNo  Descript Σ Amount TBP  Σ Cumul.Posted Amt  Crcy
1006  0    499911   2439 Fixed 2000040019 Ord.dep     832,00000-       6.668,00000-  RMB
1003  0                  ASSE                      1.061,00000-      10.624,00000-  RMB
1004  0                  ASSE                        208,00000-       2.083,00000-  RMB
1005  0                  Purch                        21,00000-         167,00000-  RMB
1008  0                  ASSE                        417,00000-       3.333,00000-  RMB
1016  0                  Asset                        21,00000-          42,00000-  RMB
1017  0                  Asset                        21,00000-          42,00000-  RMB
1009  0                  Asset                       208,00000-       1.667,00000-  RMB
1011  0                  Asset                     3.334,00000-      36.666,00000-  RMB
                                         Ord.dep   6.123,00...       61.292,00000-  RMB
```

可以看出,6123=2581+3542=(832+1061+208+21+417+21+21)+(208+3334)。

如果在总账查询功能下输入凭证代码,一样可以查询凭证。

Menu Path:SAP menu→Accounting→Financial Accounting→General ledger→Document Display。(T-CODE:FB03)

具体查询结果,这里不再叙述。

3. 已有折旧值过账的资产退出(T-CODE:F-92)

资产 1016-0 是 2013 年 10 月 8 日刚刚建立的资产,在 2013 年 10 月 10 日第一笔折旧值

第十二章 资产记账（AM 模块）

已经过账。但是，公司想卖掉该固定资产。

Menu Path：SAP menu→Accounting→Financial Accounting→Fixed Assets→Posting→Retirement→Retirement w/Revenue→With Customer（T – CODE：F – 92）

Asset Retire. frm Sale w/ Cus:Header Data

Document Date	10.10.2013
Posting Date	10.10.2013
Type	DR
Period	10
Company Code	2439
Currency/Rate	RMB
Reference	10-10-2013
Doc.Header Text	Asset retirement
Trading Part.BA	2439

First line item
PstKy 01 Account 400001 Trans.type 210

第一，输入凭证头项目。

输入凭证日期、过账日期为今日日期 2013 年 10 月 10 日。这里，如果与前面已经做过的批量折旧值过账日期相比，知道对于资产 1016 – 0，虽然作批量折旧值过账的日期是 2013 年 10 月 10 日，但是，系统指定的过账日期是 2013 年 10 月 31 日，所以，对于 2013 年 10 月 10 日来说，虽然折旧值已经计算出来，并且理论上已经过账，实际上还不能算作本月的折旧值过账，如果要算作本月的折旧值过账，就必须等到 2013 年 10 月 31 日即月底这一天。由于这个原因，系统在将折旧值计入资产处置的利润或者损失时，将并不考虑要到月末才能够真正实现过账的计提折旧值。关于这一点，在本例中将看得很清楚，这也是理解之后的财务凭证显示结果的关键。

第二，输入第一行项目。过账码 01，客户 400001，交易类型 210。确认。

Enter Customer invoice: Add Customer item

Customer	400001 Customer 400001 G/L Acc 500003
Company Code	2439 111-1 大学路
	YHQ LTD Xiamen

Item 1 / Invoice / 01 / TL/LO:Recfro.Oth.Rec

Amount	12000 RMB
	☐ Calculate tax
Contract	/
Flow Type	
Bus. Area	2439
Dunning Area	
Payt terms	ZB00
Days/percent	/ /
Bline date	10.10.2013
Disc. amount	
Disc. base	
Invoice ref.	/ /
Pmnt block	
Pmt Method	
Assignment	Retirement w/reven
Text	Retirement with revenue Long text

Next line item
PstKy 50 Account 483001 Trans.type 210 New co.code 2439

输入资产销售金额 12000 元（RMB）。输入其他选项。

第三，输入第二行项目。过账码 50，收入科目 483001，交易类型 210，公司 2439。输入完成，确认 ☑。

输入收入金额 12000 元（RMB）。输入其他选项。勾选 Asst retirement ☑。确认 ☑。

这一画面非常重要，假如资产收入科目 483001 配置不好，则往往无法带出这个画面。因为这里进行的是资产退出操作，所以，在操作过程中要注意观察资产的变化，特别是操作过程中可能带出的与资产相关的画面。

点击功能键 Continue。点击会计凭证模拟健 ☒。

平衡余额为0，保存 🖫。 ✅ Document 3000010026 was posted in company code 2439。

查询凭证3000010026。

Menu Path：SAP menu→Accounting→Financial Accounting→General ledger→Document→Display.（T – CODE：FB03）

这里实现利润2000元（RMB）。要注意，资产1016 – 0当月的计提折旧21元（RMB）由于要到月底才能够正式计入折旧过账值，所以并不会被计入利润收益中去。因为，假设资产1016 – 0原值为10000元（RMB），那么，计提10月份折旧之后，资产残值为9979元（RMB）。由于折旧一般发生在月末进行，所以，这里资产残值仍然与购买原值10000元（RMB）相同。

Display Document: Overview

Itm	PK	BusA	Acct no.	Description	TC	Tax	Amount in	RMB
001	01	2439	400001	Customer 400001	H0		12.000,00000	
002	50	2439	483001	Pre. value ass. rev	H0		12.000,00000-	
003	75	2439	209970	000000001016 0000			10.000,00000-	
004	40	2439	209993	Suspense a/c - disp			12.000,00000	
005	50	2439	209994	Profits on disposal			2.000,00000-	

Document Number 3000010026, Company Code 2439, Fiscal Year 2013
Document Date 10.10.2013, Posting Date 10.10.2013, Period 10
Reference 10-10-2013
Currency RMB
Item 1 / 5   Debit/Credit 24.000,00000

为了说明折旧过账值是如何被计入利润的，可以看另外一个例子。

以资产1005 – 0为例，来进一步说明折旧值过账之后事如何被计入利润的。

Menu Path：SAP menu→Accounting→Financial Accounting→Fixed Assets→Asset→Change→Asset。（T – CODE：AS02）

Asset Explorer

Per	Status	Σ Ord.dep. TBP	ΣUplnd dep.	Σ Reserves	Σ Interest	ΣReval.dep.	Crcy
4	Posted	21,00000-	0,00000	0,00000	0,00000	0,00000	RMB
5	Posted	21,00000-	0,00000	0,00000	0,00000	0,00000	RMB
6	Posted	20,00000-	0,00000	0,00000	0,00000	0,00000	RMB
7	Posted	21,00000-	0,00000	0,00000	0,00000	0,00000	RMB
8	Posted	21,00000-	0,00000	0,00000	0,00000	0,00000	RMB
9	Posted	21,00000-	0,00000	0,00000	0,00000	0,00000	RMB
10	Posted	21,00000-	0,00000	0,00000	0,00000	0,00000	RMB
11	Planned	21,00000	0,00000	0,00000	0,00000	0,00000	RMB

资产1005 – 0的2013年4月份的采购值为10000元（RMB），40年折旧期，年折旧值250元（RMB），4月份到9月份共计6个月的累计折旧值为125元（RMB）。由于10月份的折旧值21元（RMB）虽然已经过账，但今天仍然为2013年10月10日，未到月底，目前资产残值=10000 – 125 = 9875（元）（RMB）。所以，如果对该项资产做退出处理，销售给

客户 400001，销售价格 12000 元（RMB），那么，该资产 1005-0 的销售利润应该为 12000-9875=2125（元）（RMB）。

按照以上计算逻辑，运行 T-CODE F-92，对资产 1005-0 做退出处理，最终产生凭证 3000010027。采用 T-CODE FB03 查询该凭证，得到如下会计对账单。

```
Display Document: Overview
   Taxes   Display currency

Document Number  3000010027    Company Code  2439       Fiscal Year  2013
Document Date    10.10.2013    Posting Date  10.10.2013  Period       10
Reference                      Cross-CC no.
Currency         RMB           Texts exist

Items in document currency
Itm PK  BusA Acct no.   Description         TC   Tax   Amount in    RMB
001 01  2439 400001     Customer 400001     H0                 12.000,00000
002 50  2439 483001     Pre. value ass. rev H0                 12.000,00000-
003 75  2439 209970     000000001005 0000                      10.000,00000-
004 70  2439 209976     000000001005 0000                         125,00000
005 40  2439 209993     Suspense a/c - disp                    12.000,00000
006 50  2439 209994     Profits on disposal                     2.125,00000-
Item       1 / 6                             Debit/Credit      24.125,00000
```

很显然，4、5、6、7、8、9 月份的折旧值共计 125 元（RMB）被计入了资产退出后的收益利润。这里，客户 400001 应收款 12000 元（RMB）；资产收入科目 483001 增值 12000 元（RMB）。公司资产科目 209970 减少 10000 元（RMB），实现利润收入 2125 元（RMB）；累计折旧 125 元（RMB）。

附录一
采购订单决定科目参考配置

1. OMWM – Activate Valuation Grouping Code

Valuation Control

Valuation grouping code
- ● Valuation grouping code active
- ○ Valuation grouping code not active

2. OMSK: Create Account category reference/Valuation Class

Click on `Account category reference`.

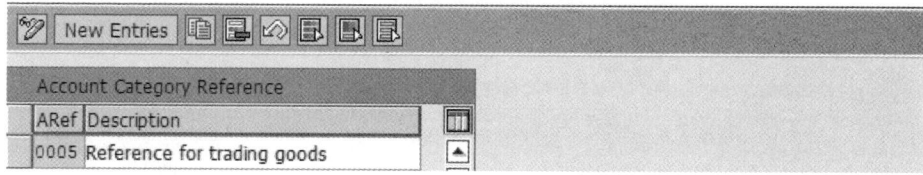

Click on `Valuation Class`.

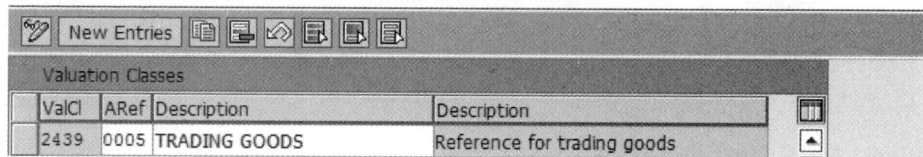

Click on `Material type/account category reference`.

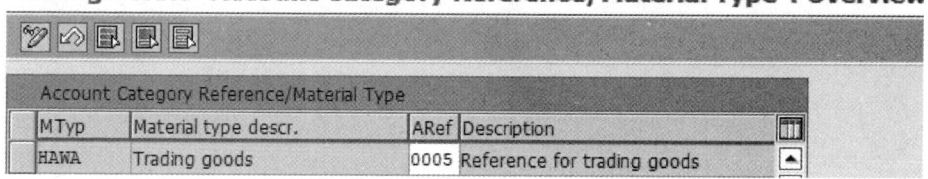

3. OMWD – Valuation Area（Plant）Assigned to Valuation Group Code.

4. OMWB/OBYC – Automatic Posts Procedure Configuration

Click on GBB .

5. FS00 – Check G/L Account's Field Status Group.

6. OBC4 – Configure Field Status Group.
（与公司相关，可自行配置，例如 399999）

附录一 采购订单决定科目参考配置

General data

	Suppress	Req. Entry	Opt. Entry
Assignment number	○	○	●
Text	○	○	●
Invoice Reference	○	○	●
Hedging	●	○	○
Collective Invoice	●	○	○
Reference specification 1/2	●	○	○
Reference specification 3	●	○	○
Inflation Index	●	○	○

Additional account assignments

	Suppress	Req. Entry	Opt. Entry
Settlement period	○	○	●
Material number	○	○	●
Cost center	○	●	○
CO/PP order	○	○	●
WBS element	●	○	○
Sales order	●	○	○
Personnel number	●	○	○
Network	●	○	○
Commitment item	●	○	○
Plant	○	○	●
Business Area	○	○	●
Partner Business Area	○	○	●
Quantity	○	●	○
Profit Center	○	○	●
Profitability Segment	○	○	●
Cost Object	○	○	●
Joint venture acct assignment	●	○	○
Joint Venture Partner	●	○	○

Materials management

	Suppress	Req. Entry	Opt. Entry
Vendor goods movement	○	○	●
Customer goods movement	○	○	●
Purchase order	○	○	●
Reservation number	●	○	○
Inventory fields	●	○	○
Ext. GA amount in LC	●	○	○
Transport Order	●	○	○

Payment transactions	Suppress	Req. Entry	Opt. Entry
Due date	○	○	●
Value date	○	○	●
Payment terms	○	○	●
Cash discount deduction	○	○	●
Own Bank	●	○	○
Bank Business Partners	●	○	○
Bank Reference	●	○	○
Reason code	●	○	○
Instruction key for payment	●	○	○
Payment Reference	●	○	○
Payment currency	○	○	●
Payment currency amount	○	○	●

7. OBC4 – Configure Field Status Group.（与公司相关，可自行配置，例如309999）

Maintain Field Status Group: Overview

Subgroup list

General Data   Page 1 / 1
Field status variant 2439   Group G049
Manufacturing costs accounts

General data	Suppress	Req. Entry	Opt. Entry
Assignment number	○	○	●
Text	○	○	●
Invoice Reference	○	○	●
Hedging	●	○	○
Collective Invoice	●	○	○
Reference specification 1/2	●	○	○
Reference specification 3	●	○	○
Inflation Index	●	○	○

Additional account assignments	Suppress	Req. Entry	Opt. Entry
Settlement period	○	○	●
Material number	○	○	●
Cost center	○	○	●
CO/PP order	○	○	●
WBS element	●	○	○
Sales order	●	○	○
Personnel number	●	○	○

	Suppress	Req. Entry	Opt. Entry
Network	○	○	○
Commitment item	●	○	○
Plant	○	○	●
Business Area	○	○	●
Partner Business Area	○	○	●
Quantity	○	●	○
Profit Center	○	○	●
Profitability Segment	●	○	○
Cost Object	●	○	○
Joint venture acct assignment	●	○	○
Joint Venture Partner	●	○	○

Materials management

	Suppress	Req. Entry	Opt. Entry
Vendor goods movement	○	○	●
Customer goods movement	○	○	●
Purchase order	○	○	●
Reservation number	●	○	○
Inventory fields	●	○	○
Ext. GA amount in LC	●	○	○
Transport Order	●	○	○

Payment transactions

	Suppress	Req. Entry	Opt. Entry
Due date	○	○	●
Value date	○	○	●
Payment terms	○	○	●
Cash discount deduction	○	○	●
Own Bank	●	○	○
Bank Business Partners	●	○	○
Bank Reference	●	○	○
Reason code	●	○	○
Instruction key for payment	●	○	○
Payment Reference	●	○	○
Payment currency	○	○	●
Payment currency amount	○	○	●

8. OME9 – Configure Account Assignment Categories. （公共配置，一般不变，例如 F）

Change View "Account Assignment Categories": Overview

Acct assignment cat.	Acct.assgt.cat.desc.
A	Asset
F	Order
K	Cost center

Click on `F`.

Change View "Account Assignment Categories": Details

Acct assignment cat.: F Order

Detailed information

☐ Acct.assg.changeable	Consumption posting	V	Distribution	
☑ AA changeable at IR	Acct modification	VBR	Partial invoice	
☐ Derive acct. assgt.	Ind:Acct.assgt.scr.	1	Single account assig	
☐ Del. costs separate	Special Stock			
☑ Goods receipt	☐ GR non-valuated		☑ Invoice receipt	
☐ GR indicator binding	☐ GR non-val. binding		☐ IR indicator binding	

Fields

Field Label	Reqd.entry	Opt. entry	Display	Hidden
Asset	○	○	○	●
Asset subnumber	○	○	○	●
Business area	○	●	○	○
Business partner	○	○	○	●
Business process	○	○	○	●
CO/PP order	○	●	○	○
Commitment item	○	○	○	●
Cost center	○	●	○	○
Cost object	○	○	●	○
Cost type	○	○	○	●
Deletion indicator	○	●	○	○

Page 1 / 4

Fields

Field Label	Reqd.entry	Opt. entry	Display	Hidden
Details account assgt. block	○	●	○	○
Distribution channel	○	○	○	●
Functional area	○	○	○	●
Funds	○	○	○	●
Funds center	○	○	○	●
Funds reservation	○	○	○	●
G/L account	○	●	○	○
Goods recipient/ship-to party	○	●	○	○
Grant	○	○	○	●
Joint venture partner	○	○	○	●
Location	○	○	○	●

Page 2 / 4

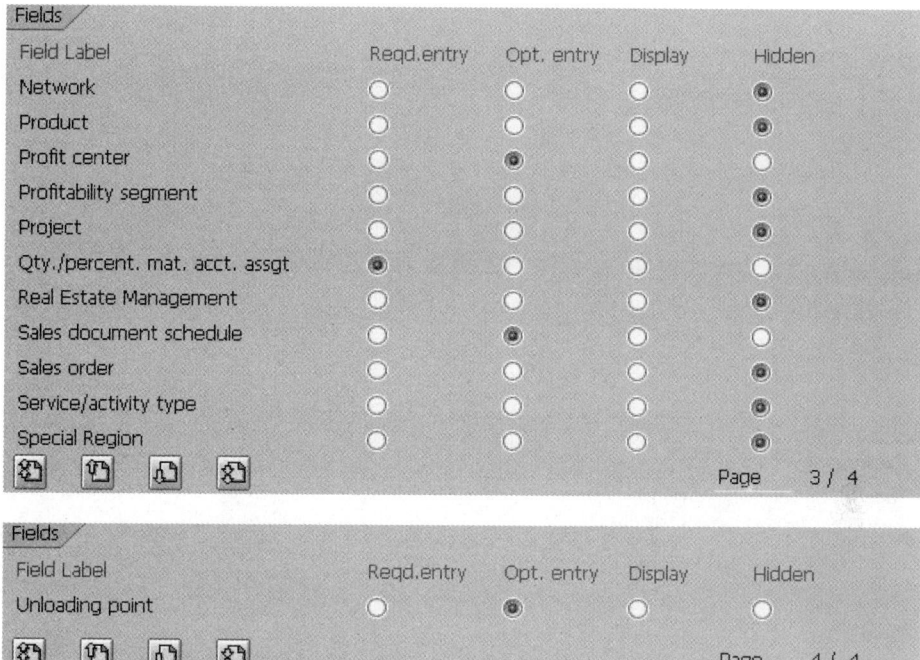

9. MM02 – Configure Material's Valuation Class.

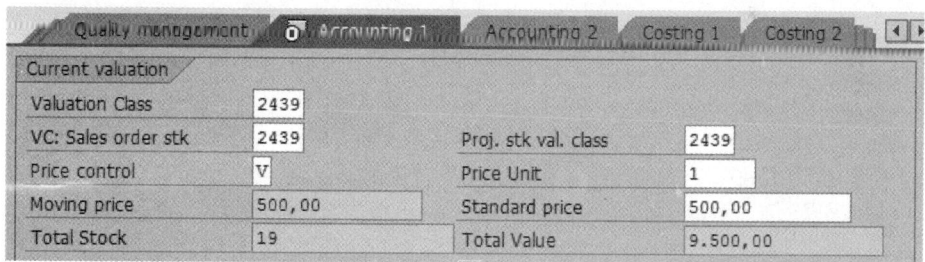

10. OMJJ – Configure goods movement type 501/561 and 201（公共配置，一般不变，例如501）
Tick ☑ Movement Type . Click on ✓ .

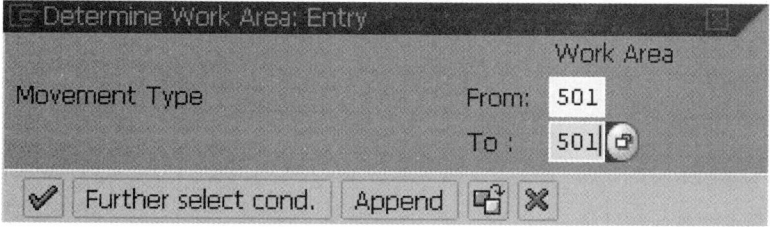

Click on ✓ . Double click on ☐ Field selection (from 201)/Batch search procedure .
Double click on 501 GI receipt w/o PO .

General Data		
Movement Type	501	Special Stock

General data	Suppress	Req. Entry	Opt. Entry
Assignment number (FI only)	○	○	●
Line item text	○	○	●
Invoice reference (FI only)	○	○	●
Exchange hedging (FI only)	●	○	○
Collective invoice (FI only)	●	○	○
Final issue indicator	○	○	●
Goods recipient	○	○	●

Additional account assignments	Suppress	Req. Entry	Opt. Entry
Calculation period (FI only)	○	○	●
Material number (FI only)	○	○	●
Cost center	○	○	●
CO/PP order	○	○	●
Project	●	○	○
Sales order	●	○	○
Personnel number (FI only)	●	○	○
Network	●	○	○
Commitment item	●	○	○
Plant (FI only)	○	○	●
Business area	○	○	●
Trad.partn.bus.area (FI only)	●	○	○
Quantity (FI only)	○	●	○
Profit Center	○	○	●
Profitability segment	●	○	○
Cost object	○	○	●
Joint venture acct assgnmt(FI)	●	○	○
Joint venture partner	●	○	○

Materials management	Suppress	Req. Entry	Opt. Entry
Vendor	○	○	●
Customer	○	○	●
Purchase order	○	○	●
Reservation number (FI only)	●	○	○
Phys.inventory fields(FI only)	●	○	○
Ext. GA amount in LC	●	○	○
Transport request (FI only)	●	○	○
Sales value in local currency	●	○	○
Accounting indicator	●	○	○
Tax code	●	○	○
Alternate base amount	●	○	○

附录二

公司代码 2439 与 1000 之间部分总账科目参考对照表

2439	1000	Trans.	2439	1000	Trans.	2439	1000	Trans.
100000	100000	EVV	209978	21010		291199	191199	BNG
100010	113100		209979	32010		291199	191199	GNB
100020	113150		209980	78000		294001	194001	
100030	113160		209981	202000		294500	194500	
112600	113100		209982	252000		299985	175100	IEP
112601	113150		209983	290000		299986	199999	
112602	113160		209984	253000		299987	154000	VST
113100	113100		209990	199990		299988	175000	MWS
113101	113101	KDF	209991	199991		299989	900000	
113130	113130		209992	200010		299990	900000	
113131	113131		209993	825000		299998	499998	
113150	113150		209994	250000		299999	499999	
113160	113160		209995	200000		300000		
199995	113100		209996	415000		300020	400020	VBO
200000			209997	210000		309999	399999	BSA
200031	800000	ERL	209998	415000		309999	399999	ZOB
200040	801000		213199	113199	KDF	381200	281200	B02
200041	880000	SKT	230000	230000	KDB	390000	890000	VAX
200042	880000	CEX	230010	230010	KDF	393015	893015	ZAY
200050	880099		230030	230030	KDW	394010	894010	VBX
200100	232500		230030	230030	KDZ	394025	894025	VAY
200101	232500		230110	230110	DSA	395000	895000	AUF
200110	261100		231900	231900	DIF	395000	895000	AUI
200120	261200		233000	233000	INV	395000	895000	AUA

续表

2439	1000	Trans.	2439	1000	Trans.	2439	1000	Trans.
200130	282500		237000	237000	VQP	395000	895000	ZOF
200140	417000		240000	140000		399995	400010	ZBY
200200	890000		280000	280000	KDB	399995	400010	ZZZ
200201	889000	ERS	280000	280000	KDF	399997	300000	BSX
200202	811100		280000	280000	KDW	399998	400001	VQY
200203	192701	B01	280010	280010	KDF	399999	400000	VBR
200210	884010	ERV	280110	280110	DSA	399999	400000	VNG
200220	883000	ERB	281900	291900	DIF	400000		
200230	809000	ERF	283000	283000	INV	499998	1000	
200300	890000		285000	285000	ABC	500000		
200476	476000		291000	191000	BNG	500001	150000	
209960	22010		291000	191000	GNB	500002	150000	
209961	60100		291099	191099	BNG	500003	150000	
209970	1000		291099	191099	GNB	500004	150000	
209971	11000		291100	191100	BNG	550000	150000	
209972	21000		291100	191100	GNB	550100	150100	
209973	32000		291100	191100	WRX	550200	150200	
209974	22000		291101	191101	BNG	550300	150300	
209975	60000		291101	191101	BNG	550400	150400	
209976	1010		291102	191102	GNB	550600	150600	
209977	11010		291102	191102	GNB	550700	150700	

备注：（1）在配置公司代码2439下的有关总账科目时，表中所用到的总账科目号在开设时，直接参考了公司代码1000下所对应科目的科目性质。（2）讲义中主路径：IMG = Main Path：SAP Menu→Tools→Customizing→IMG→Execute Project，其T-Code为SPRO。

附录三
《管理信息系统》课程教学安排

课时安排：总计 36 课时，分 12 讲，每讲 3 课时。

任课教师：校内老师讲授"SAP ERP R/3 & ECC6.0 系统后台配置原理"和"SAP ERP R/3 & ECC6.0 系统前台操作练习"等两部分，分 10 讲，共计 30 课时；外聘老师根据企业案例进行分析，分 2 讲，共计 6 课时。

实习材料：对于 SAP ERP R/3 4.7 版、SAP ERP ECC6.0 版等两种版本软件，在学生上课前，教师会下发课程学习光盘，包括前置机安装软件、讲义电子版、辅助材料等，特别是包括 2012 级、2013 级、2014 级、2015 级在内的各级优秀学生实习报告，供同学们学习时参考。

实习环境：实习安排一套 SAP R/3 4.7 版本服务器，一套 SAP ERP ECC6.0 版本服务器，学生将被分成两组，分别登录两套系统进行学习。另外，学生既可以去计算机教室上机实习，也可以在自己的笔记本电脑上安装前置机软件通过网络直接登录系统实习。

远程教学：学生可以登录厦门国家会计学院远程教育网络，进入管理信息系统课程，收听阎虎勤老师的教学视频课件，并下载有关学习材料。

学习目的：学生通过学习，将掌握一门 ERP 系统软件工具的具体操作要领，主要是通过对 SAP ERP R/3 & ECC6.0 系统的后台配置和前台练习，掌握后台配置原理及日常记账业务操作要领，明白各个模块与财务系统之间的关系，为今后在工作中使用不同应用系统打下一定的知识基础，触类旁通。

求职优势：学生通过 SAP ERP R/3 4.7 & ECC6.0 系统的学习和操作，一是求职时可以直接应聘大企业 SAP 或者其他 ERP 系统的工作岗位；二是有利于今后在会计、审计、税务、金融等事务所或者咨询机构从事企业信息系统审计、咨询等类工作；三是有利于从事财务主管的工作。

教学评估：学生在整个课程教学结束后，将视教学情况为教师打分，并根据研究生处统一要求，提出教学改进意见，为教师改进教学提供参考。

附录四
《管理信息系统》课程学生成绩考核

本课程满分为 100 分。

第一，平时考勤成绩为 10 分。学生必须出勤上课，不论请假与否，缺课一次一律倒扣 3 分；缺课超过 4 次以上，则取消本门课程选课资格，成绩以零分计算。

第二，平时作业成绩为 50 分。要求学生交 5 次平时作业，每次作业满分为 10 分。每章上课结束，要求学生按照教材内容顺序，先进行本章后台业务上机配置；配置完成之后，再进行前台业务操作练习；配置成功与否，以前台练习是否能够顺利通过作为检查依据；老师要求本周作业必须在下周上课之前提交，作业提交方式采取上机操作的形式，老师现场检查，现场打分。学生完成五次作业，也就把教材全部内容，包括后台配置与前台操作练习过了一遍，从而也就基本掌握了课程的全部内容。

第三，实习报告成绩为 40 分。课程结束之前，要求学生交 1 次实习报告，实习报告满分为 40 分。实习报告以纸质和电子文件两种形式提交，截止时间为课程结束后 1 周内，由课代表统一收齐交给任课老师。实习报告将作为本课程的考试资料交研究生处留底存档。

第四，辅导及答疑。学生可以直接在课堂时间或者课余时间向老师询问问题，也可以发电子邮件向老师询问问题。

第五，成绩评定及投诉。所有成绩均以任课老师打分为主。打分力求客观公正，同学们如有异议，可以向任课老师直接指出，也可以向研究生处反映，老师愿意接受监督。

附录五
SAP 实习报告评分表

学生姓名：　　　　　学号：　　　　　得分：　　　　　老师签名：

评分标准	评价项目	具体要求	
整体评价 （10）	封面设计	标题，姓名，班级，日期，老师	
	内容摘要	简要文字	
	目录	一级、二级或三级标题	
	参考资料	教材、文献、软件版本	
	后记	学习过程、心得体会	
	排版格式	A4；正文：宋体、小四、1.5倍行距；上下左右边距=2.54	
业务设计 （10）	总账记账	业务事由、会计科目、试算平衡表	
	应收账款	业务事由、会计科目、试算平衡表	
	应付账款	业务事由、会计科目、试算平衡表	
	物料采购	逻辑流程、物料订单、账务平衡表（四选一）	
	物料销售	逻辑流程、物料订单、账务平衡表（四选一）	
	资产管理	逻辑流程、资产处置、账务平衡表（四选一）	
	现金管理	逻辑流程、资产处置、账务平衡表（四选一）	
用例准备 （20）	科目用例	T-CODE	截图及说明文字
	客户用例	T-CODE	
	商户用例	T-CODE	
	物料用例	T-CODE	
测试结果 （40）	总账测试	T-CODE	
	应收测试	T-CODE	
	应付测试	T-CODE	
	采购管理 销售管理 资产管理 现金管理 （四选一）	T-CODE	
		T-CODE	
		T-CODE	
		T-CODE	
		T-CODE	
		T-CODE	

续表

评分标准	评价项目	具体要求			
附 表（20）	配置清单（供参考）	1. 公司代码	6. 会计科目组	11. 销售渠道	16. 成本中心
		2. 工厂代码	7. 财务年度变量	12. 销售组	17. 标准利润中心组
		3. 经营范围	8. 采购组织	13. 仓储	18. 利润中心
		4. 会计科目表	9. 采购组	14. 成本控制范围	19. 成本要素组
		5. 信用额度	10. 销售组织	15. 标准成本中心组	20. 初级成本要素

附注：（1）以个人为单位提交报告，包括一份纸质文档、一份电子文档。

（2）报告提交截止日期为　　年　　月　　日。

附录六
《管理信息系统》课程总结报告

按照研究生处的统一安排，在信息处的支持配合下，在2014级57名同学的共同努力下，2015年春季学期，《管理信息系统》课程的教学任务已经顺利完成。

与2013级不同，2014级共有57位同学选修了《管理信息系统》这门课，选课学生占到全部60位学生的95%，与2013级选课学生人数仅仅占到全部60位同学的50%相比，提升率很高。选课学生人数的大幅度提升，说明了《管理信息系统》这门课已经受到学生们的广泛欢迎，被绝大多数学生所接受，这与社会对既懂会计、又懂信息管理的复合型财务管理人才的需要是一致的。

针对2013级同学们在课程上完之后反映的问题以及所提出的建议，这次仍然沿用中文教材，但是采用英文软件版本，并且在实习过程中开通了SAP ERP R/3 4.7版、SAP ERP ECC6.0版等两种版本的实验系统，配制了两种版本的后台服务器，教学环境很好。

2014级同学在学习上都很刻苦，在《管理信息系统》这门课上都花费了不少时间，很多同学在实习过程中在计算机教室废寝忘食地坚持实验和学习，精神可嘉，成绩很好，教学达到了预期的目的。

1. 课程内容分析

（1）课程设计。本课程是MPAcc研究生在校期间唯一的一门计算机技能操作课，开设这门课程，对于学生掌握一门实用技术工具，为今后在企业从事财务工作打下一定的计算机技术应用基础，非常重要。课程总共27课时，分9讲，每讲3课时，由2名老师负责讲授，其中：外聘老师许明，讲授"管理信息系统概述与案例分析"，分2讲，共计6课时；校内老师阎虎勤，讲授"SAP ERP R/3 4.7 & ECC6.0系统原理及操作"，分7讲，共计21课时。

（2）实习环境。该课程实习软件包括SAP ERP R/3 4.7版、SAP ERP ECC6.0版等两种版本软件系统。实习环境非常方便，院内拥有一套SAP R/3 4.7版本服务器，一套SAP ERP ECC6.0版本服务器，学生既可以去计算机教室上机实习，也可以通过在自己的笔记本电脑上安装前置机接口软件，直接远程登录到校内服务器系统进行实习。为了方便学生学习，开课前，教师将所有要求事项，刻录成光盘，发给每个学生，包括：前置机终端安装程序、课程表、上机实习账号和密码、阅读参考资料、案例资料、2012级和2013级优秀学生实习报告等。

(3) 课程重点。学生通过学习，将实现两个主要目标：一是掌握 SAP 系统软件工具，学会具体操作要领，主要是通过对 SAP ERP R/3 4.7 & ECC6.0 系统的配置和练习，理解后台配置的重要性，掌握日常总账记账、应收账款、应付账款、采购流程与生成会计凭证、销售流程与生成会计凭证、成本中心管理、现金管理、固定资产管理等业务操作要领，明白各个模块与财务系统之间的联系。二是通过对 SAP 系统的学习和操作，对 ERP 系统在企业的应用有一个全局性的了解，理解企业信息化过程对于企业流程再造、加强财务管理和成本控制的重要性。

(4) 章节安排。SAP 系统讲义分上、下两册，上册以后台企业账务系统配置为主，下册以对应的前台练习为主。上、下册讲义各有 7 讲，其中：第一讲，财务会计及总账系统；第二讲，银行、供应商及客户系统；第三讲，物料管理及应付账款；第四讲，管理会计及成本控制；第五讲，销售、分销管理及应收账款；第六讲，现金管理及银行会计；第七讲，固定资产及折旧管理。

2. 课堂教学效果分析

(1) 教材改进。这次教材改进较小，继续沿用 2013 级的教材版本，文字使用中文版本，并分上、下两册，将后台配制与前台操作分开；但是，实习软件仍然使用 SAP 系统英文操作界面，以便于学生今后可以适应中、英文两种版本操作界面。这次对 2013 级使用教材进行了一定修改，主要是增加了问题解释，即根据 2013 级同学上课时出现的问题，在教材中直接反映这些问题和解决办法，便于同学们遇到类似问题时快速解决。教材举例也更加简明扼要。

(2) 教学方式。这次的教学方式也有改进，即完全将软件系统的后台配制与前台练习结合起来。例如，学生完成第一章的后台配制，就应该在自己的公司下能够完成总账科目之间的转账操作；学生完成第二章的后台配制，就应该能够完成应收账款的前台记账；学生完成第三章的后台配制，就应该能够完成应付账款的后台记账；学生完成第四章的后台配制，就应该能够完成前台采购管理。这样，在作业检查时，学生不仅能够明白后台配制对于会计业务的重要意义，而且能够明白前台日常操作的要点，达到举一反三的目的。

(3) 成绩考核。整个课程学习结束，学生成绩总分为 100 分，其中：平时考勤成绩占 5%，平时作业成绩占 60%，期末实习报告占 35%。考勤主要为上课点名。平时作业以 SAP 系统后台配置、及前台实习操作为主，4 次作业，学生在学习 SAP 系统第一讲至第四讲的课程结束，每次课后交一次作业，作业形式为学生当面向老师汇报上机情况，老师检查学生上机实习记录、并询问理解情况，现场打分。期末考试为撰写一篇实习报告，要求学生依据自己平时四次作业时所作 SAP 系统的后台配置，在自己配置的公司下完成前台练习内容，包括完成总账记账、应收账款记账、应付账款记账、采购流程等规范操作，并结合自己学习的体会，撰写一篇实验报告。

(4) 教学效果。所有 57 名学生都完成了平时作业和期末实习报告。有 30 名同学在 SAP R/3 4.7 系统下、27 名同学在 SAP ECC 6.0 系统下完成了公司、科目、税收代码、成本中心、利润中心、客户、供应商、物料的创建。特别是在实习报告阶段，每个学生都在自己所创建的公司下面，完成了总账、应收、应付、采购等业务操作。通过学习，学生也掌握了一些与一般会计课程不同的思维方法和操作技巧。

3. 期终实习报告分析

（1）实习报告设计。为了帮助学生写出较为规范的实习报告，教师在报告格式设计上给学生提出了统一的要求：一是在整体要求上，要求学生在报告的封面设计、内容摘要、目录、参考资料、后记、排版格式等方面，都要正确书写，不能遗漏。二是要求学生做好实习准备工作，对于总账、应收、应付、采购等业务类别，要做好科目用例、客户用例、商户用例、物料用例的创建工作；同时，对于每种业务，编制合理的业务事由，选择合适的会计科目，并且首先做出会计试算平衡表，以便于与实习结果对照。三是测试流程和结果，都指定了必须使用的操作代码。四是要求列出与报告相关的20项配置的业务清单，包括公司代码、会计科目表、成本要素等。总之，实习报告的设计，既体现了对学生学习成绩的检查、考核功能，又将学生的平时作业与期末实习报告结合起来，达到综合考核的目的。

（2）期末报告评价。所有57名同学都在5月20日之前上交了纸质和电子两种版本的作业。实习报告评分标准为：整体评价10分，业务设计10分，用例准备20分，测试结果40分，配置清单20分。由于所有57名学生的实习报告都完成了老师要求的实习项目，步骤正确，逻辑清楚，测试结果标志清晰，配置清单齐全，报告格式符合规范，所以，单就实习报告而言，学生都取得了优良以上的成绩。有14名同学实习报告不仅完成了所有指定实习项目，而且还结合学习过程，显示出独特的理解能力，所以实习报告获得满分。

（3）总评成绩。学生考勤成绩占5%，由于个别学生参加CPA、ACCA考试，有些学生参加校外实习安排不开，因而缺课。与2012级、2013级相比，2014级学生缺课人数较多，其中有2位同学缺课3次，有3位同学缺课2次，有10位同学缺课1次，缺课一次扣1分。学生平时作业成绩4次占60%，有54位同学都按时完成了平时作业，平时成绩全部为满分60分；有3位同学虽然未按时完成所有作业，不能拿到满分，但是，所存在的问题在老师的帮助下都得到了解决。结合以上三项，最终，通过总评分析，有54位同学的成绩都在90分以上，其余3位同学成绩在70—80分。其中：100分14人，99分3人，98分7人，97分5人，96分4人，95分4人，94分6人，93分2人，92分8人，91分1人，76分2人。学生总体成绩得到提高，学生表现得都很优秀。

4. 今后改进

（1）教材改进。结合本学期同学们学习过程中反映出的问题，增加之前需要学生上网搜索才能够解决的一些配置路径；简化部分课程内容，突出重点。

（2）系统改进。校内再增加一台服务器，减少实习拥堵现象；增加部分企业SAP实训的视频材料，让学生明白我们的教学系统与实际运行系统是一致的。

（3）教学改进。鼓励学生在小组内部之间互相讨论，采用讨论社区等形式，丰富学习过程，并且合理安排学生上机实习时间，分散配置，互相不干扰；对于一些具有共性的问题，集中解决；鼓励理解较快的同学帮助其他同学，分享讨论兴趣。

（4）课时调整。鉴于SAP系统学习难度较大，上课次数宜由9次增加到12次，其中：外聘老师上课次数仍然保持到2次；本校专任教师上课次数由7次增加到10次，使课时与

SAP 系统难度所需要时间一致。

（5）实习报告。增加销售管理、现金管理、固定资产管理内容，尽量使实习报告能够覆盖大多数教学内容。

教师（签名）：阎虎勤，2015 年 6 月 25 日。

附录七
学习《管理信息系统》课程心得体会（1）

　　SAP 是一个体系完整、逻辑严谨、操作复杂的操作系统，对于初学者而言，确实很有难度，跟着教材做的时候往往不知道自己在做些什么，但是接触过以后，相信今后要是再碰到类似问题，就会发现前面的学习大有帮助。老师上课的演示很细致，讲义写得很详尽。刚开始学习时，我们基本上按照老师上课演示和讲义上的操作步骤按部就班地练习，但是对 SAP 整个系统的框架还有模块间的逻辑结构没有全面、深入的理解。在操作的过程中，多多少少会因为对 SAP 的理解有误或者配置的问题导致操作无法顺利通过。在后台配置时，有时因为配置顺序不对，比如经常要先在 FS00 下创建对应科目，才能完成相关配置；有时因为一时图快就囫囵吞枣地配置或者不慎漏配，导致后面的配置和前台操作受阻，再回过头检查漏配、错配的地方；也有因为讲义上没有提到就直接跳过没有配置，比如分类审批字段的设置中，需要在审批策略的分类中设置添加工厂和物料组，将审批和工厂物料对接才能在前台操作的请购单中出现 Release Strategy 字段。在一遍一遍翻书检查和思考解决问题的过程中，我们对 SAP 主要模块操作也有了更深的认识，也感受到管理信息系统对企业运营的价值所在。最后在做报告的时候，遇到的一些问题也可以自己解决，对 SAP 有一定的了解了。

　　管理信息系统也是我们学院针对研究生新开设的课程，帮助我们了解先进的信息管理系统。经过两个月的学习，我们对这门课程有一些想法：同学们在操作过程中遇到的问题大同小异，正所谓"幸福的人有相似的幸福，不幸的人有各自的不幸"，而自主解决问题的方法大多数是大家讨论或询问老师，而由于网络的一些局限导致上网解决存在困难，建议老师根据问题建立相应"数据库"；加强对 SAP 理论上的讲解，特别是每个模块的流程逻辑和模块间的勾稽关系，以便出现问题时知道到哪个模块的哪个环节中去找原因；加大前台操作，弱化后台配置，分小组进行后台配置，前台操作落实到个人，以个人形式提交实验报告；加强课程内理论和操作的联系。

（作者：曾蓉、魏茁，厦门国家会计学院 2014 级 MPAcc 研究生）

附录八

学习《管理信息系统》课程心得体会（2）

不知不觉就已经结束了一学期的管理信息系统课程。最初选了这门课是觉得管理信息系统在以后的工作上有很大用处，而且本科的时候接触到 SAP 的学习，觉得挺感兴趣的，就坚定地选了这门课程。开始觉得有以前学过的基础，应该相对而言会比较容易。但之后的学习，我发现阎老师上课教授的内容在我以前的学习中很少接触到，或者说以前的学习比较皮毛，知识比较浅，所以在这学期 SAP 的学习过程中，我仍然像一个才接触到 SAP 的同学，有着很多不懂不会的地方。也许对我们而言，会花很多的时间和精力用心完成每一次的作业，但也是这样的一些经历，让我们在面对不懂的问题时有更加沉着冷静愿意动脑解决的决心。同学间互帮互助，相互解答难点，也增进了大家的友谊和团队精神。

整个课程的学习大家都有着不断调试的辛苦也有解决问题的满足感，最后都觉得很值得。对于我个人来说，短短一学期的学习还无法完全地学完 SAP，希望以后能有机会进一步深入学习。在整个 SAP 的学习中，后台和前台的搭配学习，让我们对 SAP 的了解更加透彻，这样的学习方式我觉得是很好的。管理信息系统是操作性很强的课程，但也不能按照讲义的过程去机械式操作，而应该试着去了解其中的逻辑关系，便于理解，更能够举一反三。

从学习中，我能深切地感受到阎老师对这门课的用心，厚厚的两本教材，写着详细安装配置和前两级同学们实习报告整理的光盘，老师认真为我们准备学习相关的资料，教材的每一页内容每一项配置都很仔细完善，从这些我们都能看到老师的付出。有时候大家都会因为同样的问题重复问阎老师，但阎老师并没有厌倦，而是耐心地对待我们，在阎老师的悉心指导下，我们顺利完成了整个后台配置和前台业务操作。阎老师平易近人、谦和处事的态度深深打动了我们，让我们觉得很亲切，同时也是我们要学好这门课的动力之一。希望我们不仅能将阎老师教授的知识运用到今后的财务工作中，也能学习阎老师平和的心境，认真踏实地工作、生活。

（作者：黄菁，厦门国家会计学院 2014 级 MPAcc 研究生）

附录九
学习《管理信息系统》课程心得体会（3）

开始接触SAP的时候，感觉就是"高大上"，虽然之前在学校和实习单位接触过金蝶、金算盘和用友等财务系统，但是SAP采用全英文操作，需要自己进行大量后台配置（原来学习的都是只需建立总账即可继续操作），而且阎老师说SAP很多配置是事后无法进行修改的，因此需要更多的耐心和细心。

记得第一堂课听得云里雾里，万幸的是第一次配置进行得还算顺利。学习总不会是一帆风顺的，果然随着课程的深入，开始逐渐遇到一些问题。在学习SAP的过程中，阎老师十分注重培养我们独立学习的能力，让我们学会自己利用发达的互联网去解决困难，其实很多问题真的是在百度和Google搜索后可以慢慢地一步步解决的。十分感激阎老师对我们的教导，这种自我解决问题的能力不仅在学习中十分需要，而且也是人生必不可少的，很多事情不要想着依赖别人。不去尝试，不去尽力，永远都不知道自己究竟能做到多好。

一课又一课，我对SAP的理解也更多了，开始会自我总结一些配置问题的解决方法，并开始替同学们解决一些问题。比如，配置或者练习的时候出现障碍，会出现一些提示，双击这些提示，弹出的对话框里面有时就会有路径；如果没有，那么可以自己去后台配置菜单搜索关键词，寻找一些相关的配置，这样往往能够解决85%以上的问题。配置的时候同样如此，很多操作是密切相关的，如果这个步骤无法顺利完成，往往就是这个路径菜单附近的某个过程没有配置好，需要思考各操作的相关性然后进行修改。很多东西都是相关联的，这也是SAP为我们带来的一种新的全局性的思维模式。

SAP的学习是一次难得的体验，已经很久没有为了一门课程全神贯注地在电脑前静静连续操作几个小时。付出总有收获，自己不仅掌握了一门技能，也培养了一种学习方法，总结了一些人生感悟。

（作者：马晓颉，厦门国家会计学院2014级MPAcc研究生）

附录十
学习《管理信息系统》课程心得体会（4）

随着互联网的发展，企业对于提高管理效率的要求日显重要，管理信息系统极大地提高了企业处理经济事项的效率。企业通过 ERP 系统与其他运营系统进行有效集成，来确保其会计数据的完整性和精确性。学校开设了这门课，不仅教会了我们操作技能，更让我们了解了现代企业的组织结构和管理思想。SAP 是一个体系完整、逻辑严谨、操作复杂的操作系统，对于我们初学者而言，确实很有难度。但是学习 SAP 让我们学会了会计与财务管理在实际经济事项中的应用，是一种理论与实际的结合。

在学习 SAP 的过程中，我们发现管理信息系统课程的学习对于庞大的 SAP 系统来说，只是小小的一部分。跟随着阎老师不断学习 SAP，我感觉 SAP 就像一个庞大且精密的"机器"，要把它研究透彻，绝不是仅仅几次课程就能完成的，不仅需要老师详细的讲解，更需要自己在实践中不断学习。在实习配置的过程中，会遇到很多不同的问题，而这些问题不仅会影响阶段性结果的检验，更会在最后的实习报告中体现出来。每当这时，我们需要返回来重新检查细节配置。这是对我们的一种考验。老师的书写很详细，详细到每一步的路径都有说明以便找寻地址。当遇到不明白的地方，我们需要自己搜索解决方法，如果自己没办法解决，就得去请教老师。而老师总是非常耐心地帮我们找到问题的根源。为了让我们更加方便，老师甚至放弃了假期时间，在办公室解答问题，检查作业。在这里，我们想向老师表达诚挚的谢意。一学期下来，我们收获了许多，对 SAP 有了一定的认识，并能进行基础配置及使用。

学习 SAP 对我们来说是一种挑战，勇于挑战就会有收获。这门课程不仅让我们学到了专业知识，更教会我们 SAP 的设计理念与思路，不仅仅对我们未来的工作有帮助，而且开阔了我们的视野，提高了我们解决问题的能力。

最后，特别感谢阎老师这一学期孜孜不倦的教导，您严谨负责的教学态度于无形中影响着我们的学习态度，谢谢您！

（作者：于欣宁、张婉彬、饶诗曼，厦门国家会计学院 2014 级全日制 MPAcc 研究生）

后 记

2012年7月份,厦门国家会计学院招收了第一届全日制专业会计硕士(MPAcc)研究生30名。在第一次举行的培养计划及教学大纲讨论会上,由我负责汇报《管理信息系统》这门课的教学大纲。当时的大纲主要参考了上海国家会计学院使用的《管理信息系统》教材(上海国家会计学院主编,经济科学出版社2011年7月第1版)、厦门大学会计系使用的《会计信息系统》教材(庄明来主编,经济科学出版社2012年4月第1版)、厦门大学管理学院使用的《MPAcc项目管理信息系统教学大纲》以及其他一些大学使用的教材或教学大纲。这些教材或者大纲虽然各有特色,但重点都在于向学生讲授企业管理信息系统的基本原理、业务流程及理论前沿。在我汇报之后,主管教学的院长黄世忠教授彻底否定了这个大纲,他提出这门课应该以目前比较流行的ERP系统为主,重点放在操作上,让学生通过学习,既能够理解管理信息系统的基本原理,也能够掌握一门实用性较强的操作工具,为学生今后走上工作岗位打下基础。教研中心主任蔡剑辉教授也表达了相同的意见。按照这种思路,我重新编写了大纲,并在新大纲的基础上,编写了授课讲义。至今,这本教材已经使用4届,每届都有更新,随着教材改进,内容更加简练,适于操作,选课学生也越来越多,该课程在2015级选修课中名列第二,我也深刻地认识到这门课程的积极意义。

第一届2012级研究生使用的《管理信息系统》讲义,实际上是一个以SAP ERP R/3 4.7.1和ECC6.0版本为主、以前台日常操作流程为基础、以后台环境配置为重点的实用性操作手册。讲义以SAP FI模块(财务管理,Financial Accounting)为核心,兼顾其他模块,例如SD模块(销售管理,Sales and Distribution Management)、MM模块(物料管理,Materials Management)、CO模块(成本控制,Cost Controlling)、TR模块(资金管理,Treasury Management)、AA模块(资产管理,Assets Administration)等。虽然也介绍SAP操作及配置原理,但主要以介绍各模块与FI模块之间的关联关系为主。同学们可以通过对FI模块的重点学习,举一反三,进而基本了解SAP ERP系统各模块的配置特征和操作流程。在前台操作与后台配置之间关系的掌握上,我一开始采用了目前比较流行的 SAP FI 模块培训中以前台操作流程为重点的讲解方法；但后来逐渐将重点转移到了后台配置上，因为前台的重点是如何进行日常操作，而后台的重点是建立系统架构及分析解决疑难问题。这种考虑，较好地解决了讲义的教学体系问题，也比较适合研究生求知求变求难的特点。

与 2012 级学生所使用的讲义相比，2013 级所使用的讲义有了很多改进。2012 级同学所使用的讲义为英文版本，在课程结束之后，同学们提了很多意见和建议，我根据研究生处所做的调查和反馈，对第一版即 2012 版讲义彻底做了改进：第一，在保留 SAP 系统英文操作界面的基础上，讲义内容改用中文版本；第二，举例和解释都力求简明扼要，容易理解；第三，在保留后台配置内容基础上，对前台操作示例做了很大改进；第四，内容紧密围绕会计凭证这一核心内容展开。

这次出版定稿时，我参考了 2013 级、2014 级、2015 级同学所提出的意见，使教材内容更加精炼。第一，有关 SAP 系统的学习内容，减掉现金管理一章，与此相关的练习也一并取消，这主要是因为学生学习课时较少；第二，取消了 SAP 系统中有关成本分摊和成本合并的内容，这主要是为了降低学生单独进行后台配置的复杂性考虑；第三，没有涉及有关生产工艺、流程及管理的内容，主要是为了使授课内容更加精炼；第四，所有内容均以财务系统为中心，仍然围绕财务系统凭证生成而展开。

学习 SAP ERP 这门课，入门较难，之后会由难变易。我在教学中与同学们一起学习，一起讨论，遇到问题一对一解答辅导，同学们经过 4—5 次课的学习之后，基本都能够掌握系统要领。这两年，陆续有一些已经毕业的学生打电话或发短信给我，说学习这门课程之后，到了单位就不再害怕，学过显然比没学过要好很多，同学们反馈的信息也让我很欣慰。

信息系统总是在发展，今年我计划开设《IT 审计》课程。总结《管理信息系统》课程的教学经验，对于我讲好《IT 审计》课程将大有裨益。葛志春老师将与我一起于 2017 年共同给研究生开设一门《Python 财务数据分析》课程，这本《管理信息系统》教材的出版，对于我们俩今后一起合作上好新课，将是一个良好的开端。

追求真理，学习不止。

阎虎勤
于厦门国家会计学院
2016 年 9 月 6 日